Nuevas lecturas de *La Florida del Inca*

Carmen de Mora
y Antonio Garrido Aranda (eds.)

parecos y australes

N.º 1

PARECOS Y AUSTRALES

Ensayos de cultura de la colonia

«Parecos de nosotros los españoles son los de la Nueva España, que viven en Síbola y por aquellas partes», dice Francisco López de Gómara, porque «no moramos en contraria como antípodas», sino en el mismo hemisferio. «Austral» es el término que adoptaron los habitantes del virreinato del Perú para ubicarse. Bajo esas dos nomenclaturas con las que las gentes de Indias son llamadas en la época, la colección de «Ensayos de cultura de la colonia» acogerá aquellas ediciones cuidadas de textos coloniales que deben recuperarse, así como estudios que, desde una intención interdisciplinar, desde perspectivas abiertas, desde un diálogo intergenérico e intercultural traten de la América descubierta y de su proyección en los virreinatos.

Nuevas lecturas de *La Florida del Inca*

Carmen de Mora
y Antonio Garrido Aranda (eds.)

Iberoamericana • Vervuert • 2008

Bibliographic information published by Die Deutsche Nationalbibliothek
Die Deutsche Nationalbibliothek lists this publication in the Deutsche Nationalbibliografie;
detailed bibliographic data are available on the Internet at <http://dnb.ddb.de>.

© Iberoamericana, 2008
Amor de Dios, 1 — E-28014 Madrid
Tel.: +34 91 429 35 22
Fax: +34 91 429 53 97
info@iberoamericanalibros.com
www.ibero-americana.net

© Vervuert, 2008
Elisabethenstr. 3-9 — D-60594 Frankfurt am Main
Tel.: +49 69 597 46 17
Fax: +49 69 597 87 43
info@iberoamericanalibros.com
www.ibero-americana.net

ISBN 978-84-8489-357-8 (Iberoamericana)
ISBN 978-3-86527-379-6 (Vervuert)

Depósito Legal: S. 869-2008

Ilustración de cubierta: *La Florida*, mapa de Guillaume Le Testu (1556).
Diseño de cubierta: W Pérez Cino

Impreso en España
The paper on which this book is printed meets the requirements of ISO 9706

ÍNDICE

Introducción

Este volumen corresponde a las Actas del Encuentro Internacional celebrado en Montilla, los días 19 a 22 de septiembre de 2005, con motivo del cuarto centenario de la publicación de *La Florida del Inca*, sin duda una de las obras en prosa más interesantes y mejor escritas de toda la época virreinal. Aquella reunión sirvió para contrastar puntos de vistas y proponer pautas de lectura sobre un libro que resulta más complejo de lo que a veces se ha juzgado, y no sólo por su composición. Esa complejidad se percibe mejor cuando en lugar de considerarlo de forma aislada, como si se tratara de un ensayo para un trabajo historiográfico de más envergadura —los *Comentarios reales de los Incas*—, queda integrado en el pensamiento y en la concepción histórico-cultural del autor e interpenetrado por las cuestiones identitarias. La crítica garcilasista de los últimos años ha insistido en la necesidad de leerlo desde una perspectiva interdisciplinaria y global, que establezca conexiones entre sus distintos libros y, al mismo tiempo, tome en cuenta la actitud que el Inca Garcilaso adoptó al escribir sobre el Nuevo Mundo desde un contexto europeo. Y ésa fue la de tender puentes desde uno y otro lado, asumir su biculturalidad y proyectarla en sus escritos, a veces abiertamente, otras de forma más sutil y críptica para quien no esté familiarizado con la cultura andina. Los trabajos reunidos en este libro testimonian la fecundidad de la escritura de este clásico peruano cuya obra, siempre inagotable, se presta a una pluralidad de enfoques y apreciaciones.

A modo de preludio, el escritor guatemalteco Dante Liano propone leer al Inca Garcilaso como un escritor de frontera que adopta una manera de pensar desde la diferencia. El territorio que le corresponde es el del exilio espiritual, marcado por «la intersección de culturas que no son ni la cultura hegemónica, ni la cultura "otra" o "subalterna", sino un lugar en donde todas esas corrientes dialogan». Esta condición sitúa al Inca en cabeza de una tradición de escritores en lengua española —de la que Dante Liano forma parte— que han borrado límites entre la cultura de origen y la europea, y han enriquecido ambas con sus contribuciones.

El artículo de Mercedes López-Baralt explora la confluencia del pensamiento andino y el neoplatonismo europeo en los *Comentarios reales* y *La Florida del Inca*. Este punto de encuentro le permite enfocar desde otro ángulo la búsqueda de equilibrio entre opuestos irreductibles que caracteriza la obra del Inca. Mientras que la crítica la atribuye al ideal renacentista de la concordia, López-Baralt la emparienta con dos importantes nociones culturales andinas: *tinku* (encuentro) y *ayni* (reciprocidad), y examina las convergencias que presentan con la propuesta neoplatónica de la concordia.

José Antonio Mazzotti reflexiona sobre la forma en que *La Florida del Inca* se articula con el resto del corpus garcilasiano y examina la importancia de algunos pasajes de la obra como parte de un proceso de construcción identitaria de enormes proporciones en la escritura de la obra posterior del escritor cuzqueño. Se detiene especialmente en el eje identitario paterno y sus ramificaciones políticas. En este sentido, Hernando de Soto se presenta como una figura paradigmática que luego servirá también de modelo para los incas de los *Comentarios* y para los continuadores de esa estirpe de servidores del «bien común», como serán algunos conquistadores-encomenderos. Sostiene Mazzotti en su ensayo que la identidad del mestizo cuzqueño no es unidireccional, de Europa hacia América, sino que también parte de una búsqueda del Nuevo Mundo hacia el Viejo.

Raquel Chang-Rodríguez se centra en los capítulos del libro sexto caracterizados por detallar la presencia en tierra mexicana (primero en la zona del río Pánuco y después en México-Tenochtitlan) de los sobrevivientes de la expedición ahora comandados por Luis Moscoso de Alvarado. Observa que en estos capítulos «mexicanos» el narrador entreteje sucesos ocurridos en diversas geografías con una tensión e intención particulares que obligan a integrar lo parcial en una amplia historia colectiva cuyos signos apuntan a una visión integral de América.

El análisis de Marrero-Fente está dedicado a los capítulos 20 a 29 de la primera parte del libro segundo de *La Florida del Inca*, que tratan sobre la historia del cacique Vitachuco y su rebelión contra los españoles. Las ideas expuestas por Garcilaso en este capítulo son —a juicio de Marrero-Fente— una amplificación muy elaborada sobre el concepto de veracidad como parte de la representación de los indígenas en el texto y sirve de comentario filológico a la búsqueda que lleva a cabo Garcilaso de formas novedosas de representación de los amerindios. El relato de Vitachuco funciona, además, como algo más importante para el Inca: es la proyección del malestar por la derrota incaica y la captura de Atahualpa que impide el acto heroico; proyecta el sentimiento de anticipación del Inca sobre la conquista del Perú y se radicaliza a partir de la experiencia de escribir *La Florida*.

Rosa Pellicer compara *La Florida del Inca* con las otras relaciones que tratan sobre la misma expedición de Hernando de Soto: las del Hidalgo de Elvas, Luis Hernández de Biedma y Rangel. A partir del análisis de algunos episodios presentes en todos estos textos, destaca la elaboración literaria llevada a cabo por el Inca y la búsqueda de un difícil equilibrio entre lo verdadero y lo ficticio.

La representación del indígena constituye el centro de interés de Mercedes Serna, quien analiza también la implicación del Inca Garcilaso con la historia que cuenta y la actitud «indigenista» a tenor de las diferencias que establece en el texto entre los nobles y el pueblo. Argumenta que el interés del Inca por escribir *La Florida* no consiste únicamente en rescatar la historia de dicho territorio, sino en reconstruirla con una intención moralizante para convertir sus episodios más significativos en hechos dignos de ser recordados.

Miguel Zugasti aborda el tema de la confrontación entre españoles e indígenas en tierras floridanas. Entre otras cuestiones examina la composición del ejército español, la incorporación de indios intérpretes y criados, los primeros contactos y las diferentes reacciones que provocaron en los indígenas. Se ocupa también de las estrategias de uno y otro bando en los combates, y de las armas y animales utilizados, especialmente los caballos. Por último, se detiene en los argumentos que maneja el Inca Garcilaso para explicar el fracaso de las expediciones a la Florida.

Daniel Mesa se ocupa del motivo de la reproducción que recorre la mayor parte de los niveles del texto: la copia o transcripción de textos, relaciones orales, repetición de acciones, etc. Analiza la reproducción en tres regímenes: *imitatio*, en el nivel poético-compositivo; la *aemulatio*, en el nivel pragmático-ético; y la *simulatio* en el nivel epistemológico y moral. Una cuarta variación del concepto de reproducción se da en un plano alegórico, a través de la importancia conferida por el autor al linaje y a la metáfora de la *fructificación*. A través de estos elementos se propone aportar nuevos indicios sobre la modernidad del proyecto narrativo de Garcilaso.

La Florida del Inca es uno de los textos cronísticos que mejor ilustran la confluencia de elementos históricos, retóricos y literarios. En mi trabajo trato de

El Inca Garcilaso, escritor de frontera

Dante Liano
Università Cattolica del Sacro Cuore di Milano

El sudafricano J. M. Coetzee imaginó la biografía de Elizabeth Costello, una escritora australiana de edad madura que recorre el mundo impartiendo conferencias, muchas de ellas irritantes, luego de haber ganado fama en el mundo anglosajón. El origen de la novela es curioso. Coetzee, antes de convertirse en una celebridad con el Premio Nobel en 2003, era un profesor universitario. Como todos, había escrito artículos académicos para diferentes revistas de su especialidad. Algunos de esos artículos constituyen las conferencias que dicta su personaje, y dan título a los diferentes capítulos de la novela. En torno a las conferencias se desarrolla una trama que pareciera ser una simple armazón en la que descansa la reelaboración de su trabajo universitario. El capítulo segundo está dedicado a la conferencia sobre «La novela en África»[1]. El contexto de la ficción es más bien irónico y nos dice mucho de la situación de los escritores en nuestra época. Una sociedad naval sueca organiza cruceros culturales para jubilados, en los que, entre otras amenidades, escritores de fama se turnan para dar conferencias a los viajeros. La protagonista acepta ser uno de esos conferenciantes y coincide con un colega que es secuaz de la «africanidad», una especie de búsqueda de la especificidad de la novela africana frente a la novela europea. Entre ambos se enciende una discusión, y a un cierto punto, Costello reflexiona:

---

[1] Los editores nos informan que «Una primera versión de la lección 2 apareció como "The Novel in Africa", artículo nº 17 del centro Townsend para las Humanidades, Universidad de California en Berkeley, 1999» (Coetzee 2004: 6).

La novela inglesa —dice Elizabeth— la escribe básicamente gente inglesa para otra gente inglesa. Por eso es la novela inglesa. La novela rusa la escriben rusos para otros rusos. Pero la novela africana no la escriben unos africanos para otros africanos. Puede que los novelistas africanos escriban sobre África y sobre experiencias africanas, pero a mí me parece que todo el tiempo que escriben están mirando por encima del hombro hacia los extranjeros que los van a leer. Les guste o no, han aceptado el rol de intérpretes e interpretan África para sus lectores. Pero, ¿cómo se puede explorar un mundo con plena profundidad si al mismo tiempo se lo tienes que explicar a unos forasteros? (*Ibíd*: 58)

Si sustituimos «África» por «América Latina» y «escritores africanos» por «latinoamericanos», la reflexión de Costello-Coetzee podría aplicarse, con algunas diferencias, a la literatura escrita en Hispanoamérica. En efecto, ya desde el principio de nuestras letras, una de sus preocupaciones ha sido la de explicar América a los europeos. Desde Colón, las cartas de relación de exploradores y conquistadores dan cuenta de una nueva realidad geográfica y cultural a un público que, si bien al inicio fue de funcionarios administrativos, pronto se convirtió en todo el mundo europeo, asombrado delante de las maravillas que, según los fantasiosos relatores y cronistas, poblaban el Nuevo Mundo. Lo que no deja de llamar la atención es que tal inquietud (explicar América) no se haya detenido en los primeros tiempos de la relación con Europa, sino que se haya convertido en una constante de la literatura latinoamericana. La numerosa información contenida en las crónicas de Oviedo, Gómara o Díaz del Castillo no parece ser suficiente a don Andrés Bello, quien, al cantar la selva americana, detalla una lista de peculiaridades de animales, plantas y lugares que descubren de nuevo al continente. Resulta evidente que no se están dirigiendo a sus paisanos, que bien conocen el lugar, sino a quien podría conocerlo, y tal exaltación no se detiene en el neoclasicismo, sino que continúa hasta los insospechables tiempos de la llamada «nueva novela», que en pleno siglo xx ya no hace listas de flora y fauna, sino inventa un modo de pensar que se supone específico de los americanos, el «realismo mágico», para algunos, lo «real maravilloso» para otros. De todos modos, prevalece la sospecha de que el escritor no tiene como destinatario a sus compatriotas, esto es, a su público más inmediato, y ni siquiera a otros lectores de la América Hispana, sino más bien a un público europeo, para el cual América sigue siendo la sede de mitos e imaginaciones nacidas en el viejo continente. No es impertinente, aunque parezca anticuado, invocar las tesis de O'Gorman sobre la necesidad europea de inventar una cierta idea de América (O'Gorman 1958).

Nada de malo en ello, si no fuera por el inquietante colofón que Coetzee añade a su señalamiento: el esfuerzo por explicar un mundo a los foráneos puede constituir un serio obstáculo para una profunda reflexión sobre él. El razonamiento del novelista sudafricano comienza con una observación bastante justa: un escritor inglés escribe, en primera instancia, para los ingleses; y así, los rusos, los franceses, los italianos y los alemanes. Al hacerlo, no siente la necesidad de explicar su mundo a quienes lo conocen bien. Esto le abre un espacio muy importante: si no tiene que demorarse en explicarlo, puede entonces entrar en él, y mostrar sus más íntimas contradicciones, o aquellas que, por costumbre y repetición, los mismos miembros de su cultura no logran ver. Un caso extraordinario es el de Miguel Ángel Asturias en Guatemala. Con incisiva observación, referida al romántico José Milla, Thomas Irving hace notar que, si bien es el mayor novelista histórico del siglo XIX en Centro América, en una obra de Milla no aparece un solo indígena, a pesar de escribir dentro de un país en donde tres cuartas partes de la población son indígenas (Irving 1960). Esa mayoría de pobladores no sólo es silenciosa, sino invisible para la mayor parte de la literatura guatemalteca de la Colonia y del período independiente. En el mejor de los casos, aparecen como comparsas, en un telón de fondo que comprende volcanes, lagos y cielo azul. En 1949, al publicar *Hombres de maíz*, Asturias logra *ver*, desde el punto de vista literario, al indígena guatemalteco, en cuanto protagonista de su historia. Los personajes de su novela no son un pretexto para denunciar una determinada situación social, ni para ilustrar una visión de color local, ni para hacer bajo mentidas vestimentas, una descripción folklórica. El indígena, en Asturias, es algo más y algo menos. Más, porque es personaje principal; menos porque no se le señala como tal indígena, sino como personaje que lleva consigo una cierta manera de ver el mundo, en muchos casos coincidente con la del mismo autor. La cuestión étnica emerge en Asturias de manera muy marcada, y, se podría decir, con énfasis. Era algo que le preocupaba desde que redactó su infausta tesis de graduación (cuyos pormenores racistas le han provocado el enésimo anatema por parte de un cierto integralismo maya) y que fue afinando hasta culminar en su obra maestra. Asturias no era un mestizo y tampoco un indígena, no obstante el famoso perfil maya que se le atribuye. Pertenecía a una parte de la oligarquía, si bien venida a menos: ya no hidalgos terratenientes que vivían de sus rentas, sino profesionistas liberales. Su padre mismo descendió en la escala social (según los rancios cánones guatemaltecos) al casarse con la «plebeya» María Rosales. En *Hombres de maíz*, la intención de Asturias no parece tanto la de hacer descubrir al «indio» a un destinatario extranjero, cuanto en realizar una profunda exploración de la propia cultura, con los escasos elementos con que contaba, para hacer emerger de ella a un protagonista en términos de conciencia, más que en términos sociales. Decir que se trata de una novela solipsista es indudable exageración; habría que comprender la necesidad generacional de explorar territorios negados por férreas prohibiciones consuetudinarias, para encontrar, en esos territorios, aquella parte de sí mismos que las élites de Guatemala se empeñaban en negar. La reacción de esas élites delante de la obra asturiana, aun ahora, se asemeja, y no parece casualidad, a la reacción delante del testimonio de Rigoberta Menchú.

Hace más de veinte años, Antonio Cornejo Polar había planteado la misma cuestión que Coetzee, en términos más específicos y, quizá, más rigurosos. En un volumen intitulado *La novela indigenista* (Cornejo Polar 1980), Cornejo señala cómo, en el circuito comunicativo del indigenismo (escritor-referente-lector), mientras que escritor y lector pertenecen a una misma concepción de la literatura, que tiene como su centro a la novelización del mundo, en cambio, el referente, el indígena, se queda excluido del proceso:

> En lo que se refiere al circuito de comunicación de la novela indigenista, incluyendo en él al «lector ideal» y a los lectores reales, no hay duda de que se trata de un circuito que margina al indio y se remite esencialmente al lector urbano, especialmente al de las capas medias —es decir, en cierto sentido al menos, al mismo grupo del que surge el productor de la novela indigenista. (…) El referente —claro está— sí corresponde al universo indio. Este es precisamente el elemento que, al escapar al orden occidentalizado que preside a los otros, crea la heterogeneidad de la novela indigenista (*Ibíd.*: 65-66) .

De esa cuenta, Cornejo resuelve la paradoja de Coetzee, porque aquello que en el novelista sudafricano suena a reproche y acusación, en el crítico peruano se convierte en virtud, en rasgo específico y caracterizador: la heterogeneidad de la literatura latinoamericana. Las literaturas heterogéneas, dice Cornejo, son aquellas en las que «uno o más de sus elementos constitutivos corresponden a un sistema socio-cultural que no es el que preside la composición de los otros elementos puestos en acción en un proceso concreto de producción literaria» (*Ibíd.*: 60). Tal descripción no despeja completamente la duda sobre la distracción de recursos conceptuales en esa dislocación del esquema comunicativo. Lo que realmente resuelve el problema es «el impacto del referente». Cornejo da un paso hacia atrás y refiere las duras críticas de los representantes del llamado *boom* literario hacia las novelas que los precedieron. Tales críticas, en esencia, achacaban a la novela indigenista una desviación de la norma respecto del canon occidental. Ese desvío, que para críticos como Emir Rodríguez Monegal era un grave defecto, al punto que descalificaba la calidad estética de la producción indigenista, para Cornejo, en cambio, es un punto a favor, en cuanto le otorga, a esa producción literaria, su calidad específica, la heterogeneidad, producida por la filtración del referente en la materia misma de lo novelado, en una especie de ósmosis dentro de la sustancia del relato gracias a las cualidades de lo narrado.

En este sentido es necesario advertir que si bien, en un primer movimiento la producción de la novela indigenista exige una cierta adecuación del referente a las condiciones que se le imponen desde fuera, de la misma manera, en un segundo movimiento, en general poco estudiado, todo el proceso de producción se modifica por presión del referente, modificación que se traduce en las peculiaridades formales que aparecen en la novela indigenista. Simplificando el problema podría decirse que el menor desarrollo histórico del mundo indígena con sus especificidades sociales y culturales, hace resistencia a un sistema literario que proviene de otra realidad y está condicionado por otras categorías históricas, sociales y culturales (*Ibíd.*: 70).

De ello, Cornejo deriva que la sustancia narrativa (lo indígena) condiciona la forma narrativa, imponiendo un modo de composición más aditivo que secuencial, una conciencia no histórica sino mítica del tiempo y el uso de componentes míticos que aún subsisten en las comunidades indígenas contemporáneas.

Respecto del Inca Garcilaso, Cornejo opina que, al igual que otros cronistas, su necesidad de escribir un relato occidentalizado «encubre» al referente: no obstante su amor por los propios orígenes, lengua y cultura, el afán del Inca, dice Cornejo, es crear un mundo armónico, según los cánones de la cultura en la que se ha instalado. Por ello se ve obligado a comparar al Cuzco con Roma y al Inca con el rey o con el emperador, encorsetando de esa manera la realidad indígena con las categorías occidentales desde las que trataba de relatar sus historias (*Ibíd.*: 35). Sin embargo, resulta curioso que el crítico no haya aplicado al cronista toda la estructura categorial que le sirve para explicar y defender, de manera por demás convincente, a la novela indigenista. ¿No sería posible utilizar el mismo esquema de la comunicación para las crónicas escritas por el Inca Garcilaso de la Vega? Estamos delante del mismo caso, pues emisor y destinatario se identifican: el Inca es, en España, un hombre cuya cultura se fuente oral con dos escritas, a saber, las *Peregrinaciones* de Alonso de Carmona y la *Relación* de Juan de Coles (Miró Quesada 1955: 103).

Todo ello viene a cuento de lo afirmado por Margarita Zamora, cuando precisa que «La historia de los incas que escribe Garcilaso es conceptual y estructuralmente un comentario filológico» (Zamora 1987). Zamora parte de una premisa, según la cual la filología humanista es un método por el que resulta falsa toda interpretación que no se base en un conocimiento gramatical e histórico del texto. Según dicha autora, el Inca Garcilaso usa el método de Erasmo (1- hallar, entre todos los manuscritos, el más auténtico, hasta restituir la integral originalidad al texto; 2- traducción y exégesis de los fragmentos oscuros; 3- acudir a las fuentes autorizadas para dar mayor peso a la interpretación) y lo aplica a la historia de las Indias en cuanto considera insuficientes sea las tradiciones orales que las narraciones españolas. Su intento es la restauración de la verdad histórica a través de una restauración filológica de la lengua original, y como ejemplo da la famosa disquisición etimológica sobre el nombre del Perú (que tanto recuerda el origen del nombre de la península de Yucatán), o del nombre de la ciudad de Lima. La autora va más allá, y señala que la estrategia narrativa del Inca Garcilaso persigue la subversión de las interpretaciones negativas de la cultura incaica. Quizás una de las conclusiones más interesantes de Zamora es que la obra de Garcilaso constituye un punto de partida para la literatura latinoamericana no tanto por el contenido imaginativo o novelesco, sino por el método: una hermenéutica de la tradición histórica, oral o escrita, como un acto de restauración de la verdad.

La anterior afirmación podría parecer una hipérbole si no hubiéramos leído las declaraciones de los cronistas antes de poner sus obras en manos de los lectores. En 1519, Hernán Cortés declara que las relaciones hechas hasta ese momento no son veraces, pues nadie las ha vivido. Por lo tanto, su *Primera carta de relación* tiene como finalidad poner en conocimiento de los reyes la cualidad de las tierras conquistadas y, además, dar fe de lo que es verdadero (Cortés 1946). Mientras que idéntico testimonio lo pretende Francisco de Jerez, con estilo cortesano e indudablemente patriótico (Jerez 1947). Ideas más claras tiene Francisco López de Gómara, quien señala que la historia debe ser generalizadora, contar los hechos importantes y descuidar las particularidades; se escribe la historia para difundir la fama, dice, porque «la historia dura más que la hacienda y cuanto más se añeja, más se precia». Además, Dios quiere que se escriba la historia «para memoria, aviso y ejemplo de los otros mortales» (López de Gómara 1946: 155). Una mayor insistencia sobre la verdad la encontramos en Pedro Cieza de León, quien a la idea de la fama, la reivindicación de las hazañas de sus compatriotas y la reiteración del *topos* de la historia como «maestra de vida», le interesa subrayar que su finalidad es decir la verdad, dicha con brevedad y con moderación, por encima del ornato y la retórica: «desnuda de retórica... acompañada de verdad» (Cieza de León 1947: 353). El mismo alegato, a veces vehemente, vamos a encontrar en Fernández de Oviedo, en fray Toribio de Benavente, Agustín de Zárate, Bernal Díaz del Castillo y fray Bartolomé de las Casas, para sólo citar algunos de los más conocidos. No estamos, pues, delante de una exageración cuando encontramos la afirmación de búsqueda de la verdad a través de un trabajo de refinada filología.

Del mismo modo, el estilo de la escritura se encuentra normado por diferentes reflexiones, que López de Gómara señala en forma por demás pulcra: «El romance que lleva es llano y cual agora usan, la orden concertada e igual, los capítulos cortos por ahorrar palabras, las sentencias claras, aunque breves» y a los futuros traductores exige «grandes razones con pocas palabras» (López de Gómara 1946). En un ensayo ya clásico, Lore Terracini describe los criterios estilísticos predominantes en la España del Renacimiento. Parte de la propuesta de Nebrija: el imperio ha alcanzado su punto máximo, y con él, la lengua, por lo que conviene refinarla para hacerla lengua imperial, para llegar al *Diálogo de la lengua*, de Juan de Valdés, quien «representa en la preceptiva española el intento de armonizar el reconocimiento de una tendencia metaforizante y conceptista (agudeza, juego de palabras) connatural a una íntima, aunque muy tenue artificiosidad del español con un criterio renacentista de naturalidad» (Terracini 1964: 36). Quizá la palabra clave de esta exigencia estilística sea el «cuidado» que se ha de tener con la lengua, frente a un lugar común que quería a los hablantes españoles «descuidados» en el uso de la lengua vulgar. Frente a ello, el humanista debía desplegar una lúcida vigilancia intelectual para escribir con elegancia pero sin afectación, de modo que el resultado fuera el de una claridad natural. Con ello se manifiesta de acuerdo Garcilaso en la Carta-prólogo con que presenta la traducción del *Cortegiano*, de Boscán (1543), en un paso que ha sido muy repetido por la crítica: «guardó una cosa en la lengua castellana que muy pocos la han alcanzado, que fue huyr del afetación, sin dar consigo en ninguna sequedad; y con gran limpieza de estilo usó de términos muy cortesanos y muy admitidos de los buenos oydos, y no nuevos ni al parecer desusados de la gente». Según Terracini, estos dictados garcilasianos caracterizan a toda su época, en términos de «buen gusto» y de «naturalidad y selección» (*Ibíd.*: 46).

Éste es, pues, el panorama que se le presenta al joven Inca Garcilaso de la Vega: una concepción de la historia y un paradigma de cómo escribir ya sea la historia o la literatura. Pero, como es obvio, el Inca no es un personaje al que se puedan aplicar los parámetros corrientes de un español de la época. No es necesario recordar a los mejores especialistas del autor sus particularidades biográficas. Todos conocemos sus orígenes cuzqueños, su viaje a España y sus frustrados intentos por obtener las mercedes correspondientes a los servicios prestados por su padre, el conquistador. Sabemos también sus esfuerzos por orientarse en la carrera de las armas, y que, a pesar de haber obtenido los despachos de capitán, tal cosa no le es suficiente. De allí su opción por la carrera de las letras, cuando tenía unos treinta años. Y debemos a Raúl Porras Barrenechea la descripción de su estancia en Montilla, con pormenores de gran utilidad para la reconstrucción de la biografía de nuestro autor (Porras Barrenechea 1955). En los manuales de crítica literaria, el adjetivo «mestizo» se aplica al gran escritor peruano; es más, algunos lo consideran como el primer escritor mestizo de Hispanoamérica. La palabra tiene orígenes clasificatorios, de las ciencias naturales, y se ha extendido después al terreno de lo cultural. Así, Covarrubias lo define como «el que es engendrado de diversas especies de animales» y lo hace derivar del verbo *misceo* (Covarrubias 1984), mientras Corominas fecha la palabra en 1600 (Corominas 1961). La acepción contemporánea alude sin reticencias a la mezcla de «hombre blanco e india, o de indio y mujer blanca» y en el campo de la cultura se generaliza más: «proveniente de la mezcla de culturas distintas» (*Diccionario de la lengua española* 2001). Pero sabemos muy bien que en el terreno de palabras de fuerte carga semántica cultural, los diccionarios ayudan bien poco. Aunque es útil saber que entra al español sólo en 1600 y que ya en 1611 lo recogía Covarrubias, pues parece un índice de la rápida expansión de la palabra. Todo ello nos lleva a un conocido pasaje de los *Comentarios reales*, en donde el Inca reconoce y reivindica su posición:

> A los hijos de español y de india, o de indio y española, nos llaman mestizos, por decir que somos mezclados de ambas naciones; fué impuesto por los primeros españoles que tuvieron hijos en Indias; y por ser nombre impuesto por nuestros padres y por su significación, me lo llamo yo a boca llena y me honro con él. Aunque en Indias si a uno de ellos le dicen sois un mestizo o es un mestizo, lo toman por menosprecio (Garcilaso de la Vega 1963: 373).

A la definición del diccionario, el Inca añade un matiz semántico de no poca importancia: la carga despectiva de la palabra en su época. Y añade un rasgo psicológico, igualmente importante. No obstante que sea un vocablo denigrante, él lo asume con orgullo y sin ambages. Pero el recorrido para llegar a esta reivindicación no parece haber sido sin tropiezos. Porras Barrenechea sigue este itinerario:

> [El Inca Garcilaso] se hace nombrar generalmente, sobre todo en los años de la juventud, el «ilustre señor Capitán Garcilaso de la Vega, que en los tiempos en que vivió en las Indias, y tierra firme del Mar Océano, se hacía llamar Gómez Suárez de Figueroa». Había, pues, cierta jactancia española. Pero esta jactancia ha desaparecido con los años, con las decepciones, con la falta de favor real, y Garcilaso aparece ya, hacia 1590, hacia 1600, tildándose principalmente de Inca, firmándose Garcilaso Inca de la Vega, cuando antes se había firmado el Capitán Garcilaso de la Vega, el Ilustre Capitán Garcilaso de la Vega; y no sólo se proclama Inca, que al fin y al cabo era declararse de casta real, sino que también se proclama Indio. Dice en sus prólogos, en sus cartas, en los preliminares de sus obras, que él es indio, y que ha hecho esa obra que para un indio no es poco atrevimiento y también refiriéndose a la postergación en que vive dice: «Por ser yo indio antártico no me conocen ni tienen noticias de mí» (Porras 1955: 22-23).

A este punto de la reflexión, con el Inca que se declara español, indio y mestizo, podemos comprender que las circunstancias lo obligaban a tales definiciones que eran, en realidad, indefiniciones. ¿Podemos conjeturar una incoherencia del Inca Garcilaso en su actitud frente a sus orígenes? Probablemente no. Podemos imaginar lo contrario. Que esos cambios de identidad fueran lo más coherente que podía asumir en su circunstancia y que constituyeran, en efecto, una conciencia (desgarrada, es probable, conflictiva, al menos) de un estado común a la mayoría de los hombres de América. En efecto, podemos decir que, sin contradicción, el Inca es español, el Inca es indio y el Inca es mestizo. Las tres cosas a la vez. Porque son categorías que parten de un origen étnico para convertirse en culturales. No se puede dudar de la cultura india del Inca, si no por otra cosa por su dominio del quechua, aunque éste sea sólo un punto de partida para el conocimiento, visto y vivido, de la cultura en la que nació. No se puede dudar (y existen abundantes estudios sobre ello) de su cultura humanística española. No se puede dudar de la síntesis que el Inca hace de ambos elementos culturales. Su obra deviene coherente con esa conciencia. *La Florida del Inca* resulta simultáneamente un testimonio histórico de primera mano, y al mismo tiempo, obra literaria semejante a la de Alonso de Ercilla. Los meritorios esfuerzos de situar la obra en uno u otro campo (o los ataques por desvalorizarla, con idénticas motivaciones) derivan de una concepción de la historia o de la literatura que niega los frecuentes intercambios entre ellas, y, sobre todo, en base al rigor científico, no concede a ambas la ocupación de un territorio común, el de la narratividad, que, según las tesis de Ricoeur, contamina una y otra. La configuración discursiva, dice el filósofo francés, ya es ficción, por el mero hecho de existir[2].

El Inca Garcilaso de la Vega sería, según esta concepción, un escritor de «frontera», es decir, como primera definición, una manera de pensar desde la diferencia, desde la intersección de culturas que no son ni la cultura hegemónica, ni la cultura «otra» o «subalterna», sino un lugar en donde todas esas corrientes dialogan. Según Zulma Palermo, se entiende como pensamiento de frontera «el que emerge en los momentos de fractura dentro del imaginario del sistema-mundo produciendo una doble crítica (del eurocentrismo a la vez que de las tradiciones excluidas)» (Palermo 2004: 33, n. 1 y 2). Según la estudiosa argentina, la idea de frontera como límite «da paso a otra cuyo sema nuclear cobra valor de "pasaje", "relación entre elementos diferentes", "puente"» (*Ibíd.*: 38).

El primer territorio fronterizo en el que se mueve el Inca es precisamente el de la cultura europea de su tiempo. Ya se ha señalado que nuestro autor tiene una lengua culta que corresponde a mediados del siglo XVI. A esta observación, José Durand anota: «[…] el Inca Garcilaso no escribió a mediados del siglo XVI sino a fines, y aun a principios del XVII. Ya encontramos aquí un hecho extraño: el del Inca Garcilaso viviendo un poco a contrapelo de su época» (Durand 1955: 67).

La explicación del estudioso peruano está en dos puntos esenciales: el hecho de que haya vivido en Montilla, esto es, un espacio pequeño, que lo empujaba a usar una lengua arcaizante; pero sobre todo, al hecho de que las lecturas del Inca, según su biblioteca, era las de un humanista del Renacimiento más que las de un hombre de la época del Barroco (*Ibíd.*). Si ello es verdad, el Inca Garcilaso resiente del impacto sufrido por la cultura europea gracias a los cambios introducidos por la época renacentista.

---

[2] Ricoeur (1986: 279 y ss.): «Por entrecruzamiento entre historia y ficción entendemos la estructura fundamental, sea ontológica o epistemológica, gracias a la cual la historia y la ficción dan concreción a sus respectivas intencionalidades si y sólo si se prestan, una a la otra, las respectivas intencionalidades».

En un célebre ensayo sobre el *Quijote*, Víctor Sklosvki señala algunos cambios tecnológicos que cambiaron la vida material de los europeos a partir del siglo XVI: la introducción de un sistema de velas que dejó atrás la época de los galeotes y que se aplicó a los molinos de viento; con el uso de la brújula los árabes y los portugueses comienzan a trazar nuevos mapas; el hecho de aceptar la redondez de la tierra y de que ésta gira alrededor del sol cambia la vida de los hombres. El contemporáneo descubrimiento de América con la llegada al Pacífico de los rusos a través de Siberia literalmente cierra el círculo de lo conocido. El mundo se cierra y se abre, simultáneamente. La invención de la imprenta unida a los innumerables viajes, descubrimientos y conquistas crearon una épica real que sustituyó fácilmente a la épica caballeresca, mientras las leyendas medievales se transformaron, adaptándose a los nuevos conocimientos (Sklovski 1971: 179 y ss.). La conciencia del hombre europeo se resquebraja, se conmueve, se desplaza a los nuevos territorios abiertos por la avalancha de cambios en su vida material. Europa no es un territorio monolítico, sino que es un hervidero de iniciativas e imaginaciones, lo cual hace entrar en crisis a todo el sistema. Arnold Hauser señala grandes crisis económicas (bancarrota financiera, en Francia, en 1557, y en 1575, en España) que repercuten en la gente pobre y que dan lugar a crisis sociales y a crisis espirituales. Todos los valores de la caballería feudal se desploman y dan lugar a la «segunda derrota de la caballería» (Hauser 1968: 22-62). Lukács habla de la sensación del hombre renacentista de quedarse solo frente a un mundo lleno de novedades y revolucionado en sus principales creencias, y del resultado de esa sensación: «la inadecuación entre el alma y la obra, entre la interioridad y la aventura, en el hecho de que ningún esfuerzo humano se inserte ya en el orden trascendente» (Lukács 1974: 89).

Según esto, España no le da al Inca las contundentes seguridades conceptuales ni anímicas que uno podría suponer de frente a la cambiante situación americana. Ya sabemos de los resultados de su búsqueda de seguridades económicas. Hay, pues, en la misma España, un territorio de pasaje, que abarca desde los cambios tecnológicos hasta las novedades en la concepción de la literatura y el lenguaje. Para usar el concepto que tratamos de manejar en este artículo, se encuentra en una «frontera» cultural y el esfuerzo de Nebrija por fijar la lengua o el de Covarrubias por recoger su léxico no son sino síntomas de encontrar los linderos de esa frontera.

Quiero decir con esto que el lugar de enunciación del Inca Garcilaso de la Vega, si bien se ha establecido que es la ciudad de Montilla, en España, desde el punto de vista geográfico, desde el punto de vista cultural es un lugar de enunciación fronterizo: la tierra del exilio espiritual, en donde nuestro autor enfrenta sus múltiples situaciones: el Renacimiento, como una conjunción viva de contradicciones, como pasaje de una época a otra en términos de adelantos materiales y espirituales, con las consecuentes crisis a todos los niveles; la cuestión étnica, en la cual el Inca reconoce sus identidades múltiples: la española, la india y la mestiza; la cuestión genérica, en el sentido de que su voz habla en la intersección exacta entre literatura e historia.

En este sentido, el Inca Garcilaso de la Vega se perfila como auténtico autor americano. Hay un exilio implícito en todo escritor hispanoamericano. Lo ha dicho Luis Cardoza y Aragón respecto de los guatemaltecos, con palabras terribles: «Ser guatemalteco es ser apátrida». Tal condición pareciera ser una obligación en casi todos los escritores latinoamericanos: para poder ejercer su arte, deben situarse en territorios fronterizos, como si siempre tuvieran la obligación de explicarse, desde una distancia íntima, las propias realidades. La objeción de Coetzee, con la que hemos abierto estas reflexiones, no deja de ser cierta, pero no implica necesariamente una negatividad. Que el escritor esté mirando «por encima del hombro» hacia un posible lector, es condición necesaria de la escritura. No hay quien no lo haga, salvo los que declaran, con una cierta dosis de autoengaño, escribir para sí mismos. Que ese lector virtual sea un extranjero, resulta ineludible. Siempre el lector es extranjero respecto del territorio en el que se instala quien escribe. Su código no siempre es el mismo del código de la enunciación, e infinitas veces tiene que aprenderlo, para poder alcanzar la estética del escritor. El Inca Garcilaso de la Vega escribía para salvar la memoria de los hechos de América, con códigos lingüísticos y estilísticos aprendidos en España. ¿Por qué forzosamente pensar que su intención era escribir sólo para los españoles de su época? Sería otorgarle una patente de relativismo excesiva. Si era hombre inteligente y sensible, el Inca habrá percibido mejor que nadie que escribía desde un territorio cultural inédito, nuevo como el continente americano. Sus reivindicaciones de españolidad, indigenismo y mestizaje dan cuenta de un hombre nuevo, que reúne en sí características aparentemente contradictorias. Desde esa frontera, una especie de cuerda tensa sobre el vacío en el que se mantiene en equilibrio, quizá no sea azaroso atribuirle la función complementaria del artista de la frontera. No sólo ver el mundo con ojos diferentes a los del europeo, necesariamente condicionado por sus orígenes, sino también tender puentes hacia la otra cultura. Abrir un diálogo de modo que la cultura de origen resulte salvada y fortalecida, mientras la cultura de llegada se enriquezca y sea siempre más nueva merced a esa contribución. Es el motivo por el cual la cultura en lengua española ha sido siempre mejor y más grande con las obras de Miguel Ángel Asturias, de Alejo Carpentier, de Jorge Luis Borges, de José María Arguedas. Desde la escritura fundacional del Inca Garcilaso de la Vega, en la ciudad de Montilla, muy cerca de Córdoba.

Bibliografía

Manuel Alvar, «Relatos fantásticos y crónicas de Indias», *I Simposio de Filología Iberoamericana*. Zaragoza, Pórtico, 1990.

Giuseppe Bellini, «Prólogo» a Aldo Albònico, *El Inca Garcilaso, revisitado*. Roma, Bulzoni, 1996, p. 9.

Pedro Cieza de León, *Crónica del Perú, Historiadores de Indias*. Madrid, BAE, 1947.

John Maxwell Coetzee, *Elizabeth Costello*. Barcelona, Mondadori, 2004.

Antonio Cornejo Polar, *Literatura y sociedad en el Perú: la novela indigenista*. Lima, Lasontay, 1980.

Joan Corominas, *Breve diccionario etimológico de la lengua castellana*. Madrid, Gredos, 1961.

Hernán Cortés, *Primera carta de relación, Historiadores primitivos de Indias*. Madrid, BAE, 1946.

Sebastián de Covarrubias, *Tesoro de la lengua castellana o española. Primer Diccionario de la lengua*. Madrid, Turner, 1984 [1611].

José Durand, «Garcilaso y su formación literaria e histórica», *Nuevos estudios sobre el Inca Garcilaso de la Vega. Actas del Symposium realizado en Lima del 17 al 28 de junio de 1955*. Lima, Centro de Estudios Histórico-Militares del Perú, 1955.

Garcilaso de la Vega, Inca, *Obras completas*, Vol. II (*Comentarios reales*). Madrid, BAE, 1963.

E. O'Gorman, *La invención de América*. México, FCE, 1958.

Arnold Hauser, *Historia social de la literatura y el arte*. Madrid, Guadarrama, 1968.

Thomas Irving, «Las dos maneras de Pepe Milla», *Revista Universidad de San Carlos* 12, Guatemala, sept.-dic. 1960, pp. 111-133.

Francisco de Jerez, *Verdadera relación de la conquista del Perú y provincia del Cuzco, Historiadores de Indias*. Madrid, BAE, 1947.

Francisco López de Gómara, *Hispania victrix. Primera y segunda parte de la Historia general de las Indias, Historiadores de Indias*. Madrid, BAE, 1946.

Georg Lukács, *Teoría de la novela*. Buenos Aires, Siglo XX, 1974.

28 Dante Liano

WALTER MIGNOLO, «La historia de la escritura y la escritura de la historia», *Textos, modelos y metáforas*. Veracruz, Universidad Veracruzana, 1984, pp. 197-208.

AURELIO MIRÓ QUESADA, «El Inca Garcilaso y su concepción del arte histórico», *Mar del Sur* 6: 18, 1952, pp. 55-71.

—, «Creación y elaboración de *La Florida del Inca*», *Nuevos estudios sobre el Inca Garcilaso de la Vega. Actas del Symposium realizado en Lima del 17 al 28 de junio de 1955*. Lima, Centro de Estudios Histórico-Militares del Perú, 1955.

ZULMA PALERMO, «Epistemes emergentes en la periferia latinoamericana», *Théories critiques et littérature latino-amèricaine actuelle*. Toulouse, Imprévue, 2004.

RAÚL PORRAS BARRENECHEA, «Nuevos fondos documentales sobre el Inca Garcilaso», *Nuevos estudios sobre el Inca Garcilaso de la Vega. Actas del Symposium realizado en Lima del 17 al 28 de junio de 1955*. Lima, Centro de Estudios Histórico-Militares del Perú, 1955, pp. 19-61.

ENRIQUE PUPO-WALKER, «Sobre el discurso narrativo y sus referentes en los *Comentarios Reales* del Inca Garcilaso de la Vega», *Prosa hispanoamericana virreinal*, Raquel Chang-Rodríguez (ed.). Barcelona, Hispam, 1978, pp. 21-41.

—, *Historia, creación y profecía en los textos del Inca Garcilaso de la Vega*. Madrid, Porrúa Turanzas, 1982.

REAL ACADEMIA ESPAÑOLA, *Diccionario de la lengua española*. Madrid, Espasa-Calpe, 2001.

PAUL RICOEUR, *Tempo e racconto*. Milano, Jaca Book, 1986.

CARMELO SÁENZ DE SANTA MARÍA, «Prólogo», Inca Garcilaso de la Vega, *Obras completas*, Volumen II. Madrid, BAE, 1960.

BENITO SÁNCHEZ ALONSO, *Historia de la historiografía española*. Madrid, CSIC, 1947.

VICTOR SKLOVSKI, *Sobre la prosa literaria*. Barcelona, Planeta, 1971.

LORE TERRACINI, «Tradizione illustre e lingua letteraria nella Spagna del Rinascimento, Parte Seconda», *Studi di letteratura spagnola*. Roma, 1964.

MARGARITA ZAMORA, «Filología humanista e historia indígena en los *Comentarios reales*», *Revista Iberoamericana* 140, Vol. LIII, Pittsburgh, julio-septiembre 1987, pp. 517-539.

La cuestión identitaria en la obra del Inca

TINKU, CONCORDIA Y *AYNI*: TRADICIÓN ORAL ANDINA Y NEOPLATONISMO EN DOS OBRAS DEL INCA GARCILASO

Mercedes López-Baralt
Universidad de Puerto Rico

Para José Antonio Mazzotti,
cuyo espíritu conciliador
se mira en el espejo del Inca

En un trabajo de mayor alcance, aún en preparación —*El Inca Garcilaso, traductor de culturas*— he explorado la confluencia del pensamiento andino y el neoplatonismo europeo en los *Comentarios reales* y *La Florida del Inca*[1]. Hoy quiero volver al tema, intentando matizar lo que resulta ya un lugar común de la crítica garcilasiana, el adjudicar al ideal renacentista de la concordia la obsesión de equilibrio entre opuestos irreductibles que caracteriza la obra del Inca. En mi ponencia exploro, a través del comentario textual de las obras mencionadas, las convergencias de dos importantes nociones culturales andinas, *tinku* (encuentro) y *ayni* (reciprocidad), con la propuesta neoplatónica de la concordia. Veremos cómo ambos pensamientos —tanto el indígena, de tradición oral, como el europeo, de expresión culta— comparten el denominador común de la dualidad.

---

[1] En este momento, hablo de los *Comentarios reales* en el sentido amplio que incluye la Segunda parte, o *Historia general del Perú*. Al citar, nombro la sección de las obras de Garcilaso y no las páginas. En el caso de capítulos, doy en números romanos el libro y en arábigos la parte (si el capítulo se ha dividido), y luego el capítulo. Cito la Primera parte de los *Comentarios* y *La Florida* por mi edición anotada de Espasa Calpe (2003); y la *Historia general del Perú* por la edición de Durand (1962).

Recordemos, si bien brevemente, por conocida, la tradición europea de la
que se nutre Garcilaso. José Durand (1988), que alude al aislamiento de sus años
montillanos para explicar la poca afición del Inca por el barroco, ha insistido
una y otra vez en el carácter renacentista de su obra[2], regida por la concordia
neoplatónica, cuyas fuentes principales son Marsilio Ficino y León Hebreo.
Los estudios garcilasistas parecen coincidir en el hecho de que la traducción
de los *Diálogos de amor* supone el primer eslabón en la inmersión del Inca en
el pensamiento neoplatónico, tanto como su acceso a las ideas vertidas por
Platón en *El banquete o Simposio*.

Este diálogo platónico, que gira en torno al amor, presenta la conversación
entre seis comensales. Cada uno expone su definición de *eros* y le adjudica las
propiedades que entiende que éste posee. Interesa particularmente señalar la
intervención de Aristófanes, ya que Platón pone en su boca la celebración del
amor («de los dioses, el más amigo de los hombres», «su médico en las enfermedades» y su fuente de felicidad)[3]. Es él quien relata el mito de los andróginos.
Éstos son el origen de la especie humana: eran seres esféricos compuestos por
dos, en algunos casos hombre y hombre; en otros, mujer y mujer; y en otros,
hombre y mujer. Tenían ocho extremidades (cuatro brazos y cuatro piernas),
por lo cual eran muy veloces, además de poseer extraordinaria fuerza. Sin
embargo, eran soberbios, y por lo tanto, fueron castigados por los dioses, que
dispusieron que se les cortara por la mitad. Desde entonces estuvieron buscando
su otra mitad incesantemente: «Así pues, una vez que la naturaleza de este ser
quedó cortada en dos, cada parte echaba de menos a su mitad, y si se reunía
con ella, se rodeaban con sus brazos, se abrazaban la una a la otra, anhelando
ser una sola naturaleza, y morían de hambre y por su absoluta inactividad,
al no querer hacer nada los unos separados de los otros» (Platón 2000: 83)[4].
Continúa Aristófanes: «Desde hace tanto tiempo, pues, es el amor de unos
a otros innato en los hombres y aglutinador de la antigua naturaleza, y trata
de hacer un solo individuo de dos y curar la naturaleza humana» (84), «Pues
la causa de esto es que [...] éramos un todo; en consecuencia, el anhelo y la
persecución de ese todo recibe el nombre de amor» (87).

---

[2] El probado carácter renacentista de su obra se manifiesta de diversas maneras: su idealización del mundo clásico, su aspiración a la utopía, su interés por la diversidad lingüística,
sus roles como etnólogo, traductor y filólogo, su preocupación por la belleza literaria; en fin,
su curiosidad insaciable lo convierte en un verdadero humanista.

[3] Cito por la edición de Alianza (2000: 80).

[4] De ahí, el lugar común actual de las «almas gemelas».

En los *Diálogos* de León Hebreo, el neoplatonismo es evidente en pasajes sobre el amor, que él suele llamar concordia. En su diálogo con Sofía, Filón afirma que el amor es tan perfecto que «une toda la contrariedad de los elementos», incluso rige la correspondencia y concordancia de los cuerpos celestiales, de ahí que los hombres «como los contrarios, puedan estar unidos juntamente, sin litigio ni contradicción, que es verdadero amor y amistad». «Algunos llaman a esta amistad —le dice a su interlocutora— armonía, música y concordancia. Y bien sabes que la amistad hace la concordia, así como la enemistad causa la discordia»[5]. La concordia es inherente al ser humano en tanto «el hombre es imagen de todo el universo, y por esto los griegos le llaman microcosmos, que quiere decir mundo pequeño. Empero, el hombre y cualquiera otro animal perfecto, contiene en sí macho y hembra, porque su especie se salva en ambos a dos, y no en uno solo de ellos» (84). Filón cita directamente el *Simposio* de Platón, contando el caso del Andrógino, como ejemplo de la concordia entre los sexos.

El haber escogido a León Hebreo para emprender su primera obra, la mejor traducción de sus diálogos del toscano a nuestra lengua, dice mucho de la adhesión del Inca al neoplatonismo, desde la cual, «una actitud de amor prohibía de hecho el odio», como lo señala Durand (1976: 68).

Hasta aquí hemos visto sólo una cara de la moneda, la europea; falta la indígena para lograr una mirada culturalmente integradora a la obra del Inca. Tenemos un precedente importante en este empeño. En «Otros motivos para la *Traduzion*: el Inca Garcilaso, los *Diálogos de amor* y la tradición cabalística»[6], José Antonio Mazzotti explicó la afición del Inca por León Hebreo a partir de las analogías entre la Cábala y el neoplatonismo, por un lado, y el pensamiento mítico andino, del otro. En este mismo espíritu conciliador emprendemos la indagación de las fuentes andinas de la obsesión garcilasiana por la dualidad, acudiendo tanto a la antropología como a la literatura.

En *Los últimos Incas del Cuzco*, Franklin Pease explica la guerra entre Atahualpa y Huáscar como una guerra ritual de sucesión que opone las dos mitades del imperio, la mitad *hanan* contra la mitad *hurin*, en la cual la primera siempre debe resultar vencedora. Juego de la dualidad que fertiliza la tierra y que antropológicamente no es desconocido en otras culturas, como la de los

---

[5] Cito por la edición de Espasa Calpe (1947: 78).

[6] Ponencia leída en el simposio «Beyond Books and Borders: Inca Garcilaso de la Vega and the Florida Frontier», en noviembre de 2003 en The City University of New York.

diferente, el equilibrar las fuerzas permite canalizar el conflicto, crear el espacio
para la satisfacción de necesidades y evitar enfrentamientos devastadores[7].

Otro trabajo reciente explora la vigencia de la noción de *tinku* entre los
campesinos aymaras de hoy. En *Criar la vida: trabajo y tecnología en el mundo
andino*, de 1992, Juan van Kessel y Dionisio Condori Cruz notan las distintas
proyecciones del concepto en Puno. De una parte, su expresión ritual en batallas
entre las dos mitades del *ayllu*, que fortalecen la unión de la comunidad y la
fertilidad de la chacra. Pero *tinku* también es la lucha del campesino con los
fenómenos meteorológicos y aun con la divinidad, la Pachamama, a la que
hay que hacer el pago u ofrenda por los dones recibidos. Concluyen los autores
afirmando:

> La raíz *tinku* podemos interpretar como: emparejar, equilibrar, adaptar las dos
> partes iguales que son contrarias y complementarias y que, juntas, constituyen un
> todo dual, una 'binidad', en equilibrio dinámico; que realizan una unión fértil
> y provechosa y una unidad de equilibrio tenso y móvil, como la que se da entre
> el principio masculino y el principio femenino. Este concepto suele traducirse
> también como «reciprocidad», que es un principio estructural de la economía y
> sociedad andina.

Tristan Platt (1986), en un estudio sobre el funcionamiento del *ayllu* en
el norte de Potosí, había notado la dimensión sexual del *tinku*, al señalar
que en las batallas rituales participan varones de barrios opuestos en una
dicotomía de superioridad/inferioridad que sugiere la dicotomía masculino/
femenino.

Juri Lotman (1975) insiste, y con razón, que la visión de mundo de cada
cultura se plasma necesariamente en el espacio; incluso va más allá y propone
que la primera clasificación cultural que funda vida en sociedad es espacial:
opone el aquí al allá, el nosotros a los otros. No debe extrañar entonces que la
geografía mítica incaica inscriba la dualidad del *tinku* en su mapamundi, que
concibe al imperio de las cuatro regiones o Tawantinsuyo como un espacio
cuatripartito que accede a la quintipartición a partir de su eje nuclear, el
Cuzco. Los cuatro *suyus* o regiones se dividen a su vez en dos grandes partes,
hanan al noroeste (Chinchaysuyo y Antisuyo) y *hurin* al sureste (Collasuyo y

---

[7] Cito este trabajo y el de Van Kessel y Condori Cruz de sus correspondientes reproducciones en Internet, que figuran allí sin paginación.

Cuntisuyo). El mito originario de esta dualidad lo consigna el Inca Garcilaso en los *Comentarios reales*, al narrar la fundación del Cuzco:

Nuestros príncipes [Manco Capac y Mama Ocllo, hijos el Sol], viendo la mucha gente que se les allegaba, dieron orden que unos se ocupasen en proveer de su comida campestre para todos, porque la hambre no los volviese a derramar por los montes; mandó que otros trabajasen en hacer chozas y casas, dando el Inca la traza de cómo las habían de hacer. Desta manera se principió a poblar esta nuestra imperial ciudad, dividida en dos medios que llamaron Hanan Cozco, que, como sabes, quiere decir Cuzco el alto, y Hurin Cozco, que es Cuzco el bajo. Los que atrajo el Rey quiso que poblasen a Hanan Cozco, y por esto le llaman el alto, y los que convocó la Reina que poblasen a Hurin Cozco, y por eso le llamaron el bajo. Esta división de ciudad no fue para que los de la una mitad se aventajasen de la otra mitad en exenciones y preeminencias, sino que todos fuesen iguales como hermanos, hijos de un padre y de una madre. Sólo quiso el Inca que hubiese esta división de pueblo y diferencia de nombres alto y bajo para que quedase perpetua memoria de que a los unos había convocado el Rey y a los otros la Reina. Y mandó que entre ellos hubiese sola una diferencia y reconocimiento de superioridad: que los del Cuzco alto fuesen respetados y tenidos como primogénitos, hermanos mayores, y los del bajo fuesen como hijos segundos; y en suma, fuesen como el brazo derecho y el izquierdo en cualquiera preeminencia de lugar y oficio, por haber sido los del alto atraídos por el varón y los del bajo por la hembra. A semejanza de esto hubo después esta misma división en todos los pueblos grandes o chicos de nuestro Imperio, que los dividieron por barrios o por linajes, diciendo Hanan aillu y Hurin aillu, que es el linaje alto y bajo; Hanan suyu y Hurin suyu, que es el distrito alto y bajo (I: 16).

Notemos enseguida que la totalidad se propone en este mito como bipartita y sexualizada, con una jerarquía ritual.

Pero la dualidad *hanan/hurin* es más andina que incaica, pues se consigna en los mitos prehispánicos de Huarochirí[8] con los zorros de la sierra y de la costa, recreados en la novela póstuma de Arguedas. Y por ser andina, no sólo precede, sino que pervive al incario: aún hoy las comunidades indígenas o *ayllus* exhiben la estructura bipartita que resulta en el rito periódico

---

[8] Este corpus mítico, recogido por el extirpador de la idolatría Francisco de Ávila hacia 1608, fue traducido por Arguedas en 1966. Curiosamente, un ensayo reciente de Gonzalo Espino Relucé asedia el manuscrito de Huarochirí desde una perspectiva narratológica tomando la noción de encuentro o *tinku* como punto de inflexión del relato.

del *tinku*, o encuentro de luchas y competencias —a veces violentas— entre ambas partes.

El *tinku* que marca los mitos incaicos y preincaicos incide también en la página escrita, y aun en dibujos coloniales: es el caso de los dibujos de la *Nueva coronica i buen gobierno* de Guaman Poma de Ayala, de 1615. Tanto Rolena Adorno como yo hemos notado numerosos ejemplos de las proyecciones conflictivas de los dibujos del autor andino que juntan en una sola imagen a un español y a un indio: se trata de encuentros violentos, en los que las posiciones espaciales adquieren ribetes éticos a partir de las connotaciones de *hanan* y *hurin*, en varias de sus manifestaciones: arriba y abajo, izquierda y derecha. El indio, abusado, se ve reivindicado al asumir la posición míticamente privilegiada en el espacio visual (arriba o derecha); el conquistador o colonizador queda castigado, al relegársele a la posición inferior o de izquierda[9]. Es decir: hay al menos dos lecturas posibles en cada dibujo: la denotativa, literal, y la connotativa o simbólica, sugerida por las posiciones de los personajes en el campo espacial.

El *tinku* es precisamente uno de los ejes centrales de la narrativa arguediana, desde su primera novela, de 1941, *Yawar fiesta*. Novela dialógica y profundamente ambigua, en la que es difícil ubicar la voz del autor implícito, y que parodia la propuesta de civilización y barbarie defendida por Sarmiento en su *Facundo*. Si para el argentino la barbarie está en América, y hay que combatirla con la civilización europea, Arguedas parece decirnos que América sigue siendo bárbara, y que tiene derecho a ello. El relato narra un extraño *tinku*: la pugna entre dos sectores de una comunidad andina, el sector *k'ayau*, compuesto por indios y gamonales; y el sector *pichk'achuri*, compuesto por chalos (mestizos) y funcionarios del gobierno. El primero, que representa el feudalismo, apoya la celebración de la fiesta de sangre (*yawar* fiesta), que da título a la novela, y que consiste en amarrar un cóndor al lomo de un toro imantado de una aureola mítica, el *misitu*. El segundo, representante de la modernidad capitalista, quiere impedirlo por cruel. Los indios logran imponer su fiesta, pero uno de ellos muere en ella.

¿Qué quiso decirnos Arguedas con este final? En el primer Encuentro de Narradores Peruanos en Arequipa (1965) se discutió la conclusión de la novela. Mientras Alberto Escobar entendía que matar a un *auki* (el toro mítico) era

---

[9] Ver Rolena Adorno, *Cronista y príncipe: la obra de don Felipe Guaman Poma de Ayala* (1989) y Mercedes López-Baralt, *Icono y conquista: Guaman Poma de Ayala* (1988).

matar el miedo, Arguedas insistía que esta muerte permitía a los comuneros asumir la fuerza mítica del toro. Por cierto, que en *Los ríos profundos*, al hablar de las connotaciones de la voz quechua *illa*, el narrador afirma que son *illas* los toros míticos, y que el tocarlos y morir permite alcanzar la resurrección. La ironía que encierra este singular *tinku* arguediano está en el carácter de los polos del encuentro: muchos lectores hubieran esperado que indios y cholos se aliaran para combatir a los gamonales y al gobierno. No termina ahí la ambigüedad de la novela: si bien Arguedas parece validar la celebración de la fiesta de sangre aquí, tres años antes la había denunciado amargamente en un cuento del mismo título publicado en 1937, como lo explica William Rowe en su ensayo «*Agua* y *Yawar fiesta*» (1979).

Hace unos años (en el ensayo final de la edición que publiqué en 1996 con John V. Murra de *Las cartas de Arguedas*) intenté un acercamiento a la obra del autor de *Los ríos profundos* desde la perspectiva de tres importantes nociones andinas, entre ellas la de *tinku*. Propuse que dicha noción, más que articularse textualmente en momentos específicos, marca la totalidad de la escritura de nuestro autor, pues en su obra se encuentran conflictivamente sierra y costa, quechua y español, tradición oral y escritura, pasado y presente, el hombre andino y el hombre occidental. La escritura arguediana constituye entonces un singular ejemplo del tradicional *tinku* andino, que siempre supone una dimensión conflictiva, y en el caso de Arguedas la expresión literaria de la totalidad peruana no deja de ser agónica. Tanto que a veces el mismo autor niega la posibilidad del encuentro, viéndose más que como puente entre dos culturas, enajenado de ambas. Así, en la primera página de su primer cuento, «Warma kuyay», de 1935, el niño protagonista —también narrador y obvio álter ego de Arguedas—cuenta cómo se queda fuera del círculo formado por los runas: «Se agarraron de las manos y empezaron a bailar en ronda, con la musiquita de Julio el charanguero. Se volteaban a ratos, para mirarme, y reían. Yo me quedé fuera del círculo, avergonzado, vencido para siempre»[10]. El párrafo final del cuento vuelve a lo mismo:

> El Kutu en un extremo y yo en otro. Él quizá habrá olvidado: está en su elemento; en un pueblecito tranquilo, aunque maula, será el mejor novillero, el mejor amansador de potrancas, y le respetarán los comuneros. Mientras yo, aquí,

---

[10] Cito de la edición de Milla Batres de *Agua y otros cuentos indígenas* (1974: 93).

vivo amargado y pálido, como un animal de los llanos fríos, llevado a la orilla del mar, sobre los arenales candentes y extraños (1974: 100).

De igual manera, en *Los ríos profundos*, y entre huaynos y bailes en el barrio de las chicherías, el niño Ernesto dice para sí: «Yo quedé fuera del círculo, mirándolos, como quien contempla pasar la creciente de esos ríos andinos...» (1958: 110). Pero en otro momento de optimismo, el álter ego del autor expresa su anhelo de convertirse en puente vivo, es decir, en *tinku*: «Yo no sabía si amaba más al puente o al río. [...] Debía ser como el gran río: cruzar la tierra, cortar las rocas; pasar, indetenible y tranquilo, entre los bosques y montañas; y entrar al mar, acompañado por un gran pueblo de aves que cantarían desde la altura» (1958: 68). Sin embargo, no es sino hasta *El zorro de arriba y el zorro* de abajo, la novela póstuma de Arguedas (1971)[11], cuando reconocemos la apoteosis de esta noción andina que se perfila desde el título: *tinku* entre sierra y costa, diarios y epístola (géneros marginales) y novela, antigüedad y modernidad, lo andino y lo occidental, oralidad y escritura, vida y muerte, militancia política y contemplación, canto-música-danza y palabra, lirismo y prosa, naturaleza y cultura, quechua/aymara/inglés y español, mito y vanguardia... Apoteosis que cede a la ambición totalizadora del *tinku*, cifrada, por cierto, en la primera palabra del título de su novela más controvertida: *Todas las sangres*.

Más allá del *tinku*, hay otra noción quechua alusiva a la dualidad, que emerge en otro ámbito, el del trabajo comunitario. Se trata del *ayni*, que podríamos traducir como «reciprocidad». Sobre ésta, señala Pease:

> De hecho, hoy no se discute la existencia de la reciprocidad andina; estudios contemporáneos de los antropólogos demuestran su vigencia [...] el cambio recíproco tomaba generalmente la forma de toma y daca de fuerza de trabajo. Ello otorga una nueva tónica al sentido del término *ayni*, por ejemplo, que los cronistas, así como los autores de los diccionarios bilingües del siglo xvi e inicios del siguiente entendieron como «ayuda mutua»; en el caso del Inca Garcilaso de la Vega, ello permitía construir una imagen idealizada del pasado, de un mundo donde la colaboración, originada en la bondad natural de las gentes, eliminaba los desvalidos y los hambrientos. También Blas Valera, citado por Garcilaso, habló de la «ley de la hermandad», que justificaba las obligaciones recíprocas del trabajo colectivo. [...]

---

[11] Vargas Llosa suele leer a Arguedas como un escritor arcaico, yo opino que *El zorro de arriba y el zorro de abajo* constituye un poderoso *collage* vanguardista.

Inserto dentro de un contexto de reciprocidad, el *ayni* [...] explica la permuta
de energía humana para el intercambio recíprocamente entendido y la subsistencia básica del ayllu. El sentido más claro puede verse en el hecho de las «ayudas»
recíprocas para la siembra y cosecha, la guarda del ganado y otras operaciones
familiares... (1999: 91-93)

En su libro sobre la comunidad ayacuchana de Chuschi, hoy casi desaparecida
por las contiendas entre Sendero Luminoso y el gobierno peruano, Billie Jean
Isbell nota cómo a fines de la década de los años sesenta, cuando hizo allí su
trabajo de campo como antropóloga, todavía se empleaba el término *ayni* para
aludir a la reciprocidad. «Cuando alguien pide ayuda [laboral], está llamando
a una *minka*, y aquellos que responden a su pedido están dando *ayni* y esperan
ayuda futura. Tal labor recíproca es esencial a la agricultura de subsistencia de
Chuschi»[12], señala la antropóloga en *To Defend Ourselves: Ecology and Ritual
in an Andean Village* (1976: 57)[13].

La noción de *ayni* ha resultado indispensable a la disciplina antropológica
para la desmitificación del imperio incaico. En su idealización del incario,
Garcilaso sitúa la aparición de los graneros estatales en la era de Manco
Capac. Los *Comentarios reales*, entre otras crónicas, abonan la visión de
un estado benefactor incaico, difundida en el siglo XX por libros como el
de Louis Baudin, *L'empire socialiste des Inka* (1928). Tanto John V. Murra
(*Formaciones económicas y políticas del mundo andino*, 1975) como Maurice
Godelier (*Economía, fetichismo y religión en las sociedades primitivas*, 1971)
corrigen esta interpretación al apuntar que los almacenes incaicos no sólo
servían para mitigar el hambre del pueblo quechua en momentos de carestía,

---

[12] Cito de la página 57 (mi traducción).

[13] La reciprocidad andina también se manifiesta en el terreno de la sexualidad, en lo que
concierne a la vida del *ayllu*. En su ensayo «La otra mitad esencial: un estudio de complementariedad sexual andina», Isbell nota que en la comunidad de Chuschi el orden se mantiene a
través del proceso de antítesis y síntesis donde el aspecto sexual dual de procreación es un tema
predominante. El pueblo está dividido en barrios de arriba y de abajo; el año está dividido, el
tiempo de lluvias asociado con entidades femeninas y el tiempo de sequías con las masculinas.
Cuando ocurre un matrimonio, los parientes de ambos cónyuges están unidos por relaciones
simétricas. En el plano ideal la herencia es paralela —los hombres heredan de los hombres y las
mujeres de las mujeres—. Las mujeres poseen y siembran toda la semilla; los hombres cultivan
la tierra. En la base de estas estructuras está el principio de complementariedad sexual —o la
noción de «la otra mitad esencial» que es indispensable para formar el todo. Una persona no
se considera adulta hasta que se haya casado, «porque uno necesita su segunda mitad» antes
de poder ser miembro respetado de la comunidad (1976: 379).

sino sobre todo para alimentar a los ejércitos encargados de sojuzgar a los múltiples señoríos que conformaban el imperio.

El caso de los incas también ha servido a Godelier y a Murra para criticar la noción del esquema de evolución de las sociedades del marxismo más rígido, pues las formas de apropiación del suelo a veces son varias en una sola cultura. Partiendo de la tesis de Murra sobre los incas de 1956, que publicó como libro en 1975, Godelier crea la noción de *formación económica y social*[14] para aludir a la especificidad única de cada sociedad en cuanto a la tenencia de la tierra. La realidad histórica es concreta, y no se puede reducir a una etapa o modo de producción: la pluralidad de formas de tránsito a la sociedad de clases es innegable. En el incario convivieron tres modos de producción: la comunidad primitiva o el *ayllu*, con propiedad comunal de la tierra y reciprocidad en el trabajo; el modo de producción asiático, en el que coexiste la tierra comunal del *ayllu* con la tierra del estado inca, que provee semillas y aperos para exigir la prestación colectiva de trabajo en sus parcelas; y el esclavismo, que se da con el traslado de los *mitimaes* o migrantes a tierras lejanas para sofocar rebeliones, lo que permite el surgimiento de los *yanacona*, siervos que han roto el lazo con su comunidad de origen y responden a un amo. Los incas se apropiaron hábilmente de la noción tradicional andina de *ayni* o reciprocidad, valor máximo del *ayllu* primitivo, para encubrir la explotación de las etnias que iban incorporando al imperio. Por una parte, los almacenes estatales alimentaban a los necesitados, por otra, la prestación de trabajo colectivo de los *ayllus* en las tierras del Sol tomaba los visos de una fiesta: el estado no sólo proveía las semillas y los aperos de labranza, sino comida y chicha (la cerveza ritual de maíz) para los comuneros.

Hemos presentado, sucintamente, la noción neoplatónica de la concordia, y, en mayor detalle, puesto que la crítica garcilasiana no las ha tomado en consideración aún, las nociones andinas de *tinku* y *ayni*. Frutos de contextos culturales que parecen estar a años luz de distancia, por no mencionar al océano que los separa. Sin embargo, y más allá del hecho insoslayable de que, vigentes en el siglo XVI, pertenecen a dos tradiciones que el mestizaje del Inca reclamó legítimamente como suyas, también ofrecen importantes puntos en común: la dualidad sexualizada, la necesidad mutua de los contrarios, la conflictividad implícita en la diferencia, y la ambición totalizadora. A partir de estas coincidencias, quisiera apostar al hecho de que ambas tradiciones culturales, que

---

[14] A su vez, Murra adoptará la frase, que figura en el título de su libro de 1975.

nutren a nuestro primer mestizo, laten tras la inolvidable serenidad con que su escritura opta por lo imposible: la conciliación de opuestos irreductibles. Mi apuesta encuentra, de entrada, un apoyo textual explícito para cada una de las caras de la moneda de esta dimensión de la biculturalidad del Inca: su insistencia obsesiva en la palabra *concordia* en *La Florida*, y su alusión, en los *Comentarios reales*, a las dos mitades del Cuzco, *hanan* y *hurin*, indispensables para la noción de *tinku*.

Acudamos a ambas obras para calibrar las huellas de la dualidad de la filiación cultural del Inca. Comenzamos por una consideración general, que las hermana. Más allá de la relación cronológica que convierte a una obra en fuente de la próxima, y de la admiración por el mundo indígena o la preocupación por la belleza que comparten, hay algo más profundo que acerca a *La Florida del Inca* y a los *Comentarios reales*, mirados en su integridad bipartita. Se trata de la postura anti-imperialista que en estos libros esboza sutilmente el Inca, quién sabe si inconscientemente, pese a la exhortación que lanza en *La Florida* a sus congéneres urgiendo la reconquista de las tierras recorridas por Hernando de Soto en su desgraciada expedición, y a la insistente adhesión a la conquista española expresada en los *Comentarios*. Lo dice inmejorablemente Raquel Chang-Rodríguez en «Armonía y disyunción en *La Florida del Inca*»:

> [...] la historia de de Soto y sus expedicionarios tal y como la narra el Inca está repleta de señales que nos la hacen percibir como tragedia para actores europeos y americanos. No es por azar entonces que Garcilaso cierre su libro aparecido en 1605 con un capítulo donde detalla el «número de cristianos seglares y religiosos que en la Florida han muerto hasta el año de mil y quinientos sesenta y ocho». Así tanto esta obra primeriza como la póstuma *Historia general del Perú* concluyen con una visión de muerte y destrucción perturbadora de la armonía también presentada por el autor. A su vez, el caos final evidente en ambas se convierte en el desmentido del heroísmo de las hazañas europeas en América —Tupac Amaru fue decapitado y de ahí la legitimidad del ostracismo real contra Francisco de Toledo; la Florida se perdió por ambiciones y discordias internas tanto como por la muerte de Hernando de Soto (1982: 22-23).

Ambas obras comparten, en la simetría estructural de un inicio esperanzador derrotado por la muerte al final, el choque violento que tantas veces asumen los encuentros rituales. La serenidad melancólica de la escritura garcilasiana nos puede llevar a pensar que el *tinku* pasa siempre por el filtro de la concordia, que

de algún modo lo suaviza. ¿O se trata de la noción andina del conflicto como
parte integrante del equilibrio, que opone dos bandos para propiciar la fertilidad de la tierra y mantener la coherencia de la comunidad o *ayllu*, del Cuzco,
y aun del imperio incaico? ¿O de la siempre acechante amenaza de la censura
inquisitorial, que inhibe las críticas a la conquista que no estén atemperadas
por la celebración del gesto imperial? Posiblemente nunca lo sabremos, pero
lo que sí es un hecho es que las contradicciones más flagrantes coexisten con
comodidad en ambas obras.

La Florida ofrece numerosos ejemplos: las exhortaciones del Inca a intentar
la conquista floridiana de nuevo («se esfuerce España a la ganar y poblar»;
«pretendiendo yo incitar y persuadir con la relación de esta historia a que los
españoles ganen aquella tierra», «Proemio al lector»; «porque mi principal
intento en éste mi trabajo, que no me ha sido pequeño, no ha sido otro sino
dar relación al Rey mi señor y a la república de España de lo que tan cerca
de ella los mismos españoles tienen descubierto para que no dejen perder lo
que sus antecesores trabajaron», VI:9; «deben los españoles de hoy más, por
su propria honra y provecho, esforzarse a la conquista de este Imperio», VI:9),
coexisten con reiterados augurios de desgracia. El primero de ellos fue la
muerte del primer descubridor de La Florida, Juan Ponce de León, que «dejó
su desdicha en herencia a los que después acá le han sucedido en la misma
demanda» (I:2). Los fracasos («de aquel reino que tan infelice y costoso ha
sido a todos los que a él han ido», I:4) no tardaron en sucederse: dos intentos
de Lucas Vásquez de Ayllón, los de Pánfilo de Narváez y fray Luis Cáncel
Balbastro, y finalmente el de Hernando de Soto, que termina con la nota
necrológica o epitafio colectivo del capítulo 22 del libro sexto. Otro *tinku*
compuesto por contradicciones importantes lo hallamos en las alabanzas de
la conquista, por un lado, y su crítica, por otro. Oigamos a Garcilaso hacer la
apología hiperbólica de la conquista: «Y de esto poco que en nuestra historia
hemos dicho y diremos hasta el fin de ella podrá cualquier discreto sacar los
innumerables y nunca jamás bien ni aun medianamente encarecidos trabajos
que los españoles en el descubrimiento, conquista y población del Nuevo
Mundo han padecido sin provecho de ellos ni de sus hijos, que por ser yo
uno de ellos, podré testificar bien esto» (V,2,14). No obstante, critica los des-
aciertos de los conquistadores, a veces de manera discreta, como cuando éstos
no convidaron a la señora de Cofachiqui al bautizo por haber determinado
predicar la fe después de haber poblado las nuevas tierras (III:19); otras, con
amonestación severa, como puede inferirse del título del capítulo VII del

libro sexto: «Matan los indios cuarenta y ocho españoles por el desconcierto de uno de ellos».

Claro que también hay en La Florida batallas que parecen puramente rituales, como la de dos navíos (el del español Diego Pérez y el de un corsario francés) en el puerto de Santiago de Cuba, que duró cuatro días (I, 9 y 10). De día combatían como enemigos feroces, de noche hacían la paz, se visitaban y se regalaban mutuamente, prestando ayuda a los heridos del bando enemigo, como si de hermanos se tratase. Sin embargo, al Inca no le hace mucha gracia el caso, ya que el español no pelea por la Corona, por lo que sentencia: «todo esto, y más, pueden las pasiones humanas cuando empiezan a reinar» (I: 9).

En cuanto al valor renacentista de la concordia, notamos que exhibe una presencia explícita y obsesiva en La Florida. La frase «paz y concordia» (obviamente redundante, ya que la concordia lleva a la paz) asoma frecuentemente para exaltar comportamientos modélicos: el trato de amistad que se ofrecen mutuamente las gentes de la ciudad de Santiago de Cuba y las de Hernando de Soto (I: 12), la manera en que De Soto atrae a su amistad al cacique Hirrihigua (I: 2,9), la buena voluntad del cacique Quigualtanqui, cuya falsedad no tardaría en descubrirse (V: 1,6). La conquista misma emerge como una empresa al servicio de dicho valor, cuando los indios del curaca Chisca entienden que la «paz y concordia [de los españoles] les era mejor que la guerra» (IV: 4), o cuando Hernando de Soto le dice al cacique Capaha que «los españoles no habían venido a sus tierras para los dejar más encendidos en sus guerras y enemistades que antes estaban sino para ponerlos en paz y concordia» (IV: 10). De ahí que, cuando falta la concordia, se derrumba la gesta conquistadora: «Todos estos deseos que el adelantado tenía de poblar la tierra, y la orden y las trazas que para ello había fabricado en su imaginación, los destruyó y anuló la discordia, como siempre suele arruinar y echar por tierra los ejércitos, las repúblicas, reinos e imperios donde la dejan entrar» (III: 32); «Todo lo cual se consumió y se perdió sin fruto alguno por dos causas: la primera, por la discordia que entre ellos nació, por la cual no poblaron al principio; y la segunda, por la temprana muerte del gobernador...» (VI: 21).

La concordia depende, según se infiere de la narración, de la virtud cardinal de la prudencia, que permite discernir entre lo bueno, para seguirlo, y lo malo, para huir de él; cuando falta ésta, sobreviene la discordia, que llevó al fracaso a la expedición de Hernando de Soto (VI: 17,18). Pero no le faltó al adelantado, quien, como héroe épico, recibe del Inca una caracterización que

medieval, que es la que asume Guaman Poma en sus dibujos[16], y en la que el eje es interno a la imagen, notaremos que el lado paterno cae a la derecha del eje o raya vertical divisoria del escudo en dos partes. Ésta se corresponde con el espacio ritual de hanan, privilegiado y dominante. El lado materno cae a la izquierda del eje y se corresponde con hurin, espacio subordinado. Con el escudo, el Inca no sólo afirma su orgullo de ser mestizo, sino que comunica la realidad de la derrota de su pueblo a manos de los conquistadores españoles. Coherentemente, la porción del lema del poeta toledano que tiene que ver con las armas, va en el lado paterno, y la que tiene que ver con la pluma, en el materno: pues si las armas destruyeron el imperio incaico, la pluma habría de restaurarlo para la memoria. Pero a la vez, el Inca propone en su escudo un mensaje subliminal que insinúa la permanente posibilidad de violencia que todo *tinku* encierra. Se trata de la incorporación del amaru como parte del lado materno del escudo, pues se trata del nombre del último líder de la resistencia incaica, Tupac Amaru, legítimo heredero de la dinastía incaica, y cuya muerte Garcilaso consideró la mayor tragedia acaecida en su patria. En Buscando un inca (1986), Alberto Flores Galindo interpreta este pasaje de la Historia general del Perú como una denuncia implícita de la conquista española, y el inicio de la utopía andina que tantas sublevaciones violentas ha suscitado en el Perú.

Hasta aquí los ecos de las nociones de *tinku* y concordia en el Inca. ¿Qué sucede entonces con la de *ayni*? Pienso que se trata en el fondo del motor de la escritura garcilasiana, una forma de reciprocar a sus dos progenitores, honrando tanto la cultura indígena como la española. Ya vimos cómo en *La Florida* la intención de dar tiempo igual a indios y españoles se hace explícita desde el «Proemio al lector». Afirmación que se cumple en dicha obra, y que incluso sirve de estructura para los *Comentarios reales*, cuya Primera parte honra el lado materno de su linaje, y cuya Segunda parte desagravia la honra mancillada del padre, cuando en el Consejo de Indias se le denegara la herencia al hijo por ser sospechoso de traición su progenitor. Hay un pasaje en la *Historia general del Perú* en el que los ecos del *ayni* son claros:

> Habiendo dado principio a esta nuestra historia con el principio y origen de
> los reyes incas [...] como largamente, con el favor divino, lo hicimos en la primera
> parte de estos *Comentarios*, con que se cumplió la obligación que a la patria y a los

---

[16] Para un análisis del simbolismo espacial andino en los dibujos de la *Nueva coronica*, ver Mercedes López-Baralt (1988).

parientes maternos *se le debía*; y en esta segunda, como se ha visto, se ha hecho larga relación de las hazañas y valentías que los bravos y valerosos españoles hicieron en ganar aquel riquísimo imperio, con que asimismo he cumplido (aunque no por entero) con la obligación paterna, que a mi padre y a sus ilustres y generosos compañeros debo... (VIII: 21; mi subrayado).

Notemos que Garcilaso habla, en ambos casos, de cumplir una obligación. El *ayni*[17] impone siempre un toma y daca, y el Inca, que recibió una herencia cultural por partida doble, reciproca a sus padres a través de una escritura dual. Al hacerlo, sienta los puntales de la identidad peruana contemporánea, mestiza, de manera parecida a como lo hiciera un poeta puertorriqueño —Luis Palés Matos— con la mulatez caribeña, en su poema «Ten con ten», de 1935:

> Y así estás, mi verde antilla,
> en un sí es que no es de raza,
> en ten con ten de abolengo
> que te hace tan antillana...
> Al ritmo de los tambores
> tu lindo ten con ten bailas,
> una mitad española
> y otra mitad africana[18].

La estructura misma de los *Comentarios reales* constituye un ejemplo emblemático del mestizaje textual del Inca que nos ha ocupado en este ensayo. Desde una perspectiva europea, podemos entenderla como expresión de una voluntad armonizadora de dos contrarios en aras de la concordia. También como expresión del afán de simetría, manifestación espacial de aquella. El Inca hace suyo este ideal de la pintura y la arquitectura renacentistas, que insiste en la correspondencia de dos lados en torno a un eje central, proyectándolo a su obra literaria. Pues los *Comentarios reales* tienen dos partes que honran cada uno de sus linajes, el materno y el paterno, y en el centro, como eje, está el hijo mestizo, cuya perspectiva autobiográfica sirve de hilo conductor

---

[17] Como hemos visto al aludir a Murra y Godelier, el *ayni* también puede encubrir conflictividad. En el caso de los incas, la relación de explotación entre el imperio y el *ayllu*; en el de Garcilaso, el resentimiento que tendría con su padre por haber repudiado a la madre y por haber participado destacadamente en la destrucción del incario.

[18] Cito la última estrofa del poema, publicado en el *Tuntún de pasa y grifería*, de 1937, a partir de mi edición crítica de *La poesía de Luis Palés Matos*, de 1995.

a la obra. Simetría que obsesiona al Inca, y que guía la composición de sus obras hasta en sus detalles: son numerosas las ocasiones en que éste abandona o acorta un tema por no alargar desproporcionadamente el capítulo en que lo inserta. Por otra parte, si según el neoplatonismo el amor es concordia o correspondencia entre dos sexos, en su aspiración a la totalidad, la sexualización cultural de la obra no es otra cosa que una apuesta al todo cifrada en el escudo que la precede. Una suerte de microcosmos textual en el que el amor ha unido los contrarios.

Pero la estructura del libro también responde al legado andino del autor. En este abrir el vuelo de su libro en dos alas, el Inca no sólo cumple con el *ayni* que debe a sus padres, sino que incide en la tan tradicional dualidad andina que divide desde tiempos inmemoriales cada comunidad o *ayllu* en dos mitades, *hanan* y *hurin*, que se encuentran periódicamente en un *tinku* ritual. De ahí que podamos leer la Primera parte de los *Comentarios* como el lado *hurin* (femenino, subordinado) del libro; la segunda sería el lado *hanan* (dominante, masculino). El eje de las dos mitades es el sujeto mismo en el que se da en *tinku* de dos culturas, el autor mestizo. Sin embargo, la escritura occidental, que nos obliga a leer de izquierda a derecha, nos depara una sorpresa, ya que sitúa la parte materna del libro a la derecha del centro de éste, derecha que no es otra cosa, en términos de espacialidad andina, que *hanan*; de igual manera, la parte paterna se queda relegada a la categoría de *hurin*, al estar ubicada a la izquierda del eje. Ironía subliminal que resulta de la consideración del libro como artefacto material, y que refuerza el homenaje a la cultura incaica de su Primera parte.

La alegoría gráfica del abrazo bicultural que suponen los *Comentarios reales* la encontramos en la fusión del dios Mercurio con la serpiente mítica andina, el amaru, en el escudo del Inca. Lo ha visto con agudeza Christian Fernández en *Inca Garcilaso: Imaginación, memoria e identidad* (2004), cuando explica que la serpiente estilizada de la parte incaica del dibujo poco tiene que ver con las representadas en la iconografía andina antes de Garcilaso[19]: son dos serpientes en posición vertical, curvadas y mirándose una a otra, con las colas entrelazadas. Y es que se trata de una representación del caduceo, el símbolo

---

[19] Sin embargo, José Antonio Mazzotti, en su libro *Coros mestizos del Inca Garcilaso: resonancias andinas* (1996: 279), afirma que «las serpientes sosteniendo un arco iris son un símbolo frecuente en las representaciones de poder y prestigio familiar en otros blasones de la realeza cuzqueña colonial», particularmente aquellos del linaje sobreviviente a la matanza de Atahualpa. Algunas reproducciones de éstos se conservan en el Museo Regional del Cuzco.

del dios Mercurio. La traducción garcilasiana del Diálogo segundo de Hebreo dice: «El cual Mercurio dicen ser dios de la elocuencia... mensajero de Júpiter, e intérprete de los dioses: y sus insignias son una vara rodeada de una sierpe» (Fernández 2004: 115) No sólo la elocuencia, también la prudencia se atribuye a dicha deidad: ambas, cualidades caras al Inca. Recordemos que según la Iconologia de Cesare Ripa, diccionario de imágenes cuyas ediciones italianas de 1593 y 1603 pudo conocer Garcilaso, la prudencia encarna en una mujer que tiene en una mano un espejo que refleja su rostro, y en la otra un cetro en el que se enrosca una serpiente. En su descripción del dios Mercurio, citada por Fernández, el escritor inglés Stephan Batman (*The Golden Book of the Leaden Goddess*, 1577), afirma que estas dos serpientes unidas por la cola son macho y hembra, y representan la concordia. Christian Fernández concluye que el Inca, honrando la idea de la complementariedad andina, ha integrado la simbología de ambas culturas, la indígena y la europea, en su escudo. Coincido plenamente con él. Y es que el Inca, como hemos querido probar en este trabajo, se adhiere al ideal de la concordia no sólo por cuestiones de carácter (su posible serenidad de espíritu) o de influencias intelectuales (el neoplatonismo), sino por una predisposición cultural, la andina, con la obsesión dualista de su geografía mítica, de sus encuentros rituales (*tinku*) y de su valor ético de la reciprocidad (*ayni*).

A modo de epílogo, un recuerdo. Porque este ensayo parte en el fondo, de él. De las dificultades que tuve, de estudiante, para aceptar las contradicciones de un cronista que celebraba, a la vez, el imperio incaico y su destrucción. Dificultades que año tras año, al enseñar la obra en mis clases, encuentran los alumnos que por primera vez se enfrentan a ella. Que pueden en parte explicarse por el sencillo hecho de que la juventud no es amiga de la ambigüedad. Y que pocos jóvenes, tanto estudiantes como profesores, han hecho suya aquella frase memorable de Walt Whitman en el poema «Song of myself»: «Do I contradict myself? Very well, then I contradict myself. I am large. I contain multitudes» [¿Acaso me contradigo? Pues bien, me contradigo. Soy grande. Contengo multitudes; mi traducción]. Pero de todas maneras, en el caso del Inca, se trata de contradicciones dolorosas que sufriría en propia carne como mestizo de primera generación en un continente recién descubierto. Pienso entonces que el legado de ambas culturas, cuajado en sus nociones curiosamente paralelas de *tinku*, concordia y *ayni*, le serviría de escudo protector para la más profunda de las heridas, la de la escisión de lealtades. Claro que, como reza un antiguo cantar maya que relata los avatares de la conquista, *los escudos no detienen la desolación*[20]. Las huellas del *dolorido sentir* garcilasiano ante la andadura vital que le tocó en suerte abren sutiles fisuras en su serenidad impertérrita. Pero eso sería tema de otro trabajo.

Bibliografía

Rolena Adorno, *Cronista y príncipe: la obra de don Felipe Guaman Poma de Ayala*. Lima, Pontificia Universidad Católica del Perú, 1989.

Anónimo, *Dioses y hombres de Huarochirí*. Edición de José María Arguedas, México/Madrid/Buenos Aires, Siglo Veintiuno Editores, 1966.

José María Arguedas, *Agua y otros cuentos indígenas*. Lima, Millá Batre, 1974.

— *El zorro de arriba y el zorro de abajo*. Edición crítica. Eve-Marie Fell, coordinadora. Madrid et al., Unesco, [1971] 1990.

—, *Los ríos profundos*. Buenos Aires, Losada, 1958, cuarta edición.

—, *Yawar fiesta*. Lima, Compañía de Impresiones y Publicidad, 1941.

Ludovico Bertonio, *Vocabulario de la lengua aymara*. 1612, Edición facsimilar. La Paz, Don Bosco, 1956.

Thérèse Bouysse-Casagne, *La identidad aymara: aproximación histórica: siglo XV, siglo XVI*. La Paz, Hisbol, 1987.

Thérèse Bouysse-Casagne, Olivia Harris, Tristan Platt y Verónica Cereceda, *Tres reflexiones sobre el mundo andino*. La Paz, Hisbol, 1986.

Raquel Chang-Rodríguez, «Armonía y disyunción en *La Florida del Inca*», *Revista de la Universidad Católica*. Lima, 1982, pp. 21-31.

Diccionario de la lengua española. Madrid, Real Academia Española/Espasa Calpe, Vigésima segunda edición, 2001, Vol. I-II.

José Durand, *El Inca Garcilaso, clásico de América*. México, Sep-Setentas, 1976.

—, «En torno a la prosa del Inca Garcilaso», *Nuevo texto crítico*. I, 2, segundo semestre 1988, pp. 209-227.

Gonzalo Espino Relucé, «Manuscrito de Huarochirí, estrategias narrativas quechuas», ponencia que recoge parte de una investigación auspiciada por la Universidad Nacional Mayor de San Marcos en 1992, reproducida en <www.quechua-network.org/yachaywasi/Un_proyecto_1.doc)>.

Christian Fernández, *Inca Garcilaso: Imaginación, memoria e identidad*. Lima, Fondo Editorial, Universidad Nacional Mayor de San Marcos, 2004.

Marsilio Ficino, *De amore, Comentario a El banquete de Platón*. Madrid, Tecnos, 1994.

---

[20] Lo recoge Miguel León Portilla en *El reverso de la conquista*.

ALBERTO FLORES GALINDO, *Buscando un Inca: identidad y utopía en los Andes*. La Habana, Casa de las Américas, 1986.

GARCILASO DE LA VEGA, Inca, *Comentarios reales* y *La Florida del Inca*. Edición anotada de Mercedes López-Baralt. Madrid, Espasa Calpe, 2003.

—, *Historia general del Perú*. Edición de José Durand. Lima, Universidad Nacional Mayor de San Marcos.

MAURICE GODELIER, *Economía, fetichismo y religión en las sociedades primitivas*. México/Buenos Aires/Madrid, Siglo Veintiuno, 1974.

—, «Qu'est-ce que définir une *formation économique et sociale*: l'exemple des Incas», *La Pensée*, Núm. 159, 1971.

DIEGO GONZÁLEZ HOLGUÍN, *Vocabulario de la lengua general de todo el Perú...* Lima, Universidad Nacional Mayor de San Marcos, 1952.

FELIPE GUAMAN POMA DE AYALA, *Nueva coronica i buen gobierno* [1615]. Edición de John V. Murra y Rolena Adorno. México, Siglo Veintiuno, 1980.

LEÓN HEBREO, *Diálogos de amor*. *Traducción del Inca Garcilaso de la Vega*. Buenos Aires/México, Espasa Calpe Argentina, 1947.

BILLIE JEAN ISBELL, «La otra mitad esencial: un estudio de complementariedad sexual andina», *Estudios Andinos*, Núm. 12, 1976, pp. 38-56.

—, *To Defend Ourselves. Ecology and Ritual in an Andean Village*. Austin, University of Texas Press, 1976.

ELIZABETH KREIMER, «Un proyecto de salud... pero, para quién», *Cultura y salud en la construcción de las Américas. Reflexiones sobre el sujeto social*, C. Pinzón, R. Suárez y G. Garay (eds.). Bogotá/Roma, Instituto Colombiano de Cultura/Comitato Internazionale per lo Sviluppo del Popoli, 1993; reproducido en <sisbib.unmsm. edu.pe/bibvirtauldata/libros/Literatura/trad_oral/espino_rg2.pdf>.

MIGUEL LEÓN-PORTILLA, *El reverso de la conquista*. México, Joaquín Mortiz, 1964.

MERCEDES LÓPEZ-BARALT, *Icono y conquista: Guaman Poma de Ayala*. Madrid, Hiperión, 1988.

—, *Guaman Poma, autor y artista*. Lima, Pontificia Universidad Católica del Perú, 1993.

—, «*Wakcha, pachakuti* y *tinku*: tres llaves andinas para acceder a la escritura de Arguedas», *Las cartas de Arguedas*, edición de John V. Murra y Mercedes López-Baralt. Lima, Pontificia Universidad Católica del Perú, 1996, pp. 299-330.

JURI LOTMAN *et al*: «Theses on the Semiotic Study of Cultures (As Applied to Slavic Texts)», J. van der Eng y M. Grygar (eds.), *Structure of Texts and Semiotics og Culture*. Den Haag/Paris 1973, pp. 1-28.

JOSÉ ANTONIO MAZZOTTI, *Coros mestizos en el Inca Garcilaso*. México/Lima, Fondo de Cultura Económica/Fondo Editorial de Cultura, 1996.

—, «Otros motivos para la *Traduzion*: el Inca Garcilaso, los *Diálogos de amor* y la tradición cabalística», *Franqueando fronteras. Garcilaso de la Vega y La Florida del Inca*. Edición, introducción y cronología de Raquel Chang-Rodríguez. Lima, Pontificia Universidad Católica del Perú, 2006, pp. 131-148.

AURELIO MIRÓ QUESADA, *El Inca Garcilaso*. Lima, Pontificia Universidad Católica del Perú, 1994.

—, *El Inca Garcilaso y otros estudios garcilacistas*. Madrid, Ediciones Cultura Hispánica, 1971.

—, «Prólogo» a su edición de los *Comentarios reales*, Tomo I. Caracas, Ayacucho: IX-XLI, 1976.

CARMEN DE MORA, «Introducción» a El Inca Garcilaso, *La Florida*. Madrid, Alianza, 1988, pp. 19-73.

JOHN V. MURRA, *Formaciones económicas y políticas del mundo andino*. Lima, Instituto de Estudios Peruanos, 1975.

LUIS PALÉS MATOS, *La poesía de Luis Palés Matos*. Edición crítica de Mercedes López-Baralt. San Juan, Editorial de la Universidad de Puerto Rico, 1995.

FRANKLIN PEASE G. Y., *Curacas, reciprocidad y riqueza*. Lima, Pontificia Universidad Católica del Perú, 1999, segunda edición.

—, *Los últimos Incas del Cuzco*. Lima, Villanueva, 1991.

PLATÓN, *El banquete*. Madrid, Alianza, 2000.

TRISTAN PLATT, «El rol del ayllu andino en la reproducción del régimen mercantil simple en el norte de Potosí (Bolivia)», *Identidades andinas y lógicas del campesinado*. Lima, Mosca Azul, 1986, pp. 25-83.

WILLIAM ROWE, «*Agua y Yawar fiesta*», *Mito e ideología en la obra de José María Arguedas*. Lima, Instituto Nacional de Cultura, 1979.

VICTOR TURNER, *The Forest of Symbols: Aspects of Ndembu Ritual*. Ithaca/London, Cornell University Press, 1967.

JUAN VAN KESSEL y Dionisio CONDORI CRUZ, *Criar la vida: trabajo y tecnología en el mundo andino*. Santiago de Chile, Vivarium, 1992; reproducido en Internet <wwwlataautonomy.org/criarlavidacompleto.pdf>.

MARIO VARGAS LLOSA, *La utopía arcaica: José María Arguedas y las ficciones del indigenismo*. México, Fondo de Cultura Económica, 1996.

LA FLORIDA DEL INCA, EL REY ALARICO
Y EL PROCESO DE CONSTRUCCIÓN
IDENTITARIA EN EL INCA GARCILASO

José Antonio Mazzotti
Tufts University

Antes del conocido encomio que le endilgara Ventura García Calderón de «Araucana en prosa» en 1914, *La Florida del Inca* ya constituía para la crítica una obra poco relacionada con la búsqueda de una identidad andina, a diferencia de los *Comentarios reales*. Para muchos, incluso hoy, resulta poco más que un ejercicio de poetización heroica de la expedición de Hernando de Soto a esa inmensa región que modernamente constituye el sur de los Estados Unidos, y que incluye los estados de Georgia, las dos Carolinas, Tennessee, Alabama, Mississipi, Louisiana y Texas, por lo menos, y no sólo la península de la Florida, entre 1538 y 1542-1543. A diferencia del encomio, en las siguientes páginas quisiera reflexionar sobre la forma en que *La Florida* se articula con el resto del corpus garcilasiano y examinar la importancia fundamental de algunos pasajes de la obra como parte de un proceso de construcción identitaria de enormes proporciones en la escritura de la obra posterior del Inca Garcilaso.

Aparecida en 1605 en la imprenta del flamenco Pedro de Craasbeck, que vivía instalado en Lisboa desde lustros antes, *La Florida* es una de esas obras que tuvieron que esperar muchos años para darse a conocer, ya que había pasado previamente por un largo y meticuloso proceso de redacción, con numerosas revisiones y añadidos. El propio Garcilaso señala en su «Proemio al lector» que luego de una primera versión, encontró las relaciones de Juan Coles y Alonso de Carmona, soldados que participaron en la expedición de Hernando de Soto (ver el «Proemio al lector» en *La Florida*, folio sin número). Por eso, no bastaba el fidedigno relato que le ofreció el conquistador Gonzalo de Silvestre, sobre quien hace depender la veracidad de la obra[1]. Ya antes, y desde la década de 1560, Garcilaso había entrado en contacto con Silvestre, quien había participado en la expedición fallida de Hernando de Soto. Gonzalo Silvestre había sido también compañero del padre de Garcilaso y de otros conquistadores en el antiguo país de los incas, años más tarde, por lo que tenía amplia experiencia en varias partes del Nuevo Mundo y podía ofrecer comparaciones de primera mano entre los indígenas de uno y otro lugar. Su experiencia resultaba, pues, de inmensa importancia y atractivo para el historiador cuzqueño, quien amparaba su propia autoridad con la versión de un genuino testigo de vista. No sobra, por ello, recordar que *La Florida* se ofrece al público de su época como historia y no como ficción. Desde el principio, el Inca lo declara: «El mayor cuydado que ſe tuuo fue escriuir las coſas que en ella ſe cuentan como ſon, y paſſaron» («Proemio al lector» f. s. n.).

Pero cuando Garcilaso encuentra fuentes textuales como los ocho pliegos de las *Peregrinaciones* de Alonso de Carmona y los diez de la *Relación* de Juan Coles, además de los relatos del Fidalgo de Elvas y los *Naufragios* de Cabeza de Vaca, inicia una segunda y mucho más elaborada redacción de la obra[2]. Eran los años de 1591 y 1592. Esto explica en parte la demora de la publicación de *La Florida* hasta 1605. Y, sin duda, hubo problemas de aprobaciones, pero también del cuidadoso y detallado trabajo de comprobación de fuentes, que hicieron lo suyo: Garcilaso, pues, no quería cometer errores y seguramente aspiraba a entregar una historia lo más completa y veraz posible[3]. Un tercer elemento, no menos importante: el cuidado en el estilo, pues en la época no se trataba sólo de afirmar la verdad de lo narrado dentro del género historiográ-

---

[1] El Inca Garcilaso no menciona a Silvestre como fuente de su historia, pero la documentación de la época ha llevado a establecer la identidad del informante de manera fidedigna. Ver Miró Quesada (1994: 171-195).

[2] Diversos estudiosos han abordado el proceso de redacción de *La Florida*. Entre los más notables, ver Durand «El proceso de redacción…» y «La memoria de Gonzalo Silvestre».

[3] En su «Introducción» a *La Florida*, Sylvia L. Hilton menciona numerosos ejemplos que a lo largo de la crítica sobre Garcilaso se han hecho notar en relación con las inexactitudes de la obra. Los reparos más comunes, señala Hilton, tienen que ver con nombres de lugares y caciques, con fechas, con la elocuencia de los parlamentos indígenas y con algunos pasajes guerreros que parecen exagerados. A todo esto se puede responder que el Inca, pese a dichos errores, tiene muchísimos más aciertos que los de otras crónicas del XVI sobre la expedición de De Soto. Asimismo, hay que entender la elocuencia indígena como parte de un andamiaje retórico que bien puede estar tratando de reproducir otra forma de elocuencia análoga a la de los discursos en castellano. Y sobre las llamadas exageraciones guerreras, ninguna llega a los excesos fantasiosos de las novelas de caballería. Ver Hilton 2002: 22-48.

fico. También había que articularlo conforme a las posibilidades de la retórica para lograr una persuasión inapelable, capaz de conmover y estimular al lector hacia la acción.

LA VERDAD DE LA HISTORIA Y SUS TRANSFIGURACIONES

En tal sentido, el testimonio oral de Gonzalo Silvestre siguió siendo fundamental, pese a las ampliaciones y añadidos. De él dice que «era hombre noble hijo dalgo, y como tal ſe preciaua tratar verdad en toda coſa» («Proemio al lector», f. s. n.). El relato oral de Silvestre, según Garcilaso de noble cuna, más las ya mencionadas historias de Carmona y Coles (participantes todos en la expedición), lo salvan de parecer fantasioso ante la magnificencia de las tierras y hazañas a contar. Por eso, el Inca continúa diciendo:

> Y eſto baſte para que ſe crea que no escriuimos fictiones que no me fuera licito hazerlo, auinedoſe de preſentar eſta relacion a toda la republica de Eſpaña: la qual tendria razon de indignarſe contra mi ſi la hubieſſe hecho ſinieſtra y falſa.
>
> Ni la Mageſtad Eterna, que es lo que mas deuemos temer, dexara de ofenderſe grauemente, ſi pretendiendo yo incitar y perſuadir con la relacion deſta hiſtoria, a que los Eſpañoles ganen aquella tierra para aumento de nueſtra ſancta fe Catholica, engañaſſe con fabulas y ficciones, a los que en tal empreſa quiſſieſen emplear ſus haziendas y vidas («Proemio al lector», f. s. n.).

Hay, pues, un claro sentido práctico y político, que debe derivar naturalmente de la exactitud de los hechos narrados. La finalidad última del relato se encuadra dentro de la frecuente teleología providencialista de buena parte de la historiografía indiana, lo cual cumple con el nivel trascendental, por encima del factual, de la concepción histórica de la época.

Como parte de su estrategia retórica, Garcilaso continúa su argumentación con el socorrido recurso de la *humilitas mea* al establecer el largo recorrido confesional sobre la pobreza y soledad en que vive, y sobre la ausencia de ambiciones personales, llevando una vida «quieta y pacifica, mas embidiada de ricos que embidioſa dellos» («Proemio al lector», f. s. n.), con lo cual previene cualquier suspicacia y posibles acusaciones de parcialidad.

Estos planteamientos iniciales en la obra forman parte de un mecanismo discursivo bastante frecuente en tal tipo de relato. ¿Cómo contar de manera verosímil algo que escapa de la experiencia del autor y del lector y que los

Hernando de Soto y la construcción del paradigma paterno

Pero el propósito de estas líneas es reflexionar especialmente sobre el eje identitario paterno y sus ramificaciones políticas. Es importante, por eso, que
Garcilaso presente a Hernando de Soto como figura paradigmática que luego
servirá también de modelo para los incas de los *Comentarios* y para los continuadores de esa estirpe de servidores del «bien común», como serán algunos
conquistadores-encomenderos.

En uno de sus numerosos encuentros con caciques floridanos, Hernando de
Soto intenta convencer mediante regalos y diplomacia a Hirrihigua, que había
sido ofendido gravemente por la expedición anterior de Pánfilo de Narváez y
se negaba a salir de paz con los españoles. El Inca dice que

> [Hernando de Soto] deſſeaua ſu amiſtad, porque con ella ente[n]dia tener
> ganada la de todos los de aquel reyno, porq[ue] dezia q[ue] ſi aquel, q[ue] tan ofen-
> dido eſtaua de los Caſtellanos, ſe recóçiliaſſe y hizieſſe amigo dellos, [¿]qua[n[to
> mas ayna lo seri[an] los no ofendidos? Demas de la amiſtad de los Caçiques
> eſperaua q[ue] ſu reputaciõ y hóra ſe aume[n]taria generalmente entre Indios,
> [y] Eſpañoles, por auer aplacado eſte tã rauioſo enemigo de ſu naſció, por todo
> lo qual ſie[m]pre que los Chriſtianos, corriendo el cãpo, açertauã a pre[n]der
> de los vasallos de Hirrihigua, ſe los embiaua cõ dadiuas, y recaudos de buenas
> palabras rogándole con la amiſtad, y cõbidandole cõ la ſatiſfació, que del agrauio
> hecho por Pamphilo de Naruaez deſſeaua darle (Libro II, Primera Parte, Cap.
> IX, ff. 44r-44v).

El intercambio de bienes y favores promovido por la actitud generosa de
De Soto prefigura, como decía, la descripción de los incas cuzqueños en la
Primera parte de los *Comentarios reales* de 1609. Sin embargo, no hay que
olvidar que es en la Segunda parte, la llamada *Historia general del Perú*,
donde mejor encuentran su sentido las caracterizaciones que Garcilaso hace
de los conquistadores como incas ellos mismos, dado lo que el autor entendía como condición de nobleza de ánimo y de valor supremo que capacitaba
inmediatamente para gobernar. En este sentido, las figuras paradigmáticas
de la Segunda parte de los *Comentarios reales* o *Historia general del Perú*,
encabezadas por el padre del historiador, el capitán Garcilaso de la Vega
Vargas, se distinguen también por su «buen gobierno» y la reorganización del
espacio cuzqueño, en el caso específico del progenitor del Inca, a manera de
un Pachakutiq o «transformador del mundo» que establece un nuevo orden y

un estado superior de civilización sobre el pueblo andino. Rodríguez Garrido analiza el «sermón fúnebre» presente en la *Historia general del Perú* (Libro VIII, Cap. XII) y propone convincentemente que los rasgos establecidos en la Primera parte de los *Comentarios* para los gobernantes cuzqueños se trasladan a la figura paterna del Inca, convirtiéndolo implícitamente en inca y a la vez en «padre de la patria», y por lo tanto expresando una propuesta política de continuidad natural entre monarcas indígenas y conquistadores-encomenderos como proyecto político ideal en el territorio andino[4]. Son algunos de esos rasgos los que se hacen presentes también en la descripción de Hernando de Soto en su expedición fallida. El concepto de un Sacro Imperio Incaico que David Brading describiera como eje de gravitación semántica y política en los *Comentarios reales* como conjunto empieza a adquirir, pues, su forma desde *La Florida*.

Como ejemplo de una comunidad de gobernantes ideales basta recordar la hermandad de los conquistadores en la expedición de Hernando de Soto, ya presenciada por el mestizo cuzqueño en sus años de infancia en el Perú:

> Eſta miſma compañia ſe hizo entonces, y deſpues entre otros muchos caualleros y gente principal, que ſe hallo en la conquiſta del Peru, q[ue] yo au[n] alçançè a conocer algunos dellos, que *viuian en ella como ſi fuerã hermanos*, gozando de los repartimientos que les auian dado ſin diuidirlos (Libro I, Cap. XIIII, f. 24v, énfasis agregado).

En los *Comentarios*, años más tarde, dicha hermandad se manifestará como la convivencia feliz de los encomenderos una vez terminadas las guerras civiles entre Almagros y Pizarros y antes de la debacle de la derrota gonzalista en 1548. La edad de oro es para Garcilaso el momento inicial de primacía de los encomenderos, los cuales, como señores de la tierra y por mérito de sus esfuerzos, habían sido capaces de crear una sociedad que dio espacio por un

---

[4]   Señala Rodríguez Garrido que «la superposición del apelativo de Inca al nombre paterno no implicaba una paradoja, sino una apropiación legitimada no sólo mediante la recurrencia al mito de Viracocha, sino también por la correspondencia del padre con el paradigma de los antiguos gobernantes andinos. Obviamente la incorporación de la tradición materna en la representación del padre no supone el abandono de un modelo patriarcal en la visión de la historia o en la construcción de la propia identidad de la persona. La fuerza de este modelo explica la escasa presencia de la madre en la narración histórica del Inca, tantas veces señalada» (2000: 420). Es decir, el mundo andino aparece internalizado y forma parte de la estructura subyacente de la obra, incluso en la Segunda parte de los *Comentarios*.

momento a las élites cuzqueñas supervivientes adeptas al poder español y a la nobleza mestiza derivada de dicha unión[5].

Por eso no sorprende mucho que el capítulo final de la Primera parte del Libro V de *La Florida* sea un verdadero homenaje a Hernando de Soto, comparándolo con el rey visigodo Alarico, no sólo por la forma de su entierro, sino por el sentido fundacional que para la España primigenia tuvo Alarico. Veamos.

Hernando de Soto murió en campaña en 1542 y su desaparición fue mantenida oculta por los expedicionarios. Por el temor de que los indios se dieran cuenta de su muerte y de que desenterraran su cuerpo para vejarlo, los españoles decidieron exhumarlo para darle una sepultura menos vulnerable. Midieron la profundidad del recién descubierto «rio grande» o Mississipi para arrojar en él, encerrado en un grueso tronco de encino, el cuerpo del conquistador. Dice el historiador:

> Eſtas fueron las obſequias triſtes, y lamentables que nueſtros Eſpañoles hizieron al cuerpo del Adelátado, y Gouernador de los Reynos, y prouincias de la Florida, indignas de vn varon tan heroico, aunq[ue] bien miradas, ſemejantes, caſi en todo, a las que mil y ciento y treynta y vn años antes hizieron los Godos anteceſſores deſtos Eſpañoles a ſu rey Alarico en Italia, en la prouincia de Calabria, en el rio Biſſento junto a la ciudad de Coſſencia.
>
> Dixe ſemejantes caſi en todo, porque eſtos Eſpañoles ſon deſcendientes de aquellos Godos, y las ſepulturas [de] ambos fueron rios, y los defunctos las cabeças y caudillos de ſu gente, y muy amados della, y los vnos, y los otros valentiſsimos hombres, que saliendo de ſus tierras, y buſcando donde poblar, y hazer aſsiento hizieron grandes hazañas en reynos agenos. [...]
>
> Y para que ſe vea mejor la ſemejanza ſera bien referir aqui el entierro que los Godos hizieron a ſu Rey Alarico para los que no lo ſaben (Libro V, Primera parte, Cap. VIII, ff. 272v-273r).

---

[5] Como señalo en mi estudio *Coros mestizos del Inca Garcilaso*: «[...] la alusión al 'siglo dorado' se aplica también [además del Incario] a los tiempos iniciales de la conquista: '...en todos auia eſte credito y fidelidad [a las promeſas de palabra], y la ſeguridad de los caminos que podía llamarſe el siglo dorado' (*Comentarios* I, VIII, XVI, f. 215). [...] La Edad de Oro de los *Comentarios* parece situarse en la conjunción ideal del esplendor incaico y la comodidad gozada por los primeros encomenderos. Las oscilaciones frecuentes -como añorar la caza copiosa en tiempos de la conquista- revelan tanto afinidades por la visión española de un sujeto europeo que toma todo a manos llenas de la tierra conquistada y también por una arcadia incaica que ofrece generosamente sus bienes» (Mazzotti 1996: 224).

Garcilaso entonces recoge la versión del historiador italiano Pandolfo Collenuccio, en su *Compendio de la historia del Reino de Nápoles*, y subraya las semejanzas entre los entierros del conquistador español y el rey godo, equiparando implícitamente ambas figuras. Debe recordarse que Alarico I (ca. 370-410), rey de los visigodos, fue primero aliado del Imperio Romano de Occidente bajo el reinado de Teodosio el Grande y luego luchó contra Roma hasta lograr invadirla en el año 410, poco antes de su muerte. Ésta ocurrió mientras marchaba hacia el sur de la península Itálica con miras a invadir las posesiones romanas en el norte de África. Por haber sido proclamado por sus tropas como *Rex Gothorum*, Alarico era el fundador de una dinastía, la de los Baltinga. La sucesión recayó en Ataulfo, su hermano (en algunas fuentes se le define como su cuñado) que luego sería el origen de los reyes godos de España.

En *La Florida*, el final del Capítulo VIII coincide con el final de la Primera parte del Libro V, en que llega a su punto más alto la exaltación del caudillo español Hernando de Soto, a manera de moderno Alarico. Después de este capítulo, el tratamiento heroico de los líderes españoles brillará por su ausencia. Para entender mejor las dimensiones de la exaltación, veamos en las palabras del Inca la transfiguración de Hernando de Soto en rey implícito y en figura de rasgos divinos, y por lo tanto, dignos de la épica:

> Parefciome tocar aqui efta hiftoria, por la mucha femejança que tiene con la nueftra, y por dezir que la nobleza deftos nueftros Efpañoles y la que hoy tiene toda Efpaña fin contradicion alguna, viene de aquellos Godos: porque defpues dellos no ha entrado en ella otra nacion, fino los Alarabes de Berberia, quando la ganaron en tiempo del Rey don Rodrigo. Mas las pocas reliquias que deftos mifmos Godos quedaron, los echaron poco a poco de toda Efpaña, y la poblaron como oy efta: y aun la defcendencia de los Reyes de Caftilla derechamente, fin haberfe perdido la fágre dellos, viene de aqueftos Reyes Godos, en la qual antiguedad y mageftad tan notoria hazen ve[n]taja a todos los Reyes del mundo.
>
> Todo lo que del teftamento, muerte, y obfequias del Adelantado Hernando de Soto hemos dicho, lo refieren ni mas ni menos Alonfo de Carmona, y Juan Coles en fus relaciones, y ambos añaden que los Indios, no viendo al Gouernador preguntauan por el: y que los Christianos les refpondian, q[ue] Dios auia embiado a llamarle; para mandarle grádes cofas, que auia de hazer luego que boluieffe, y que con eftas palabras, dichas por todos ellos entretenian a los Indios (Libro V, Primera Parte, Cap. VIII, ff. 273v-274r).

Al ser sepultado como rey, y luego ser llamado por Dios a los cielos (aunque se trate de una excusa), el texto se desliza claramente hacia una heroificación de tipo mítico que eleva a Hernando de Soto y por extensión a los conquistadores más notables a la categoría de figuras atemporales y pilares políticos de una nueva sociedad. Se trataría, obviamente, de una dinastía inédita en el Nuevo Mundo, que se desarrollaría como reino con su propia nobleza dentro de los parámetros de la cristiandad, pero en alianza con las élites incaicas, tal como queda implícito en algunos pasajes de la *Historia general del Perú* (ver *Coros mestizos*, Cap. 4). Esta sociedad ideal quedaría para Garcilaso lamentablemente frustrada por el dominio de la monarquía central y su sentido absolutista de la maquiavélica «razón de estado» ya en tiempos de Felipe II[6].

Concluyamos, pues, con una reflexión sobre el sentido político de la obra y su inserción en el conjunto garcilasiano.

La autoconstrucción identitaria del Inca Garcilaso se aprecia desde la elección de los *Diálogos de amor* de León Hebreo como objeto de su traducción en 1590. He sostenido en un trabajo previo («Otros motivos para la *Traduzion...*») que no fueron sólo la maestría de Hebreo ni la profundidad de su sistema filosófico lo que pudo atraer al mestizo cuzqueño. A diferencia de otros muchos diálogos amorosos del Renacimiento, Hebreo ofrece elementos de la cábala radical, como son los ciclos cósmicos de creación y destrucción, la idea de un dios andrógino, de las estrellas como fuerzas generadoras de forma en la tierra y varios más que guardan curiosas analogías con el sistema de pensamiento mítico en general y andino en particular. No entraré ahora en detalles por la tiranía del espacio, pero hay que resaltar la idea de que la identidad del mestizo cuzqueño, al menos la que se revela en su escritura, no es unidireccional, es decir, como ha sostenido la crítica garcilasista más convencional, de Europa hacia América, imponiendo sus moldes, sino también parte de una búsqueda del Nuevo Mundo hacia el Viejo, buscando afinidades y elementos de concordancia para sostener la dignidad de los mestizos y del pueblo indígena en general, a partir de un saber y una valoración previos del mundo americano.

Por eso es tan importante leer *La Florida del Inca* a la luz del debate político de la época y dándole importancia a los recursos literarios que permiten las mencionadas transfiguraciones, aparentemente poéticas.

---

[6] José Durand analiza estas críticas implícitas y explícitas al poder real en «La idea de la honra en el Inca Garcilaso» (ver Durand 1988: 56 y ss.).

El paradigma paterno y re-centrador de la opción ideológica de Garcilaso se ve parcialmente enriquecido con la *Genealogía de Garci Pérez de Vargas*, el ilustre antepasado del mestizo, desprendido de *La Florida* y convertido en texto independiente, pero inédito hasta el siglo xx. Allí se aprecia la formación literaria del Inca y la admiración por su también antepasado Garci Sánchez de Badajoz, más que por el ilustre poeta toledano de las *Églogas*, al que el lugar común atribuye la razón del cambio de nombre de Gómez Suárez a Inca Garcilaso de la Vega. En esa preferencia por un poeta destacado del *Cancionero general* se nota también la afinidad de gustos con el acervo cultural que llevaron los conquistadores en su travesía transatlántica (ver mi ensayo «Garcilaso en el Inca Garcilaso: los alcances de un nombre»).

El recentramiento identitario se desarrolla aún más cuando el Inca incorpora en la Primera parte de sus *Comentarios* una serie de campos semánticos y de estrategias discursivas que enriquecen el castellano a partir de la evocación del quechua materno y de una narración heroificadora que simula una autoridad ante un potencial público andino (ver el Cap. 2 de mi estudio *Coros mestizos del Inca Garcilaso*).

Asimismo, la figura paterna y la exaltación de los encomenderos-conquistadores se hace patente en la Segunda parte de los *Comentarios reales*, en que se exponen las lealtades a la Corona al mismo tiempo que la admiración por un proyecto frustrado de organización social basado en la preeminencia de los conquistadores en alianza con la nobleza cuzqueña.

Por eso, esta obra que ahora cumple sus cuatrocientos años de vida, merece un estudio detenido y un lugar de primera importancia tanto en el Perú como en España. Ese lugar debe dar cuenta de la funcionalidad de *La Florida del Inca* en la articulación identitaria del Inca Garcilaso y, por lo tanto, de su pertinencia dentro de un programa narrativo en el cual la obra más conocida y celebrada del Inca, la Primera parte de los *Comentarios reales*, es sólo la punta de un iceberg mucho más profundo que el de las agendas contemporáneas, tanto hispanistas como indigenistas.

BIBLIOGRAFÍA

DAVID A. BRADING, «The Incas and the Renaissance. The *Royal Commentaries* of Inca Garcilaso de la Vega», *Journal of Latin American Studies* (Cambridge, 1986), pp. 1-23.

JOSÉ DURAND, «El proceso de redacción de las obras del Inca Garcilaso, 4. *La Florida del Inca*», *Annales de la Faculté des lettres d'Aix-en-Provence* 36, 1964, pp. 247-266.

—, «La memoria de Gonzalo Silvestre», *Caravelle* 7, 1966, pp. 43-51.

—, *El Inca Garcilaso de América*. Lima, Biblioteca Nacional, 1988.

Garcilaso de la Vega, Inca, *Traduzion del Yndio de los tres Dialogos de Amor de Leon Hebre o hecha de Italiano en Eſpañol por Garcilaſſo Ynga de la Vega*. Madrid, Casa de Pedro Madrigal, 1590.

—, *Relación de la descendencia de Garci Pérez de Vargas* [1596]. Lima, Ediciones del Instituto de Historia, 1951. [Reproducción facsimilar y transcripción del manuscrito original, con un prólogo por Raúl Porras Barrenechea.]

—, *La Florida del Ynca. Hiſtoria del Adelantado Hernando de Soto, Gobernador y Capitan General del Reino de la Florida, y de Otros Heroicos Caballeros Eſpañoles e Yndios, escrita por el Ynca Garcilaſſo de la Vega, Capitan de Su Magestad, Natural de la Gran Ciudad del Cozco, Cabeça de los Reinos y Provinçias del Peru*. Lisboa, Imprenta de Pedro Craasbeck, 1605.

—, *Primera parte de los Commentarios Reales, qve tratan del origen de los Yncas, Reyes que fveron del Perv, de su idolatria, leyes, y gouierno en paz y en guerra: de ſus vidas y conquiſtas, y de todo lo que fue aque lImperio y ſu Republica, antes que los Eſpañoles paſſaran a el*. Lisboa, Imprenta de Pedro Crasbeeck, 1609.

—, *Historia General del Perú. Segunda Parte de los Commentarios Reales*. Córdoba, Por la Viuda de Andrés Barrera, 1617.

Silvia L. Hilton, «Introducción», *La Florida del Inca*. Madrid, Dastin, 2002, pp. 5-51.

José Antonio Mazzotti, *Coros mestizos del Inca Garcilaso: resonancias andinas*. Lima, Fondo de Cultura Económica, 1996.

—, «Otros motivos para la *Traduzion*: el Inca Garcilaso, los *Diálogos de amor* y la tradición cabalística», *Identidad(es) del Perú en la literatura y las artes*, Fernando de Diego, Gastón Lillo, Antonio Sánchez Sánchez, Borka Sattler (eds.). Ottawa, University of Ottawa, 2005, pp. 197-216.

—, «Garcilaso en el Inca Garcilaso: los alcances de un nombre», *Hofstra Hispanic Review* 2, 2006, pp. 19-44.

Aurelio Miró Quesada, *El Inca Garcilaso*. Lima, Pontificia Universidad Católica del Perú, 1994, 3ª. ed.

Carmen de Mora, «Historia y ficción en La Florida del Inca Garcilaso», *El Inca Garcilaso entre Europa y América*. Selección de textos e introducción de Antonio Garrido Aranda. Córdoba, Caja Provincial de Ahorros de Córdoba, 1994, pp. 229-236.

José Antonio Rodríguez Garrido, «"Como hombre venido del cielo": la representación del padre del Inca Garcilaso en los *Comentarios reales*», *La formación de la cultura virreinal I. La etapa inicial*. Karl Kohut y Sonia Rose (eds.). Madrid/Frankfurt, Iberoamericana/Vervuert, 2000, pp. 403-422.

LA FLORIDA DEL INCA:
VÍNCULOS NOVOHISPANOS
Y PROYECCIÓN AMERICANA

Raquel Chang-Rodríguez
City College-Graduate Center | City University of New York (CUNY)

A Carmen Boullosa

Hernando de Soto (c. 1500-1542), a quien Carlos I de España y V del Sacro Imperio Romano-Germánico nombró gobernador de Cuba y adelantado de La Florida en recompensa a sus servicios a la Corona en Castilla del Oro, Nicaragua y Perú, inició la conquista del vasto territorio floridano desde Cuba en 1539. Varias décadas después, Garcilaso de la Vega (1539-1616) escribe *La Florida del Inca*, obra donde cuenta los sucesos de la fallida expedición de De Soto. Ante las ambiciones de Francia y el temor al avance del protestantismo, el cronista cuzqueño urge a la Corona, y a sus lectores, a poblar y evangelizar esas tierras regadas con sangre de soldados y mártires españoles. La reciente conmemoración del cuarto centenario de la publicación de *La Florida* en Lisboa, en 1605, en las prensas de Pedro Crasbeeck, ha propiciado una revisión de la obra pautada por nuevas direcciones críticas en el ámbito de los estudios coloniales. Si bien se ha reiterado su aporte como documento histórico, igualmente se ha reconocido la factura literaria del texto. Ésta se evidencia en la delicada elaboración de la anécdota, la carga simbólica que el narrador le otorga a los hechos y el singular empleo de recursos retóricos. Asimismo, el cronista cuenta la historia desde disímiles posturas discursivas que le permiten criticar el abuso de autoridad, cuestionar el impacto del coloniaje en La Florida y en

LA FLORIDA DEL YNCA.

HISTORIA DEL ADELANTA-

do Hernando de Soto, Gouernador y capitan general del Reyno de la Florida, y de
otros heroicos caualleros Españoles è
Indios; escrita por el Ynca Garcilasso
de la Vega, capitan de su Magestad,
natural de la gran ciudad del Cozco, cabeça de los Reynos y
prouincias del Peru.

*Dirigida al serenissimo Principe, Duque
de Bragança. &c.*

Con licencia de la santa Inquisicion.

EN LISBONA.

Impresso por Pedro Crasbeeck.
AÑO 1605.

Con priuilegio Real.

1. Portada de la primera edición lisboeta de *La Florida del Inca* (1605). Cortesía de
la Hispanic Society of America, Nueva York.

los Andes, y reafirmar la valía del otro —ora indígena ora mujer— tanto como la común humanidad de todas las personas.

Los nexos entre Europa y América, Perú y México, La Florida y el Caribe, y el acercamiento de estos espacios geográficos constituyen principales líneas de fuerza en la comprensión de la obra. En este ensayo me interesa explorar el nudo novohispano de *La Florida*, ejemplificado por la presencia en tierra mexicana de los sobrevivientes de la expedición, primero en la zona del río Pánuco (actual área de Tampico) y después en México-Tenochtitlan. Propongo que en los capítulos que llamo 'mexicanos' de *La Florida del Inca* —del 1 al 20 del sexto y último libro— el narrador entreteje sucesos de la Nueva España, La Florida y el Perú con una tensión e intención que nos obligan a integrar lo parcial en una amplia historia colectiva cuyos signos apuntan a una visión integral de América. Mi propuesta contribuirá, espero, a situar la crónica primeriza del singular cuzqueño entre los textos que postulan una visión americanista de la historia y cultura del Nuevo Mundo. Veamos entonces cómo el Inca, reconfigurando objetos, plantas y animales, y desgranando anécdotas lingüísticas e históricas, liga México, Perú, el Caribe y La Florida.

1. La Florida, «el bien perdido»

En este sentido conviene recordar que al morir Hernando de Soto en 1542, asumió el mando de la expedición Luis de Moscoso de Alvarado, a quien el Adelantado había conocido en el Perú[1]. Los hombres de La Florida acordaron entonces dejar ese territorio y seguir en dirección hacia el oeste con el propósito de llegar a la Nueva España; con esta idea en mente, en junio de 1542 abandonaron el lugar donde De Soto falleció. Después de un largo recorrido que los llevó al actual estado de Texas, sin intérpretes y escasos de alimentos,

---

[1] Ignoramos casi todo de la temprana carrera de Luis de Moscoso de Alvarado. Paso a Perú con su tío Pedro de Alvarado; seguramente en esa hueste conoció al capitán Sebastián Garcilaso de la Vega Vargas, quien también formó parte de ella. También en el Perú conoció a De Soto a quien siguió cuando éste viajó a España en 1536. Dos de sus hermanos (Juan de Alvarado y Cristóbal de Mosquera) lo acompañaron a La Florida en cuya expedición primero capitaneó uno de los siete buques que salió de Sanlúcar de Barrameda, y después se desempeñó como maese de campo hasta 1541, cuando fue acusado de negligencia y destituido. Moscoso retornó al Perú (1550) en compañía del virrey Antonio de Mendoza y allí murió un año después (*Handbook of Texas Online* 2006).

decidieron retornar a la zona del Río Grande o Misisipi, de donde habían partido y allí dedicarse a construir siete bergantines o «carabelones» (*F*, Libro 5, Cap. 15: 393)².

Navegando por el río debían llegar al Golfo de México y, bordeando la costa, toparse con la Nueva España donde encontrarían socorro. Además de los capitanes de cada navío, el 2 de julio de 1543 se embarcaron «trescientos cincuenta españoles, antes menos que más, habiendo entrado en la tierra muy cerca de mil [...] y hasta veinte y cinco o treinta indios e indias que de lejas tierras habían traído en su servicio [...[» (*F*, Libro 6, Cap. 1: 396)³. El 10 de setiembre de ese año, después de sufrir los ataques de los grupos indígenas de la cuenca del Misisipi, la muerte de cuarenta y ocho «castellanos» y una tormenta tropical que separó a los navíos, los expedicionarios arribaron, sin saberlo, a la zona del río Pánuco. En *La Florida del Inca* la llegada está marcada por el reconocimiento de objetos, frutos y animales de los varios mundos culturales presentes en la crónica; todo ello le sirve al narrador para marcar diferencias, notar similitudes, insistir en la capacidad y valor indígenas, y comentar las consecuencias de la mala interpretación tanto como de acciones imprudentes.

Separados los navíos por una tormenta tropical, una vez en tierra novohispana un grupo de expedicionarios intenta restablecer contacto con el general Moscoso de Alvarado y su gente; para ello se ofrecieron dos voluntarios. Formaron también tres partidas con el propósito de explorar la zona y confirmar dónde estaban. Los grupos que caminaron por la costa, uno hacia el norte y otro hacia el sur, recuperaron los siguientes objetos: «un medio plato de barro blanco de lo muy fino que se labra en Talavera, y... una escudilla quebrada del barro dorado y pintado que se labra en Malasa» (*F*, Libro 6, Cap. 15: 425). Estos restos de objetos de procedencia española, paradójicamente aquí no apuntan a Europa, sino a la Nueva España. Si bien encapsulan el Nuevo y el

---

² Las citas de *La Florida del Inca* corresponden a la edición del Fondo de Cultura Económica (1956) a cargo de Emma Susana Speratti Piñero con prólogo de Aurelio Miró Quesada y estudio bibliográfico de José Durand; las de *Comentarios reales* (1943) e *Historia general del Perú* (1944) a la edición de Ángel Rosenblat con prólogo de Ricardo Rojas. Indico cada una con las siguientes abreviaturas: F, CR e HG seguidas del libro, capítulo y página correspondientes.

³ Entre ellas una india de Mauvila, concubina de Luis de Moscoso, cuya belleza causó admiración en la Nueva España (F, Libro 3, Cap. 24: 250). Con todo, el conquistador casó en México con una rica prima suya, Leonor de Alvarado, hija de su tío Juan de Alvarado, hermano de Pedro de Alvarado, su protector (*Handbook of Texas Online* 2006).

Viejo Mundo, las circunstancias y el lugar donde se descubren privilegian el espacio novohispano y la experiencia americana emblematizada en el naufragio, en la búsqueda de la ruta y las personas perdidas. Por su parte, capitaneado por Gonzalo Silvestre, el principal informante de *La Florida*, el tercer grupo de expedicionarios, caminó tierra adentro donde pronto se encontró con varios nativos, atrapó a uno de ellos, y cargó con las provisiones de una choza.

Cuando relata estos últimos incidentes el narrador inserta un aparentemente fortuito comentario sobre el árbol del guayabo cuya fruta recogen dos indígenas. Éste le sirve, sin embargo, para llevarnos otra vez al Caribe, zona donde se originó la fallida exploración de La Florida, y para rememorar al Perú, cuya conquista, como sabemos, le facilitó a De Soto el reconocimiento y el capital para iniciar la de La Florida. A ese «árbol grande» se le llamaba «guayabo en lengua de la isla Española y savintu en la mía del Perú» (*F*, Libro 6, Cap. 15: 426)[4]. A ello siguen referencias a animales y alimentos que figuran entreverados dentro de la choza indígena —la zara[5] (maíz), un pavo mexicano, el gallo y las gallinas de España, la conserva hecha de maguey— y que contribuyen a saciar el hambre de los tres capitanes. No obstante, su copresencia nos lleva más allá de lo puramente biológico. Veamos por qué. El maíz, alimento principal tanto en la zona novohispana como en la andina, y el maguey[6], frecuente en México y en el Perú, subrayan la comunidad de ambas geografías; además, el maíz reitera el contraste con la dieta de España donde el trigo predomina; el pavo «de los de tierra de Mexico, que en el Perú no los había» (*F*, Libro 6, Cap. 15:

---

[4] En el libro 8, Cap. 16: 180, de *Comentarios reales*, «De las frutas de árboles mayores», el Inca menciona otros detalles sobre el savintu: «[...] y haziendo principio de la que los españoles llaman *guayavas*, y los indios *sauintu*, dezimos que son redondas, del tamaño de manças medianas, y como ellas, con hollejo y sin corteza; dentro, en la médula, tiene muchas pepitas o granillos redondos, menores que los de la uva. Unas son amarillas por de fuera y coloradas por de dentro; éstas son de dos suertes, unas tan agras que no se pueden comer, otras son dulces, de muy buen gusto. Otras hay verdes por de fuera, y blancas por de dentro; son mejores que las coloradas, con muchas ventajas; y al contrario, en muchas regiones marítimas tienen las coloradas por mejores que las blancas. Los españoles hazen conserva della y de otras frutas después que yo salí del Perú, que antes no se usava. En Sevilla vi la del sauintu, que la truxo del Nombre de Dios un passajero amigo mío, y por ser fruta de mi tierra me conbidó a ella».

[5] En *Comentarios reales* encontramos mayores precisiones: «De los frutos que se crían encima de la tierra tiene el primer lugar el grano que los mexicanos y los barloventanos llaman *maíz* y los del Perú *çara*, porque es el pan que ellos tenían». El narrador explica las tres categorías del pan hecho de çara: *çancu* para los sacrificios, *huminta* el de las fiestas, y *tanta* el pan común o del diario (*CR*, Libro 8, Cap. 9: 176-78).

[6] Para los múltiples usos del maguey, véase *CR*, Libro 8, Cap. 12: 182.

426), marca la singularidad de la zona, la diferencia mexicana. Que todo ello aparezca junto a las aves traídas por los ibéricos —«un gallo y dos gallinas de las de España» (*F*, Libro 6, Cap. 15: 426)—, en una choza indígena y que parte de ello, primero lo consuman, y después, el sobrante, junto al indígena «bien asido porque no se les huyese» (*F*, Libro 6, Cap. 15: 427), se lo lleven los expedicionarios, remite tanto a la cornucopia cultural que el encuentro abrió —y la escritura del Inca Garcilaso ejemplifica—, como a la continuada rapacidad que marcó el intercambio entre europeos y nativos en el norte y el sur de América.

Este capítulo inicial del arribo de los expedicionarios de La Florida a la Nueva España concluye con una coda de corte lingüístico que bien puede considerarse emblemática de las jornadas de expansión imperial de España en América. La anécdota, sin embargo, adquiere aquí —y esto no es raro en la obra del cronista cuzqueño— particular significación porque nos transporta, como antes la guayaba y la zara, al Perú. En ella los expedicionarios le preguntan a un nativo: «¿Qué tierra es ésta y cómo se llama?» (*F*, Libro 6, Cap., 15: 427). Aturdido, el indígena repetía «brezos» y «bredos» porque el apellido de su amo era Cristóbal de Brezos; sus interlocutores entendían «bledos» y responden: «Válgate el diablo, perro, ¿para qué queremos bledos?» (*F*, Libro 6, Cap. 15: 427). El resultado: la total incomprensión. El narrador explica: «A propósito del preguntar de los españoles y del mal responder del indio porque no se entendían los unos a los otros, habíamos puesto en este lugar la dedu[c]ción del nombre Perú [....] [que] se causó de otro paso seme-jantísimo a éste [....]» (*F*, Libro 6, Cap. 15: 427)[7]. El evocativo comentario abre el espacio textual y a la vez liga las diversas geografías. Al notar que esta incomprensión ocurre en otras partes, la voz narrativa marca la frecuencia de tales incidentes en distintas latitudes lo cual le sirve para de nuevo vincular lo novohispano y lo peruano; a la vez, particulariza el incidente cuando trae a colación el origen del nuevo nombre de su patria. Lo primero nos remite al denominador común entre acontecimientos de Norte y Sur América —la incomprensión lingüística y cultural, la violencia del encuentro—; lo segundo nos lleva a pensar en una sociedad diferente —como el nombre Perú— donde convivan y conversen disímiles interlocutores. Propongo, además, que el conflicto lingüístico señalado aquí constituye el esbozo de una provocativa

---

[7] Encontramos «La deducción del nombre Perú» en *Comentarios reales* (Libro 1, Cap. 4: 17-19) y una mención a esta anécdota. Sobre Perú versus Pirú, véase Durand 1976: 148-160.

propuesta desarrollada después en *Comentarios reales* (Primera parte 1609, Segunda parte 1617): la conquista del Perú no se debió a la superioridad de las armas españolas, sino a un desencuentro idiomático causado por la mala interpretación de Felipillo[8].

Curiosamente, otra instancia lingüística sí confirma que los expedicionarios están en Nueva España. Un cirujano que había residido antes en México y «sabía algo de la lengua mexicana», le muestra a un nativo unas tijeras y éste las reconoce repitiendo defectuosamente su nombre en castellano: las llama «tiselas» (*F*, Libro 6, Cap. 16: 428). El regocijo que tal verificación produce —«como si a cada uno de ellos le hubieran traído el señorío de México y de todo su imperio» (*F*, Libro 6, Cap. 16: 428)—, contrasta con el anterior episodio de incomunicación. Entonces, el narrador, por medio del encuentro en «lengua mexicana» y española, acerca a los hablantes de ambos códigos y el mundo cultural implícito en el idioma de cada uno; propongo, además, que el episodio al mismo tiempo pone de relieve la posibilidad de entendimiento, y lo irrevocable de un futuro que por fuerza ha de incluir a hablantes de varias lenguas tanto como la diversidad cultural representada por ellas. Igualmente, tal intercambio pone de manifiesto la agencia indígena: la comunicación se efectuará siempre y cuando en el acto de habla se emplee el código apropiado.

La posterior aparición de un indio señor de vasallos, educado por un clérigo y alfabetizado en castellano, de nuevo subraya la capacidad nativa. Su generosidad suscita igual trato de parte de los españoles. El «curaca» mexicano —y observemos que el Inca Garcilaso opta por el vocablo quechua y no el taíno «cacique»— les obsequia a los tres expedicionarios muchas cosas, entre ellas el papel y la tinta para escribirle a Luis de Moscoso de Alvarado quien ya ha sido localizado. Así, la agencia del curaca mexicano facilita la reunión de todos los expedicionarios en la villa de Pánuco donde, a pesar de su horrible apariencia, los náufragos son acogidos con gran generosidad: «se dolieron de verlos tan desfigurados, negros, flacos y secos, descalzaos y desnudos, que no llevaban otros vestidos sino de gamuza y cueros de vaca, de pieles de osos y leones y de otras salvajinas, que más parecían fieras y brutos animales que hombres humanos» (*F*, Libro 6, Cap. 17: 429-430).

En este episodio del encuentro en la villa de Pánuco el narrador presenta dos temas recurrentes en sus escritos: la conducta como rasero para medir al

---

[8] El desencuentro lo comenta el Inca Garcilaso en la segunda parte de *CR* publicada en 1617 con el título de *Historia general del Perú* (*HG*, Libro 1, Cap. 23).

ser humano de cualquier latitud, y las consecuencias personales y colectivas de las acciones guiadas por la imprudencia y la pasión. Los habitantes del pequeño y pobre pueblo ni rechazan ni juzgan a los expedicionarios por su lastimosa apariencia; se espantan, sin embargo, de su comportamiento pendenciero. La frustración de muchos de La Florida queda expuesta cuando comparan las posesiones y la vida cotidiana de los habitantes de Pánuco con lo que han dejado atrás. Todo ello los lleva a reflexionar sobre la determinación a abandonar esos ricos territorios:

> «[...] ¿Es justo ni decente a nuestra honra que de señores de vasallos que pudiéramos ser hayamos venido a mendigar? ¿No fuera mejor haber muerto allí que vivir aquí?»
>
> Con estas palabras y otras semejantes nacidas del dolor del bien que habían perdido, se encendieron unos contra otros en tanto furor y saña que, desesperados del pesar de haber desamparado la Florida donde tantas riquezas pudieran tener, dieron en acuchillarse unos con otros con rabia y deseo de matarse (*F*, Libro 6, Cap. 17: 431).

Las acusaciones y ambiciones de los conquistadores, tanto como el recuerdo de las circunstancias que los obligaron a dejar La Florida, son causan de las pendencias y las muertes en Pánuco. Como los sucesos que condujeron a las guerras civiles del Perú, en ambas latitudes se dejan sentir los «efectos [...] de las determinaciones hechas sin prudencia y consejo» (*F*, Libro 6, Cap. 17: 432). De nuevo el narrador liga sucesos floridanos y peruanos, presentándolos en un teatro mexicano. Pasemos ahora a la recepción y estadía en México-Tenochtitlan de los expedicionarios de La Florida donde, como se verá, la conducta bélica en el evocado territorio juega un papel señero.

2. Grandezas mexicanas y mezquindades floridanas

En «la famosísima ciudad de México, la que por sus grandezas y excelencias tiene hoy el nombre y monarquía de ser la mejor de todas las del mundo» (*F*, Libro 6, Cap. 18: 433), explica el Garcilaso narrador, fueron recibidos por el virrey Antonio de Mendoza (1495-1552) quien poco después pasaría a gobernar Perú, coincidencia histórica aprovechada por el Inca para destacar su generosidad en América del Norte y del Sur y enlazar ambas geografías. En efecto, el virrey Mendoza antes había encargado al corregidor de Pánuco

2. Antonio de Mendoza, virrey de la Nueva España (1535-49) y del Perú (1551-52), dibujado por Guaman Poma de Ayala. GkS 2232 4to, Cortesía de la Biblioteca Real de Copenhague, Dinamarca.

3. Escribano indígena o *qilqay kamayuq* de los Andes en representación de Guaman Poma de Ayala. GkS 2232 4to, Cortesía de la Biblioteca Real de Copenhague, Dinamarca.

que regalara y tratara a los expedicionarios como su «propria persona» (*F*, Libro 6, Cap. 17: 430). En México-Tenochtitlan los recibe a todos por igual, reconociéndolos no por su rango o prosapia, sino por sus hazañas floridanas: «El visorrey, como tan buen príncipe, a todos los nuestros que iban a comer a su mesa los asentaba con mucho amor sin hacer diferencia alguna del capitán al soldado, ni del caballero al que no lo era, porque decía que, puesto habían sido iguales en las hazañas y trabajos, también lo debían ser en la poca honra que él les hacía» (*F*, Libro 6, Cap.18: 434). Argumento tan caro a Garcilaso, informa, como sabemos, la génesis misma de *La Florida del Inca*:

> Conversando mucho tiempo y en diversos lugares con un caballero grande amigo mío [Gonzalo Silvestre], que se halló en esta jornada [de la conquista de La Florida], y oyéndole muchas y muy grandes hazañas que en ella hicieron así españoles como indios, me pareció cosa indigna y de mucha lástima que obras tan heroicas que en el mundo han pasado quedasen en perpetuo olvido. Por lo cual, viéndome obligado de ambas naciones, porque soy hijo de un español y de una india, importune muchas veces a aquel caballero escribiésemos esta historia, sirviéndole yo de escribiente (*F*, «Proemio», 5).

Así, el «Proemio» anuncia uno de los motivos por los cuales se escribe la crónica, igualmente recalcado en los capítulos finales conectados con la Nueva

España. Las hazañas igualan a los «caballeros» indios y españoles en el ejercicio de las armas; ahora estos hechos reclaman la admiración del virrey Mendoza quien trata a los españoles de acuerdo, no con el rango sino reconociendo su conducta. En consonancia con esta postura, el narrador destaca cómo el gobernante se deleita escuchando el relato de la destreza, ferocidad y buena disposición de los floridanos tanto como de los españoles.

Todo ello permite al narrador situar al virrey en dos categorías: entre quienes son capaces de mirar al menos con curiosidad, y hasta con cierta admiración, a la otredad americana; entre los europeos interesados en las noticias de América, en particular si éstas atañen a tierras inexploradas y cuantiosos tesoros. En cuanto a lo segundo, conviene recordar que la documentación histórica confirma que el virrey Antonio de Mendoza envió a fray Marcos de Niza y a Esteban (1539), el esclavo del norte de África superviviente de otra fallida expedición floridana —la de Pánfilo de Narváez[9]—, en busca de las legendarias «siete ciudades de Cíbola». Esteban murió en la empresa, pero fray Marcos confirmó la existencia de las doradas ciudades. El Inca Garcilaso (*F*, Libro 6, Cap. 18: 433) y los archivos igualmente indican que, en seguimiento de estas legendarias urbes, el gobernante envió después (1540) una expedición por mar y tierra, capitaneada esta última por Francisco Vázquez de Coronado[10], gobernador de la Nueva Galicia[11]. Un año más tarde éste regresó con las manos vacías de tesoro, pero repletas de acusaciones por su maltrato a la población indígena y a otros expedicionarios como consta en la *Relación* (c. 1560-1565) de Pedro Castañeda Nájera, uno de los participantes[12].

En su trayecto a la capital novohispana, los sobrevivientes de La Florida desfilan a pie, con pantorrillas al aire, vestidos de pieles de animales; su facha provoca la lástima de todos. Curiosamente, en otra parte de *La Florida del Inca*, encontramos un desfile, pero con características inversas (*F*, Libro 6, Cap. 22: 446-447). En el campo andaluz espectadores españoles admiran a un grupo de nativos floridanos cuyo arrojo se despliega en un incidente nada

---

[9] Véase la edición de Adorno y Pautz (1999) de los *Naufragios* de Cabeza de Vaca, uno de los participantes en esta expedición.

[10] Equivocadamente el narrador de *La Florida* lo llama Juan Vázquez de Coronado, confundiéndolo con su sobrino conquistador en la zona centroamericana de la actual Costa Rica (*F*, Libro 6, Cap. xviii: p. 433).

[11] También envió a Juan Rodríguez Cabrillo a explorar las costas de California (1542-1543) y a Ruy López de Villalobos a las Filipinas (1542-1543).

[12] Carmen de Mora la editó por primera vez en español (1992).

menos que con Gonzalo Silvestre, a quien hemos visto hambriento en Pánuco y entre los desastrados sobrevivientes que caminan a México-Tenochtitlan. En el desfile andaluz, el antiguo expedicionario despliega su conocimiento de La Florida recordando el nombre de varios territorios y preguntándoles a los indígenas a cuál pertenecían. Al reconocerlo como hombre de Hernando de Soto, éstos rehúsan darle información y afirman: «De mejor gana le diéramos sendos flechazos que las nuevas que nos pide» (*F*, Libro 6, Cap. 22: 447). En contraste con el desfile de los sobrevivientes de De Soto en México, la apostura de los floridanos, su destreza al lanzar las flechas al aire, causan el espanto y la admiración de Silvestre quien se sorprende de haber salido con vida del lance. Pareciera ser que, al contraponer ambos episodios —uno en la Nueva España y otro en España—, el Inca se adelantara a su explicación sobre las antípodas incluida al comienzo de *Comentarios reales*:

> A lo que se dice si hay antípodas o no, se podrá decir que, siendo el mundo redondo (como es notorio), cierto es que las hay. Empero tengo para mí que por no estar este mundo inferior descubierto del todo, no se puede saber de cierto cuáles provincias sean antípodas de cuáles, como algunos lo afirman, lo cual se podrá certificar más aína respecto del cielo que no de la tierra, como los polos el uno del otro y el oriente del poniente [...] (*CR*, Libro 1, Cap. 2: 14).

Por tanto, el enjuiciamiento de personas y acontecimientos, como la ubicación de las antípodas, es cuestión de perspectiva. Para lo último la valoración depende de un conocimiento de dónde estamos situados en el espacio; para lo primero, de la aceptación o no de una escala de valores que urge revisar en vista de las nuevas circunstancias y la diversidad de ámbitos concitados por el contacto europeo-indígena tal y como lo muestra la primera crónica del Inca Garcilaso.

Siguiendo esta propuesta, no debe sorprender que en *La Florida del Inca* el narrador reitere cuánto le complacía al virrey y a su hijo Francisco de Mendoza, futuro general de las galeras de España, escuchar una y otra vez el relato de la heroicidad en batalla de los indígenas floridanos (*F*, Libro, 6, Cap. 19: p. 437). La admiración del segundo por las hazañas de uno de los caciques lo llevó a repetir: «Verdaderamente, señores, que debía de ser hombre de bien Quigualtanqui». El narrador concluye: «Y con este dicho refrescaba de nuevo las grandezas del indio, eternizaba su nombre» (*F*, Libro 6, Cap. 8: 410). Si tomamos en cuenta la definición de «hombre de bien» según la época —«Se dice del que procede con rectitud, y es honrado y caballeroso en sus acciones y modo de obrar» (*DA* [1726] 1990: 1, 606)—, el comentario del noble español coloca plenamente al cacique floridano en la ecuación caballeresca, mientras la voz narrativa reitera lo anunciado en el «Proemio»: la importancia de preservar los hechos gloriosos; el carácter ejemplarizante de la historia a cuyo recuento universal ingresan, por virtud de esta crónica, los indígenas de La Florida, caballeros por su osado comportamiento y sujetos históricos tan dignos como los antiguos.

Los habitantes de México-Tenochtitlan, en contraste con su indiferente recepción a los expedicionarios de Francisco Vázquez Coronado, recibieron a los hombres de De Soto con toda generosidad, solazándose en escuchar sus aventuras floridanas, agasajándolos con comidas, vistiéndolos con lo mejor, proveyéndoles desde camisas hasta peines. Igualmente, admiraron sus perlas y pieles que compraban para adornar sus vestidos. Todo ello hacía crecer el lamento de los expedicionarios por «el bien perdido», o sea, la rica tierra abandonada. La promesa del virrey Mendoza de alistar otra expedición a La Florida, no valió. Tampoco tuvieron resultado los ofrecimientos de generosos residentes de México, como nos recuerda la insolente respuesta de Diego de Tapia a uno de ellos: «Yo voy ahora al Perú donde pienso tener más de veinte estancias. Si queréis iros conmigo sirviéndome, yo os acomodaré en una de ellas de manera que volváis [a México] rico en breve tiempo» (*F*, Libro 6, Cap. 18: 436). Como bien observa el narrador, muchos de estos hombres ya «tenían puestos los ojos en el Perú» (*F*, Libro 6, Cap. 18: 435)[13].

Entre quienes viajaron al sur se encuentran dos informantes conocidos de *La Florida del Inca*: Gonzalo Silvestre, el principal, y Alonso de Carmona, autor de una relación sobre la fallida expedición. Ellos dos, junto a otros 16 sobrevivientes, decidieron probar suerte en el revuelto virreinato peruano, donde por entonces los conquistadores luchaban entre sí y contra la imposición de las Nuevas Leyes en una etapa históricamente conocida como «las guerras civiles». Investigaciones recientes han confirmado detalles adicionales sobre estos dos «peruleros». Por una deposición firmada por Carmona, sabemos que éste era natural de la villa de Priego, población vecina a Montilla; sabemos también que hacia 1556 vivía en el Cuzco. Entonces, no sería desacertado suponer que allí conoció al capitán Sebastián Garcilaso de la Vega Vargas y

---

[13] Al Perú pasaron al menos dieciocho de los supervivientes. De los supervivientes de quienes se tiene noticia, 59 permanecieron en México, 15 decidieron retornar a España y 18 optaron por buscar fortuna en Perú (Avellaneda 1990: 73).

a su joven hijo. Carmona regresó a su pueblo natal en 1572, y allí escribió *Peregrinaciones*, un tratado hoy perdido detallando su participación en la expedición de De Soto. Antes de su muerte en 1591, le envió el manuscrito al Inca Garcilaso, quien por entonces residía en Córdoba (*F*, «Proemio», 6; Avellaneda 1990: 21). En el Perú, Gonzalo Silvestre luchó bajo el pendón real en las guerras civiles. Participó en las famosas batallas de Huarina (1547) y Chuquinga (1554); la primera de triste recordación para el Inca Garcilaso[14]; en la segunda, el bando realista fue derrotado y Silvestre resultó mal herido. Expulsado repentinamente del virreinato junto con otros veteranos de las guerras civiles por la política dura que contra ellos siguió el virrey Andrés Hurtado de Mendoza, marqués de Cañete, Silvestre, se reencuentra con Garcilaso en Madrid (1561), ambos como pretendientes. Por un memorial testamentario del Inca (22 de abril de 1616) nos enteramos de que se habían conocido en el Cuzco al menos desde 1553, cuando el futuro historiador tenía apenas 14 años (Miró Quesada 1956: XLVIII). Así, en la metrópoli se reanudaron los lazos que, seguramente, los llevaron a rememorar los viejos tiempos en el Cuzco, en el virreinato del Perú[15].

3. CONCLUSIÓN

Vistos de este modo, los capítulos finales de *La Florida del Inca* donde tan prominentemente figura la Nueva España, cumplen varios propósitos. Los animales domésticos delimitan zonas o postulan nexos dentro de una vasta geografía: el pavo o «gallo de Indias», como lo llamó Covarrubias en su *Tesoro*, singulariza a México; los nombres de la guayaba ligan al Caribe y los Andes; la zara nos refiere a la compartida cultura americana del maíz; los gallos y gallinas de Europa afirman el irrevocable asentamiento de productos y personas de ese continente en el Nuevo Mundo. Los objetos foráneos —la loza, el papel y la tinta—, adquieren otras valencias: los restos de platos fraguados en Talavera y

---

[14] Según acusaciones refutadas por el Inca Garcilaso (*HG*, Libro 5, Cap. 23), el rebelde Gonzalo Pizarro salvó la vida gracias al caballo que le cedió el capitán Garcilaso de la Vega.

[15] En *La Florida del Inca*, el propio Garcilaso da cuenta de otros soldados con quienes había tratado en el Perú y antes habían acompañado a Vázquez de Ayllón y a De Soto a Norteamérica: Hernando Mogollón, participante en la expedición de Lucas Vázquez de Ayllón (*F*, libro 1, Cap. 3: 16); Baltasar Hernández (*F*, libro 3, Cap. 38: 285), Cristóbal Mosquera (*F*, libro 4, Cap. 15: 325), Juan de Vega (*F*, libro 5, segunda parte, Cap. 6: 366) y Diego de Tapia (*F*, libro 6, Cap. 18: 435-436), todos soldados en la jornada de De Soto.

Malasa, no remiten a su lugar de origen sino a la Nueva España; el papel y la tinta no lo otorgan ni un clérigo ni un escribano, sino una nueva y emblemática figura de la ecuación colonial: el indio letrado cuya agencia comunica aquí a sendos grupos de expedicionarios procedentes de La Florida[16]. Los dobles episodios lingüísticos, uno de diglosia («lengua mexicana» y castellana) y otro de total incomunicación, destacan la relevancia y validez del conocer la lengua, de aprender y equiparar los códigos necesarios para establecer el diálogo inter-cultural. Así lo reafirma la mención al origen del nombre Perú cuya historia el narrador confiesa haber trasladado a *Comentarios reales*.

La llegada de los sobrevivientes a México-Tenochtitlan da cuenta de la generosidad del virrey Mendoza y de los mexicanos, en contraste con la mez-quindad y los pleitos de los hombres de De Soto cuyo accionar lo impulsan la imprudencia y la pasión. El relato floridano se abre entonces contraponiendo episodios que obligan al receptor a nuevas categorías de reflexión, necesarias para comprender el sentido de, por ejemplo, el desfile de los misérrimos españoles en camino a la capital novohispana en contraste con el desfile de los floridanos en Andalucía también detallado en el sexto libro. El sumario de las hazañas tanto españolas como indígenas que los sobrevivientes le cuen-tan a un interesado público, nos lleva a la génesis de la obra, al diálogo de dos de sus voces narrativas, la del Inca Garcilaso y la de Gonzalo Silvestre. En el Proemio, la primera voz conmina a la segunda a poner por escrito, o sea, a perpetuar la memoria de las heroicidades de indígenas y europeos en Norteamérica; en la crónica tales hazañas transforman a los nativos de La Florida en caballeros. La presencia de Gonzalo Silvestre en México, la alusión a su relato y a los textos complementarios de Alonso de Carmona y de Juan de Coles en el curso de los capítulos novohispanos, la mención del futuro destino peruano del virrey Mendoza a quien acompañará Luis de Moscoso de Alvarado, el capitán de la expedición a la muerte de Hernando de Soto, traen a colación la multiplicidad de geografías, experiencias y voces volcadas en la crónica. A su vez, la mención de la «grandeza mexicana» —por decirlo alu-diendo al título del poema de Bernardo de Balbuena, coetáneo del Inca—, la constante presencia del Perú, el accionar de los sobrevivientes de la expedición de Hernando de Soto quienes partieron primero de Sanlúcar de Barrameda y después de La Habana y terminaron muertos en La Florida o en camino a la Nueva España, o acuchillados por sus compañeros en Pánuco o en la capital novohispana, o en busca de nuevos destinos en Perú, España y México, le otorgan a este sector de *La Florida* una tensión e inestabilidad que llevan al lector de una geografía a otra y lo fuerzan a pensar en América como una totalidad, a reflexionar sobre la historia compartida. Vista así, *La Florida del Inca* se erige en texto magistral, raíz y atalaya desde donde escuchamos el pálpito de un pasado siempre presente, y avizoramos el futuro de nuestra América cuya entretejida historia, entonces y hoy, se forja en el Atlántico y el Pacífico, en el norte y el sur.

BIBLIOGRAFÍA

ROLENA ADORNO, «Images of Indios Ladinos in Early Colonial Peru», *Europeans and Andeans in the Sixteenth Century*. Kenneth J. Andrien y Rolena Adorno (eds.). Berkeley, University of California Press, 1991, pp. 231-269.

ROLENA ADORNO y PATRICK CHARLES PAUTZ, *Álvar Núñez Cabeza de Vaca: His account, his Life, and the Expedition of Pánfilo de Narváez*. 3 Vols. Lincoln, University of Nebraska Press, 1999.

JOSÉ IGNACIO AVELLANEDA NAVAS, *Los sobrevivientes de la Florida. The Survivors of the De Soto Expedition*. (Research Publications of the P. K. Yonge Library of Florida No. 2). Gainesville, University of Florida Libraries, 1990.

RAQUEL CHANG-RODRÍGUEZ, «Sobre la vertiente filosófica de *La Florida del Inca*», *Violencia y subversión en la prosa colonial hispanoamericana, siglos XVI y XVII*. 2ª ed. México/Washington, Frambuesa/Literal Books, 1994, pp. 27-54.

—, «Quimera histórica y reafirmación indígena en *La Florida del Inca*», *Studi Ispanici*, 2005, pp. 267-276.

—, «Cruzando culturas y traspasando territorios en *La Florida del Inca*», *Franqueando fronteras: Gracilazo de la Vega y La Florida del Inca*, Chang-Rodríguez (ed.). Lima, Pontificia Universidad Católica del Perú, 2006, pp. 181-198.

—, (ed.) *Franqueando fronteras: Garcilaso de la Vega y La Florida del Inca*. Lima, Pontificia Universidad Católica del Perú, 2006.

—, (ed.), *Beyond Books and Borders: Garcilaso de la Vega and La Florida del Inca*. Lewisburg, Bucknell University Press, 2006.

—, *La cultura letrada en la Nueva España del siglo XVII. Historia de la literatura mexicana, siglo XVII*. México, Siglo XXI-UNAM, 2002.

SEBASTIÁN DE COVARRUBIAS, *Tesoro de la lengua castellana o española*. Madrid, Turner, 1979.

Diccionario de Autoridades [1726]. Ed. facsímil. 3 Vols. Madrid, Gredos, 1990.

LEE DOWLING, «*La Florida del Inca*: Garcilaso's Literary Sources», *The Hernando de Soto Expedition*, Patricia Gallowoy (ed.). Lincoln, University of Nebraska Press, pp. 98-154.

JOSÉ DURAND, *El Inca Garcilaso, clásico de América*. México, SepSetentas, 1976.

PATRICIA GALLOWAY (ed.), *The Hernando de Soto Expedition: History, Historiography, and Discovery in the Southwest*. Lincoln, University of Nebraska Press, 1997.

—, «The Incestuous Soto Narratives», *The Hernado de Soto Expedition*, pp. 11-44.

GARCILASO DE LA VEGA, Inca, *La Florida del Inca* [1605]. Prólogo de Aurelio Miró Quesada. Estudio bibliográfico de José Durand. Edición y notas de Emma Susana Speratti Piñero. México, Fondo de Cultura Económica, 1956.

—, *Comentarios reales* [1609]. Ed. de Ángel Rosenblat con Prólogo de Ricardo Rojas. 2 Vols. Buenos Aires, Emecé, 1943.

—, *Historia general del Perú* [1617]. Ed. de Ángel Ronseblat con Prólogo de Ricardo Rojas. 3 Vols. Buenos Aires, Emecé, 1944.

FELIPE GUAMAN POMA DE AYALA, *Primer nueva corónica y buen gobierno* [1615]. Edición facsimilar digitalizada. Biblioteca Real de Copenhague, 2001. Con la asesoría de Rolena Adorno (20 de noviembre de 2005), <http://www.kb.dk/elib/mss/poma>.

Handbook of Texas Online, s. v. «MOSCOSO ALBARADO, Luis de» (2 de abril de 2006), <http://www.tsha.utexas.edu/handbook/online/articles/MM/fmo 71.html>.

SYLVIA-LYN HILTON, «Introducción» a su edición de Garcilaso de la Vega, *La Florida del Inca*. Madrid, Historia 16, 1986, pp. 7-57.

MERCEDES LÓPEZ-BARALT (ed. e introducción), *Comentarios reales* y *La Florida del Inca. De Garcilaso de la Vega Inca*. Madrid, Espasa-Calpe, 2005.

JOSÉ ANTONIO MAZZOTTI, *Coros mestizos del Inca Garcilaso: resonancias andinas*. México/Lima, Fondo de Cultura Económica, 1996.

AURELIO MIRÓ QUESADA Y SOUSA, «Prólogo» a *Garcilaso de la Vega, Inca. La Florida del Inca*. México, Fondo de Cultura Económica, 1956, pp. IX-XXVI.

—, «Creación y elaboración de *La Florida del Inca*», *Cuadernos Americanos* 3: 18, 1989, pp. 152-171.

—, *El Inca Garcilaso*. Lima: Pontificia Universidad Católica del Perú, 1994.

CARMEN DE MORA, «Introducción» a *La Florida* del Inca Garcilaso de la Vega, Ed. Carmen de Mora. Madrid, Alianza, 1988, pp. 19-81.

—, (ed.) *Las siete ciudades de Cíbola. Textos y testimonios sobre la expedición de Vázquez Coronado*. Sevilla, Alfar, 1992.

ENRIQUE PUPO-WALKER, *Historia, creación y profecía en los textos del Inca Garcilaso de la Vega*. Madrid, Porrúa, 1982.

JOSÉ RUBÉN ROMERO GALVÁN, «Los cronistas indígenas», *La cultura letrada Historia de la literatura mexicana, siglo XVII*, Chang-Rodríguez (ed.). México, Siglo XXI/UNAM, 2002, pp. 270-287.

HERNANDO DE SOTO, «Carta escrita en la bahía de Tampa al Fiscal de la Audiencia de Santiago de Cuba», *American Journeys*, (17 de noviembre de 2005), <http://www.americanjourneys.org/aj-024/>, <www.americanjourneys.org/aj-024/>.

Configuración discursiva, actores y avatares épicos

LITERATURA, MEMORIA Y DUELO
EN *LA FLORIDA DEL INCA*

Raúl Marrero-Fente
University of Minnesota

Quiero leer estas páginas sobre el líder indígena Vitachuco como un relato sobre la sensación de derrota, el sentimiento de dolor de la pérdida y el trabajo de duelo. No voy a hablar de la historiografía sobre este texto (Adorno/Pautz 1999: 150-153), tampoco de los datos históricos (Hudson 1997) o de la subjetividad, ni el cuestionamiento de las reglas del discurso analizados anteriormente por la crítica (Mora 1988: 19-81). En su lugar voy a dedicar mi trabajo a reflexionar sobre la relación entre la lengua y la muerte en *La Florida*, a partir de una lectura detenida de los capítulos 20 al 29 del Libro segundo de la primera parte de *La Florida del Inca*. ¿Por qué hablar de la muerte en esta obra? ¿Cómo no hablar de la muerte en *La Florida del Inca*?, o lo que es más preciso aún, ¿cómo evitar pensar sobre la muerte en *La Florida*?, texto marcado por la violencia y la destrucción física de sus protagonistas españoles e indígenas. Una lectura panorámica de esta obra nos permite ver que el personaje principal en *La Florida* es la muerte y sus asociados: la pérdida, el duelo y la memoria. Por razones de espacio voy a concentrar mi análisis en una selección de capítulos que ayudan a desarrollar mi tesis.

En los capítulos 20 al 29 de la primera parte del Libro segundo de *La Florida del Inca*, Garcilaso trata de la historia del cacique Vitachuco y su rebelión contra los españoles. En este trabajo voy a analizar quién es este cacique y qué importancia tienen estos capítulos en la obra del Inca. De acuerdo a la lectura que propongo en estos capítulos no sólo se cuenta la historia de Vitachuco, también se habla de asuntos más complejos, entre ellos, cómo escribir sobre el Nuevo Mundo. En primer lugar la ubicación de los capítulos en el conjunto de la obra está en función de la búsqueda del equilibrio y la simetría de acuerdo a las normas de la prosa renacentista. Podemos entender mejor este punto si comparamos la ubicación de los capítulos dedicados a la muerte de Vitachuco y los capítulos dedicados a la muerte de Hernando de Soto. La muerte de Vitachuco aparece en el capítulo 28 al final de la primera parte y parece ser un recurso retórico para mantener la simetría estructural de los libros divididos en dos partes, por eso coincide con la ubicación de la muerte de Hernando de Soto en el capítulo 7 que marca la mitad del libro cinco (Galloway 1997: 38).

La importancia de los capítulos dedicados a Vitachuco va más allá de las razones de ornato y equilibrio en la retórica renacentista. Analizar el complejo proceso de elaboración de los capítulos 20 al 29 pone al descubierto aspectos más elusivos del texto y del proceso de redacción de la obra. El Inca comienza declarando: «El mayor cuidado que se hubo fue escribir las cosas que en ellas se cuentan como son y pasaron»; y en el capítulo 27 del libro segundo de la Primera parte también afirma: «Donde se responde a una objeción o contraposición». Ambos momentos constituyen la defensa más articulada de las ideas sobre la verosimilitud y la representación de la verdad en la obra. La exposición de las concepciones historiográficas del Inca en el «Proemio» forma parte de una rica tradición literaria de la época y explica la retórica de su discurso. En mi opinión la ubicación de la defensa del autor en el capítulo 27 es más excepcional porque aparece inmerso dentro del relato sobre el indígena Vitachuco. Las ideas expuestas por Garcilaso en este capítulo son una amplificación, mucho mejor elaborada del concepto de veracidad del «Proemio» y su presencia en esta parte del texto es singular. ¿Por qué aparece esta defensa de la veracidad de la obra en este pasaje? El mismo Garcilaso nos responde: como parte de la defensa de la representación de los indígenas en el texto. Para Garcilaso el punto principal en este pasaje es demostrar la racionalidad de los indígenas, motivo de largos debates teológicos y jurídicos durante el siglo XVI.

La estrategia retórica del Inca se apoya en el uso de autoridades como el padre José de Acosta y su *Historia Natural y Moral del Nuevo Mundo* como apoyo a las tesis sobre la humanidad de los amerindios. Pero el punto principal del argumento está construido en torno a la figura del testigo de vista. La institución literario-jurídica del testigo de vista inaugura un cambio importante en la historiografía: el paso de la autoridad en el discurso historiográfico hacia el testimonio del testigo. Como destaca Foucalt la preeminencia del testimonio basado en el relato de testigo fue una de las bases del cambio en los mecanismos de búsqueda de la verdad, en especial de la evolución de la indagación, que a partir de 1492 tuvo como escenario principal los territorios del Nuevo Mundo (1992: 48). De ahí que el Inca siempre se apoye en Silvestre el veterano de la expedición de Hernando de Soto que cuenta los hechos ocurridos entre 1539 y 1543:

> Y en lo que toca al particular de nuestros indios y a la verdad de nuestra historia, como dixe al principio, yo escrivo de relación agena, de quien lo vio y manejó personalmente. El cual quiso ser tan fiel en su relación que, capítulo por capítulo, como le iva escribiendo, los iva corrigiendo quitando o añadiendo lo que faltava o sobrava de lo que él avia dicho, que ni una palabra agena por otra de las suyas nunca las consintió, de manera que no puse más de la pluma, como escriviente (Garcilaso 1988: 220).

La cita es un ejemplo del tópico de la convencionalidad de las normas en la historiografía renacentista. Las ideas principales del pasaje son la del testigo de vista, la veracidad del discurso que narra hechos históricos y, de manera especial, la insistencia en la separación entre autor y «escriviente», aspecto también relacionado con el tópico de la falsa modestia. La redacción de *La Florida* se ofrece como producto de un autor-testigo, en la que Garcilaso se autorrepresenta sólo como figura intermedia del redactor que transcribe un dictado. El vínculo textual con los hechos narrados es a través de la escritura, que funciona como legitimadora de la veracidad de la historia. La defensa de la obra es una de las funciones más conocidas de los prólogos de la época, apareciendo en numerosos prefacios y en diferentes partes del texto. La ubicación de esta defensa del autor en el Libro segundo cumple una función retórica más importante y es servir de apoyo a la tesis de la veracidad de la historia de Vitachuco. Por eso el segundo punto de la autodefensa del Inca en el capítulo 27 es la identidad étnica, a partir de la cual defiende por extensión, la idea de la racionalidad de los indios. Otra vez aparece el tema de la escritura y sus límites, pero ahora problematizado a través de la identidad del sujeto y de los propósitos derivados de esta singular posición existencial. Así explica Garcilaso su postura:

> Pues decir que escrivo encarecidamente por loar la nación porque soy indio, cierto es engaño, porque con mucha vergüença mía, confiesso la verdad: que antes

me hallo con falta de palabras necessarias para contar y poner en su punto las
verdades que en la historia se me ofrecen, que con abundancia dellas para encareçer
las que no passaron (1988: 221).

El tópico de la humildad está creado a partir del origen étnico y de la confe-
sión pública que funcionan como elementos de apoyo de la veracidad de la obra
y como parte del tópico de ganar la benevolencia del lector. Desde el punto de
vista retórico, Garcilaso crea un quiasmo que invierte la posición de las ideas
para controlar el argumento. De esa manera construye una pequeña narración
sobre su infancia en Perú y los problemas que impidieron una mejor educación
como argumento de supuestas limitaciones expresivas. El tópico de la falta de
palabras para narrar los hechos es uno de los temas del discurso sobre el Nuevo
Mundo y así aparece desde Colón. Pero en este caso está problematizado a
partir de un sentimiento de la diferencia étnica y de las consecuencias sociales
de la condición de otredad. Es precisamente este sentimiento el eje central del
discurso en este capítulo 27. Así, el origen étnico «porque soy indio» no sólo
funciona como justificación de la supuesta incapacidad expresiva, sino como
respuesta anticipada a las dudas sobre la posición del «escriviente» y a la manera
en que aparecen representados en el texto los indígenas. El Inca comprende
que necesita crear otro argumento en apoyo a su postura y por esa razón aparece el diálogo entre «mi autor» y el «escriviente.» Una escena que complica
el texto porque introduce elementos de la tradición literaria del diálogo y de
los prefacios, en especial la preterición, que funciona como la figura retórica
entre el «hijodalgo [...] fidedigno», y el escribiente al transferir la defensa de
Garcilaso y de la obra al español, quien termina el diálogo y el capítulo 27
con las siguientes palabras:

> Por ende, escrevid con todo el encarescimiento que pudiéredes los que os he
> dicho, que yo os prometo que, ...por más y más que en las bravosidades y terriblezas
> de Vitachuco y de otros principales que adelante hallaremos os alarguéis, no lleguéis
> donde ellos estavan en sus grandezas y hazañas (Garcilaso 1988: 222).

Ahora podemos entender la función del capítulo 27 y por qué aparece
intercalado entre la historia de Vitachuco. Su función es servir de comentario filológico a los problemas confrontados por Garcilaso en la búsqueda de
formas novedosas de representación de los amerindios. ¿Por qué unos capítulos sobre unos indígenas que «saben hablar como cualquiera otra nación
de mucha doctrina» (222) requieren tanta explicación? ¿Cuál es el propósito

de insistir en la veracidad de estos pasajes? Una lectura detenida de estos capítulos permite responder estas preguntas y entender el proyecto de escritura de Garcilaso. Dentro del plan general de *La Florida del Inca*, el relato de la rebelión, captura y muerte del «curaca» Vitachuco aparece como uno de los pasajes mejor elaborados del libro. Estos capítulos se caracterizan por combinar acciones guerreras y alocuciones de los indígenas, quienes de esta manera presentan al lector sus pensamientos sobre la conquista y ayudan a tener una perspectiva más amplia sobre los hechos narrados, aspecto que no aparece en otros cronistas.

Garcilaso no menciona un informante específico en el episodio de Vitachuco, por eso podemos dudar que sea una elaboración retórica, una amplificación del discurso con el objetivo que lograr un mejor ornato y cumplir una función similar a la de los relatos intercalados. Como señala Galloway, la mayoría de las descripciones de escenas de guerra en el texto provienen de las dramatizaciones de Garcilaso de las admirables cualidades de los indios que igualan o exceden las normas de la época en Europa. El vehículo favorito de Garcilaso para las dramatizaciones de las escenas de guerra es el retrato del indio noble en oposición a otros indígenas subordinados, generalmente en una situación conflictiva y a menudo estos indígenas son una elaboración generalizada de diferentes individuos vistos en otras narraciones, como en el caso del fiero e indomable jefe Vitachuco, cuyos planes de atacar a los españoles y cuyos pensamientos más profundos son revelados a los lectores a través del artificio de una serie de traductores a quienes supuestamente él revela sus planes. Ninguno de estos personajes aparece en los otros relatos (39).

En mi opinión, el relato sobre Vitachuco es una creación más compleja de Garcilaso. Si comparamos las diferentes relaciones del Hidalgo de Elvas, de Luis Hernández de Biedma y de Rodrigo Ranjel, que son los textos conocidos de la expedición de Hernando de Soto, en ninguno aparece un indígena llamado Vitachuco. Las veces que aparece un vocablo similar es para referirse a un poblado o a un territorio. Así, la *Relación del caballero de Elvas* dice: «un pueblo llamado Vitachuco» (Clayton 1993: 71), en la *Relación de la isla de la Florida* de Luis Hernández de Biedma es también un nombre geográfico: «ellos se fueron hasta el pueblo más cercano, llamado Ivitachuco» (Clayton 1993: 227), igual que en la *Relación* de Ranjel inserta en la *Historia natural y moral de las Indias* de Gonzalo Fernández de Oviedo: «el río o pantano de Ivitachuco» (Clayton 1993: 267). Garcilaso emplea el vocablo Vitachuco en dos sentidos, para referirse al líder indígena y para nombrar el poblado donde ocurre la batalla entre la expedición de Hernando de Soto y los indígenas de la etnia timucuana. Tampoco encontramos coincidencia con los otros cronistas, porque Elvas llama al poblado Napetuca o Napetaca, mientras que Biedma no lo menciona y Ranjel dice Napituca. Otra diferencia importante aparece en relación a un cacique que solamente aparece en Ranjel llamado Uriutina y que los otros testimonios no mencionan; mientras que el cacique que capturan los españoles y que origina la batalla se llama Aguacaleyquen en Ranjel, y figura como Caliquen en Elvas, en Biedma viene como Aguacalecuen y en Garcilaso como Ochile.

Una lectura comparada de las relaciones de Elvas, Biedma y Ranjel permite ver el proceso de elaboración del relato de Vitachuco en *La Florida*. En la *Relación de Elvas* la historia comienza después de abandonar el pueblo de Caliquen el 10 de septiembre, llevando consigo al cacique prisionero. Unos tres días después comienzan a aparecer los indígenas, tocando flautas, que es la señal por la cual dejan saber que vienen en paz y le piden a Hernando de Soto que libere a su cacique, pero éste se niega. El día 15 de septiembre llegan al pueblo de Napetuca. Allí 14 o 15 indígenas vienen y le piden a Soto que deje libre al cacique su señor, a lo que él responde que quiere tenerlo consigo hasta llegar a Uzachil. Entonces, Soto se entera por Juan Ortiz que un indio le contó que estaban preparando un ataque para liberar al cacique. El día del ataque Soto preparó la tropa en secreto. Vinieron 400 indígenas con sus arcos y flechas y enviaron dos mensajeros que le dijeron a Soto que liberara a su cacique. El gobernador con seis soldados lleva de la mano al cacique y conversando con él, para engañar a los otros indígenas, llega hasta el sitio donde ordena el ataque. Inmediatamente, los jinetes y soldados escondidos en las casas del pueblo, atacaron a los indígenas. Mueren 30 o 40 indígenas y el resto huye hasta unos lagos, donde resisten hasta que al amanecer del día siguiente se rinden todos con la excepción de 12 de los principales indígenas, que mueren. En cautiverio los indígenas encargan a uno de los suyos, que era traductor y al que consideraban valiente, que tan pronto viniera el gobernador a hablar con él, lo tomara con sus manos por el cuello y lo estrangulara. Pero tan pronto vio al gobernador le dio un golpe tan fuerte en la nariz que lo dejó ensangrentado. Inmediatamente todos los prisioneros indígenas se sublevaron y empezaron a atacar a los españoles. Al final unos 200 indígenas son vencidos y ejecutados con flechas por los indígenas paracoxi que servían a los españoles (Clayton 193: 66-69). La *Relación de Elvas* habla de un ataque fallido de los indígenas, pero no es organizado por un cacique, sino por 14 o 16 indígenas. Ortiz se entera por un indio de los planes de ataque y avisa al gobernador. Entonces, los españoles acuerdan una emboscada usando la caballería, que esconden dentro de las casas del poblado, similar al ataque contra Atahualpa en Cajamarca. En un célebre pasaje del capítulo 20, Garcilaso comienza la historia del 'curaca' Vitachuco, que airado por la capitulación de sus hermanos ante los españoles se presenta ante el lector con una arenga:

> Vitachuco respondió estrañíssimamente con una brabosidad nunca jamás oída ni imaginada en indio que, cierto, si los fieros tan desatinados que hizo y las palabras tan sobervias que dixo se pudieran escrevir como los mensageros las refirieron, ningunas de los más bravos cavalleros que el divino Ariosto y el illustríssimo y muy enamorado conde Matheo María Boyardo, su antecessor, y otros claros poetas introduzen en sus obras, igualaran con las deste indio. De las cuales, por el largo tiempo que ha passado en medio, se han olvidado muchas, y también se ha perdido el orden que en su proceder traían. Mas diránse con verdad las que se acordaren, que en testimonio cierto y verdadero, son suyas las que en el capítulo siguiente se escriven, las cuales embió a decir a sus dos hermanos respondiendo a la embaxada que le hizieron (Garcilaso 1988: 201).

Las palabras de Vitachuco siguen varios tópicos de la tradición literaria. En primer lugar, el famoso «traigo cosas nunca antes dichas» (Curtius 1955: 131), relacionado con la primera cualidad de la imaginación épica: su posibilidad de expansión hasta regiones nuevas de la imaginación. Idea que aparece desde el diario del primer viaje de Colon en 1492, y que recuerda la famosa frase de Bernal: «ver cosas nunca oídas, ni vistas y aun soñadas». Pero el modelo que quizá conoció el Inca fue el prólogo del *Lazarillo de Tormes*: «Yo por bien tengo cosas tan señaladas, y por ventura nunca oídas ni vistas» (Rico 1987: 3), que era el más popular. También el discurso de la preceptiva retórica ofrecía ejemplos de este tópico, como menciona la *Philosophia antigua poética* de Pinciano: «cosa no oída ni vista» (Rico 1987: 3).

La declaración de Garcilaso pone de manifiesto su familiaridad con el tópico de salvar la memoria del pasado. Este tópico sigue el modelo de Juan de Mena en el *Laberinto de fortuna* y es la idea principal que nos comunica el Inca. La necesidad de recordar los antiguos hechos heroicos por medio de la historiografía, es decir, la escritura en servicio de preservar la memoria histórica referencia obligada desde la sentencia menesca: «yaze en tinieblas dormida su fama/ dañada de olvido por falta de auctores». Al que se une el modelo expresado por Fernán Pérez de Guzmán en *Loores de los claros varones de España* cuando lamentaba el olvido de los hechos heroicos del pasado por falta de poetas que los inmortalizaran. Éste es el contexto de la historia literaria que el pasaje de Garcilaso alude al hablar del peligro del olvido en que pueden caer las palabras y acciones de Vitachuco. Así, al adoptar el autor el modo narrativo puede explicar las circunstancias de composición de la obra, que aparece bajo los tópicos de salvar la memoria de las hazañas por medio de la escritura, logrando la inclusión de la verdad histórica, cumpliendo además con el tópico de la inmortalización, proveniente de la poesía (Curtius 1955). Este motivo aparece también en los principales poemas épicos sobre la conquista de América, entre ellos *La Araucana* de Ercilla y las *Elegías de varones ilustres de indias* de Juan de Castellanos.

Garcilaso está consciente del uso del tópico literario de salvar la memoria, al que une ahora el del testigo de vista, que sirve para fundamentar su texto. Así, los mensajeros aparecen como testigos de las palabras de Vitachuco que llegan hasta el Inca en los testimonios de Silvestre y de los otros españoles que participaron en la expedición de la Florida. Desde el punto de vista subjetivo la función del testigo de vista será utilizada por Garcilaso para conferir autoridad a su texto, y de esta forma reforzar su credibilidad ante el lector. Este recurso fue señalado por Rodríguez-Vechini como el «intento de verosimilitud» (1982: 619) del autor. Esta institución literario-jurídica del testigo de vista empleada por Garcilaso responde a un cambio importante en la historiografía: el paso de la autoridad en el discurso historiográfico hacia el testimonio del testigo. Como destaca Foucault la preeminencia del testimonio basado en el relato de testigos fue una de las bases del cambio en los mecanismos de búsqueda de la verdad, en especial de la evolución de la indagación, que a partir de 1492 tuvo como escenario principal los territorios del Nuevo Mundo (1992: 48). El testigo en este caso también está relacionado con la función de verosimilitud de la épica y en especial con la posición de testigo de vista similar a la desempañada por Alonso de Ercilla en *La Araucana* cuando reclama que su poema es historia y no ficción (Dowling 1997: 112).

Pero el testigo tiene una importancia especial para el Inca. Me refiero a una serie de circunstancias que tienen repercusiones para toda la vida y que a partir de este momento le acompañarán hasta su muerte. Como señala Emilio Lledó:

> Las palabras del testigo expresan lo que ha visto, pero, en esa expresión, lo pasado vuelve a adquirir, a través de él, una decisiva presencia. Su voz que testifica lo

visto es, en el momento del testimonio, la objetivación y salvación de un momento irrepetible de la realidad. En la presencia del testimonio, se recupera la ausencia del momento pasado o de la realidad perdida. El «haber visto» se convierte en «estar viendo». Lo pasado vuelve a recobrarse, de modo nuevo, en el futuro (1978: 94).

Esta acción responde a una retórica de la simultaneidad de la visión temporal. Por eso escribir sobre la conquista de la Florida y la derrota de los indígenas americanos lleva a Garcilaso a confrontarse a sí mismo y a empezar a pensar sistemáticamente sobre el proyecto de explicar la conquista del Perú y la derrota de los incas. Cuando escribe de los otros indígenas comienza a reconocerse más él mismo como descendiente de los indígenas peruanos. Así, el trauma de la conquista que en los *Diálogos de amor* es reprimido y transferido de forma sublimada, aquí reaparece y asume una exterioridad que «saca» lo antes oculto. Los recuerdos del pasado peruano se mezclan con el presente de la escritura. La comparación con las sociedades indígenas y el trauma de la conquista, aquello de lo que no quería pensar antes, de lo que nunca había escrito aparece como confrontación, indagación y reconocimiento de su condición de otredad, que desemboca en una búsqueda de la identidad del mestizo peruano. Este proceso de autoindagación culminará con la redacción de los *Comentarios reales*. La memoria se manifiesta por medio de la literatura, de la palabra, de las voces quechuas que invaden el texto. En ocasiones aparecen momentos en que la voz autorial se resiste a emplear otros vocablos, así, por ejemplo, se impone lentamente la voz andina curaca para referirse a los líderes indígenas de la Florida. La memoria de lo perdido trae necesariamente el sentimiento de la pérdida y exige entonces el trabajo de duelo como forma de resolver el conflicto psíquico.

El Inca menciona la novedad de las palabras de Vitachuco, pero de manera especial quiere llamar la atención del lector, insistiendo en el hecho de que es un indio el que habla. En aras del ornato retórico aclara que estas palabras llegan a nosotros a través de los mensajeros. Hay aquí una primera instancia sobre la relación conflictiva entre lengua y traducción, que también implica en este caso la relación entre oralidad y escritura porque los mensajeros transmitieron de forma oral las palabras de Vitachuco. Lo que llega a nosotros es el resultado de una re-elaboración artística que adopta la forma de la escritura renacentista con su catálogo de convenciones y reglas retóricas en aras del ornato del discurso y de los requisitos de la historiografía renacentista. Por eso insiste el Inca en este acto de transposición de la oralidad a la escritura y dice:

«se pudieran escrevir como los mensageros las refirieron», adelantando así la meditación sobre la dificultad de narrar los hechos sobre el Nuevo Mundo, y, de manera especial, anticipa aquí el problema de la representación de las voces indígenas en un texto que sigue las reglas del discurso historiográfico renacentista. La escritura es entonces el vehículo de comunicación en el plano de la expresividad y en el plano hermenéutico porque sirve para explicar y dar a conocer esa otra realidad americana, que sólo puede acceder al mundo europeo por medio de la escritura. Reproduce el Inca por medio de la figura de los traductores su propia condición de intermediario y traductor de códigos culturales diferentes. Pero en este caso la autofiguración no se desarrolla y se explica como en otros pasajes, aunque lleva la marca de las limitaciones y peligros de su función expresada como duda ante la imposibilidad de un testimonio fiel. Por esa razón el Inca hace uso del ornato para embellecer el discurso historiográfico y menciona los poemas épicos de Ariosto y Boiardo como modelos literarios de la comparación con el personaje de Vitachuco. La mención a Ariosto y a Boiardo sitúa la alocución de Vitachuco dentro de la prestigiosa tradición literaria de la poesía épica, en la que la arenga del héroe es uno de los tópicos principales de este género desde los modelos de la épica clásica. Garcilaso usa el modelo más prestigioso para aumentar la dignidad de su personaje, reforzando de esta manera la importancia de Vitachuco que nace en compañía de los personajes épicos del *Orlando enamorado* de Boiardo y del *Orlando furioso* de Ariosto.

La pregunta pertinente entonces es ¿por qué la referencia a la poesía épica y no a las crónicas? No basta decir que la épica era el género literario que gozaba de más prestigio en la época. Creo que hay otras razones por las que Garcilaso prefiere la poesía épica, pero antes necesitamos saber por qué no utiliza otras formaciones discursivas como las crónicas y las historias de la conquista que él conoce muy bien y entre las cuales hay modelos más importantes de personajes indígenas como el de Moctezuma que elabora Cortés en la segunda carta de relación y el de Mayobanexio en la *Historia de la invención de las Indias* de Fernán Pérez de Oliva. Esta última obra de menor divulgación, ya que no fue publicada hasta la muerte de su autor en 1531. Pero no hay que olvidar que el Inca pudo consultar el manuscrito de la *Historia de la invención de las Indias* en poder de Ambrosio Morales, sobrino de Pérez de Oliva y editor de sus *Obras completas* en Córdoba en 1586 de las que excluyó, sin ofrecer una explicación, el texto de Pérez de Oliva.

Aunque la posible relación intertextual entre *La Florida* y la poesía épica renacentista fue señalada anteriormente, los estudios más recientes de la obra del Inca comienzan a prestar mayor atención a la poesía épica de la conquista de América, y en especial a la relación con *La Araucana* de Alonso de Ercilla y las *Elegías de varones ilustres de Indias* de Juan de Castellanos. Así, de acuerdo a Pupo-Walker: «En lo que se refiere a las normas retóricas la postura de Garcilaso, con respecto a Silvestre, es equiparable, por ejemplo, a la del hablante en el *Orlando enamorado* de Boiardo; es decir, un narrador que transmite celosamente las noticias y relatos que le comunicaba el Arzobispo Turpino» (1982: 54). Aunque, aclara Pupo-Walker: «[...] tanto a los valores tonales del discurso como al ensamblaje formal de la narración, el *Orlando Furioso* y otros poemas épicos del Renacimiento pudieron influir a distancia en múltiples pasajes de *La Florida*» (*Ibíd.*: 80). Garcilaso usa el modelo más prestigioso de la épica para aumentar la dignidad de su personaje, reforzando de esta manera la importancia de Vitachuco que nace en compañía de los personajes épicos del *Orlando enamorado* de Boiardo y del *Orlando furioso* de Ariosto. Pero como señaló Hugo Rodríguez-Vechini:

> Si por contagio con las semejanzas que le ofrecen esas obras de alto rango literario *La Florida* pretende distinción, consigue antes que nada poner al descubierto cómo procede su codificación de la nueva *res gestae*. De esta manera, autodescodificándose, llega a borrar los lindes convencionales entre el discurso histórico (cf. Julio César) y el poético, el poema heroico en este caso específico. (cf. Ariosto y Boyardo) (1982: 613).

Una lectura detenida de los capítulos 20 al 29 del Libro segundo de *La Florida* permite ver que la relación intertextual con el *Orlando enamorado* o el *Orlando furioso* es indirecta y aparece mediada por *La Araucana* una de las obras de mayor prestigio literario de su tiempo que trata de asunto del Nuevo Mundo. En mi opinión el personaje de Vitachuco está modelado en el personaje del araucano Galvarino porque ambos son héroes trágicos que se inmolan. Una rápida comparación entre las acciones y fragmentos declamatorios de ambos personajes pone de manifiesto muchos puntos similares. Vitachuco es un héroe perdedor y su imagen crea un recuerdo más fuerte, más cercano a las ideas del Inca sobre el carácter trágico de la conquista. A diferencia de otros personajes indígenas como Quigualtanqui, quien logra sobrevivir a la expedición de Hernando de Soto para maldecirla y es recordado por su valor (Rabasa 2000: 215), Vitachuco muere durante la conquista. Ambos indios cumplen una función en el texto y es la de hablar por ellos mismos, articulando la condena a las prácticas crueles de la conquista (*Ibíd.*: 214). Pero hay una diferencia entre ambos. Creo que Vitachuco es un personaje de mayor resonancia por la manera violenta en que muere, mientras que Quigualtanqui tiene una muerte no heroica, a la que sigue el olvido. La fama de Vitachuco depende de la literatura y de la capacidad de ésta de crear un símbolo del personaje indígena. Vitachuco existe en el futuro, mientras Quigualtanqui es un personaje del pasado.

Vitachuco tiene una muerte heroica porque muere combatiendo. Es precisamente la muerte en combate y en circunstancias extraordinarias la que permite hablar de coincidencias entre los personajes de Vitachuco y Galvarino. En primer lugar, la alocución inicial de Vitachuco a los embajadores que envían sus hermanos es similar en el tono de denuncia a la arenga de Galvarino ante el senado araucano. Dice Vitachuco:

> Bien parece que sois moços y que os falta juicio y esperiencia para dezir lo que açerca de essos españoles dezís. Loáislos mucho de hombres virtuosos que a nadie hazen mal ni daño y que son muy valientes y hijos del Sol, y que mereçen cualquiera servicio que se les haga. La prisión en que os avéis metido y el ánimo vil y cobarde que en ella avéis cobrado en el breve tiempo que ha que os rendisteis a servir y ser esclavos os haze hablar como a mugeres, loando lo que deviérades vituperar y aborrecer. ¿No miráis que essos cristianos no pueden ser mejores que los passados, que tantas crueldades hizieron en esta tierra, pues son de una mesma nación y ley? ¿No advertís en sus traiciones y alevosías? Si vosotros fuérades hombres de buen juicio, viérades que su misma vida y obra muestran ser hijos del diablo y no del Sol y Luna, nuestros dioses, pues andan de tierra en tierra matando, robando y saqueando cuanto hallan, tomando mugeres e hijas agenas, sin traer de las suyas. Y para poblar y hazer asiento no se contentan de tierra alguna de cuantas veen y huellan, porque tienen por deleite andar vagamundos, manteniéndose del trabajo y sudor ajeno. Sí, como decís, fueran virtuosos, no salieran de sus tierras, que en ellas pudieran usar de su virtud sembrando, plantando y criando para sustentar la vida sin perjuicio ageno e infamia propia, pues andan hechos salteadores, adúlteros, homicidas, sin vergüenza de los hombres ni temor de algún dios. Dezidles que no entren en mi tierra, que yo les prometo, por valientes que sean, si ponen los pies en ella, que no han de salir, porque los he de consumir y acabar todos, y los medios an de morir assados, y los medios cozidos (Garcilaso 1988: 202).

La alocución de Galvarino resume el sentimiento de rebeldía de los araucanos y es el modelo más prestigioso de discurso en defensa de los derechos indígenas que aparece en *La Araucana* (Triviños 2003: 113-134). Dice Galvarino:

> Si solíades vengar, sacros varones,
> las ajenas injurias tan de veras,
> y en las estrañas tierras y naciones
> hicieron sombra ya vuestras banderas,
> ¿cómo agora en las propias posesiones
> unas bastardas gentes extranjeras
> os vienen a oprimir y conquistaros,
> y tan tibios estáis en el vengaros?
>
> Mirad mi cuerpo aquí despedazado,
> miembro del vuestro, que por más afrenta
> me envian lleno de injurias al Senado
> para que dello sepa daros cuenta.
> Mirad vuestro valor vituperado
> Y lo que en mi el tirano os representa,
> Jurando no dejar cacique alguno
> Sin desmembrarlos todo uno a uno.
>
> Por cierto, bien en vano han adquirido
> tanta gloria y honor vuestros agüelos
> y el araucano crédito subido
> en su misma virtud hasta los cielos,
> si agora infame, hollado y abatido,
> anda de lengua en lengua por los suelos,
> y vuestra ilustre sangre resfriada,
> en los sucios rincones derramada.
>
> ¿Qué provincia hubo ya que no tremiese
> de vuestra voz en todo el mundo oída,
> ni nación que las armas no rindiese
> por temor o por fuerza compelida,
> arribando a la cumbre porque fuese
> tanto de allí mayor vuestra caída,
> y al término llegase el menosprecio
> donde de los pasados llegó el precio?

Por su parte, Vitachuco muere atravesado por las espadas de los soldados españoles después de su intento de matar a Hernando de Soto. La comparación con el personaje de Galvarino tiene un objetivo que va más allá de la lectura superficial de comprobación de influencias y fuentes literarias. El análisis detenido del proceso de modelación de los personajes permite entender otros aspectos de la obra del Inca que merecen un estudio más profundo. El Inca usa la tradición épica de «estetización» de la guerra (Quint 1993: 5), en la que el poeta identifica a cada uno de los guerreros con su nombre para medir la participación de cada personaje y así inscribir las acciones de los héroes en la memoria colectiva. Apoyado en los recursos de la poesía épica el Inca elabora un modelo de representación del indígena. En el mundo del poema épico el indígena obtiene el derecho a llevar su nombre cuando ejecuta una acción heroica. Garcilaso sigue la tradición de *La Araucana* de presentar escenas de combates, dedicando una atención particular a los esfuerzos de personajes individuales. El relato de Vitachuco pone de manifiesto el uso que hace el Inca de la épica para construir ficciones y tropos con una función expresiva: escribir una historia de la conquista en la que también escuchamos las voces de los vencidos y de los muertos. Esto explica porqué aparecen aquí unidos en el mismo pasaje los capítulos sobre Vitachuco y la «protesta del autor» (Cap. 26), igual que en *La Araucana* Ercilla presenta en el mismo canto las historias de Caupolicán y de Dido. Este mismo procedimiento aparece en los capítulos dedicados a Galvarino que vienen seguidos del relato de Fitón.

La historia de Vitacucho es una elaboración más compleja porque lleva en sí épica, retórica y una reflexión sobre la relación entre la literatura y la muerte. La relación entre literatura y muerte aparece en dos niveles. En primer lugar como hecho histórico porque es el relato de una expedición verdadera. En segundo lugar, a nivel filosófico (Chang-Rodríguez 1994: 27-52) porque esconde «una verdad más profunda» (Rabasa 2000: 209) que es el sentimiento de los perdedores por la derrota y el trabajo de duelo por los muertos. El relato de Vitachuco funciona como algo más importante para el Inca: es la proyección del malestar por la derrota incaica y la captura de Atahualpa que impide el acto heroico. La narración del Inca pone de manifiesto la necesidad del sacrificio para crear el mito. Ésta es la función del personaje de Vitachuco en el relato sobre la expedición de Hernando de Soto: servir de ejemplo ante la capitulación y la traición. El relato de Vitachuco proyecta el sentimiento de anticipación del Inca sobre la conquista del Perú y se radicaliza a partir de la experiencia de escribir *La Florida*.

BIBLIOGRAFÍA

ROLENA ADORNO y PATRICK CHARLES PAUTZ (eds.), *Alvar Núñez Cabeza de Vaca. His Account, His life, and the Expedition of Pánfilo de Narváez*, Vol. 3. Lincoln/London, University of Nebraska Press, 1999.

LAWRENCE A. CLAYTON, VERNON J. KNIGHT y EDWARD MOORE (eds.), *The De Soto Chronicles. The Expedition of Hernando de Soto to North America in 1539-1543*, Vol. 1. Tuscaloosa/London, The University of Alabama Press, 1993.

E. R. CURTIUS, *Literatura europea y Edad Media latina*, Vol. 1. México, FCE, 1955.

RAQUEL CHANG-RODRÍGUEZ, «Sobre la vertiente filosófica de la *Florida* del Inca», *Violencia y subversión en la prosa colonial Hispanoamericana, siglos XVI, XVII*. México, Literal Books, 1994.

LEE DOWLING, «*La Florida del Inca*: Garcilaso's Literary Sources», *The Hernando de Soto Expedition. History, Historiography, and «Discovery» in the Sotheast*. Patricia Galloway (ed.). Lincoln/London, University of Nebraska Press, 1997.

ALONSO DE ERCILLA, *La Araucana*. Ed. Isaías Lerner. Madrid, Cátedra, 1993.

MICHEL FOUCAULT, *La verdad y las formas jurídicas*. Barcelona, Gedisa, 1992.

PATRICIA GALLOWAY (ed.), *The Hernando de Soto Expedition. History, Historiography, and «Discovery» in the Sotheast*. Lincoln/London, University of Nebraska Press, 1997.

GARCILASO DE LA VEGA, Inca, *La Florida del Inca*. Ed. Carmen de Mora. Madrid, Alianza Editorial, 1988.

CARLES HUDSON, *Knights of Spain, Warriors of the Sun. Hernando de Soto and the South's Ancient Chiefdoms*. Athens/London, The University of Georgia Press, 1997.

EMILIO LLEDÓ, *Lenguaje e historia*. Barcelona, Ariel, 1978.

CARMEN DE MORA, «Introducción», *La Florida del Inca*. Madrid, Alianza Editorial, 1988.

ENRIQUE PUPO-WALKER, *Historia, creación y profecía en los textos del Inca Garcilaso de la Vega*. Madrid, Porrúa Turanzas, 1982.

DAVID QUINT, *Epic and Empire*. Princeton, Princeton University Press, 1993.

JOSÉ RABASA, *Writing Violence on the Northern Frontier*. Durham, Duke University Press, 2000.

FRANCISCO RICO, «Introducción», *Lazarillo de Tormes*. Madrid, Cátedra, 1987.

HUGO RODRÍGUEZ-VECCHINI, «Don Quijote y *La Florida del Inca*», *Revista Iberoamericana* 48, 120-121, 1982, pp. 580-620.

GILBERTO TRIVIÑOS, «Revisitando la literatura chilena: "Sigue diciendo: cayeron/Di más: volverán mañana"», *Atenea* 487, 2003, pp. 113-134.

Heródoto y Tucídides, este tipo de concepción de la historia se caracteriza por la proximidad temporal a los hechos narrados, lo que garantiza su fiabilidad y credibilidad, y se mantiene más cerca de la realidad empírica de los hechos individuales, como señaló Victor Frankl. La idea tuvo un gran desarrollo en los historiadores de Indias, que limitaron la historiografía legítima a lo visto y lo vivido por el mismo historiador o a lo averiguado por él mediante un fidedigno testigo ocular de los acontecimientos. Se trata de la antigua asociación entre 'ojo' e 'historia', la *autopsia* de los griegos. Este criterio de verdad se difundió tanto que entra como pretexto en la novela y en la épica (Hartog 1988 y Lozano 1987).

Prueban también la verdad de la historia del Inca los testimonios de Alonso de Carmona y Juan Coles, incorporados en un segundo momento de la escritura[3]:

> Y, aunque es verdad que yo avía acabado de escrivir esta historia, viendo estos dos testigos de vista tan conformes con ella, me pareció, volviéndola a escribir de nuevo, nombrarlos en sus lugares y referir en muchos passos las mismas palabras que ellos dizen sacadas a la letra, por presentar dos testigos contestes con mi autor, para que se vea como todas las tres relaciones son una misma (101).

La inquietud de Garcilaso no se limita al «Proemio», sino que aparece reiteradamente a lo largo de su historia y no sólo como referencia eventual, sino que dedica el capítulo XXVII del Libro II, «Donde responde a una objeción», al problema de verdad y ficción. Después de acudir a la autoridad del padre Acosta, que también escribe cosas semejantes sobre los indios y otras igualmente admirables, reitera que si bien escribe por «relación», el testigo es completamente fidedigno, «de manera que yo no puse más de la pluma, como escriviente». A continuación, muestra su rechazo a los libros mentirosos; el fragmento es muy conocido pero ineludible:

---

[3] Dice el Inca: «Y, aunque es verdad que yo avía acabado de escrivir esta historia, viendo estos dos testigos de vista tan conformes con ella, me pareció, volviéndola a escrivir de nuevo, nombrarlos en sus lugares y referir en muchos passos las mismas palabras que ellos dicen sacadas a la letra, por presentar dos testigos contestes con mi autor, para que se vea como todas tres relaciones son una misma» (101). Para la compleja elaboración de *La Florida* remitimos a los estudios clásicos de Aurelio Miró Quesada y José Durand (1963); también es interesante el trabajo de Miguel Maticorena Estrada, que establece la relación de la primera versión con las *Décadas* de Antonio de Herrera.

Por lo cual, con verdad podré negar que sea ficción mía, porque toda mi vida-sacada la buena poesía.- fui enemigo de ficciones como son los libros de caballerías y otras semejantes. Las gracias desto devo dar al illustre cavallero Pedro Mexía, de Sevilla, porque con una reprehensión, que en su *Heroica obra de los Césares* haze a los que se ocupan en leer y componer los tales libros, me quitó el amor que como muchacho les podía tener y me hizo aborrecerlos para siempre (220-221).

Desde la publicación del catálogo de la biblioteca del Inca, sabemos que en ella no figuran tales libros mentirosos, al igual que faltan los de «buena poesía», sin embargo conoció y gustó de ellos. Su desaparición, puede deberse, según Durand, a que se trata de la biblioteca de los últimos años de su vida, más especializada, y tal vez en su traslado de Montilla a Córdoba se deshiciese de algunos volúmenes[4].

Íntimamente unido al problema de la verdad de los hechos está el de su expresión, la retórica. Se ha señalado que la historiografía humanista del siglo XVI es el modelo para la escritura del Inca, y ésta daba cabida a la elaboración artística e imaginativa. Como indica Roberto González Eche-varría, esta historiografía otorgaba un «lugar prominente al valor estético de la historia, al deber organizar los hechos de modo coherente y armonioso de manera que causase no sólo placer, sino que además fuese, en el mismo acto de mediación retórica, una suerte de interpretación» (González Echevarría 1984: 157)[5]. La diferencia fundamental que presenta la historia de Garcilaso

---

[4] José Durand resumen las características de esta biblioteca: «vemos que el catálogo se compone, a grandes rasgos, de cuatro tipo de obras: históricas, clásicos de la Antigüedad y del Renacimiento (muchos de los cuales, platónicos, le interesarían quizá por su relación con León Hebreo), obras religiosas y morales, y obras científicas. Lo que hay de libros de recreación, de libros puramente literarios, sean españoles o no, es poquísimo: cosa inexplicable en escritor tan ameno y elegante como Garcilaso. Pero tengamos en cuenta que es ésta la biblioteca de un hombre de edad avanzada, de un anciano solitario y desengañado que muere dejando terminada su obra, ya sin lazo alguno capaz de retenerlo en este mundo» (Durand 1948: 264).

[5] González Echevarría resume las características principales de este modelo:1) concepto providencialista de la historia, que produce una armazón narrativa de amplio diseño en que Descubrimiento y Conquista forman parte de un plan divino, en gran medida el esfuerzo inter-pretativo que la actividad de escribir historia conlleva va encaminado a hacer visible la validez de esa armazón argumental; 2) elocuencia y buen tono: la acción se centra en las actividades de los protagonistas de la historia, vistas en relación al esquema general de desenvolvimiento antes visto. El tono es elevado y el interés recae sobre asuntos de política: con frecuencia los actores pronuncian/ elegantes discursos, en la re-creación de algún momento culminante de la historia. La historia narra la sucesión de esos momentos culminantes, de los cuales se excluye toda nota disonante; 3) los dilemas morales y teológicos de la Conquista están presentes, pero

con las *Peregrinaciones* de Alonso de Carmona y con la relación de Juan Coles
radica, no en los hechos contados, sino en que éstos no ordenan la materia.
Las razones de semejante desorden pueden encontrarse en que Carmona no
la quiso imprimir, y la de Coles, que tampoco puso su relación «en modo
historial», va escrita «en modo procesal, que paresce que escrivía otro lo que
él dezía». Leemos en el «Proemio al lector»:

> Verdad es que en su proceder no llevan sucesión de tiempo, si no es al principio,
> ni orden en los hechos que cuentan, porque van anteponiendo unos y posponiendo
> otros, ni nombran provincias, sino muy pocas y salteadas. Solamente van diciendo
> las cosas mayores que vieron, como se ivan acordando dellas; empero, cotejados
> los hechos que cuentan con los de nuestra historia, son ellos mesmos; y algunos
> casos dizen con adición de mayor encarecimiento y admiración, como los verán
> anotados con sus mismas palabras (101).

Son conocidas las lamentaciones del Inca sobre su falta de habilidad para
hacer 'historia', un tópico entre los historiadores de América, principalmente
por ser indio, lo que produce, como ha señalado Enrique Pupo-Walker (1982),
un mecanismo de autoglosa, que alude a la producción del relato, que se desarrolla también como su propio referente. Para Julio Ortega «el discurso se
vuelve hecho él mismo de cultura», porque:

> Es de ese modo que el discurso equivale a la historia. No sólo porque su
> voluntad de veracidad supone el cotejo y la apelación de textos probatorios, sino
> también porque esta historia escrita se quiere testimonio hablado, acopio de lo
> visto y lo oído. Pura actividad de escritura, una persona discursiva se construye
> en estas operaciones y transmutaciones (Ortega 1990: 32).

En el citado capítulo titulado «Donde responde a una objeción», el Inca
finge que reproduce un diálogo que mantuvo con su autor, Gonzalo Silvestre,
en el que éste le encarece la verdad de lo dicho, aunque parezca poco creíble:

> Todo esto, como lo he dicho, me passó con mi autor, y yo lo pongo aquí para
> que se entienda y crea que presumimos escrevir verdad antes con falta de elegancia

---

se da más importancia a la moral cortesana o caballeresca de los actores, ya sean éstos españoles
o indios. [...]; 4) el estilo de la prosa es elegante, retórico en el buen sentido —pocos en España
escribieron mejor prosa que López de Gómara. La historia es, con el significado pragmático
que el humanismo daba al término, *magistra vitae*» (González Echevarría 1984: 158-159).

y retórica necessaria para poner las hazañas en su punto que con sobra de enca-
recimiento porque no lo alcanço y porque adelante, en otras cosas tan grandes y
mayores que veremos, será necesario reforçar de nuestro crédito (222-223).

En varias ocasiones el Inca se lamenta de su incapacidad para dar cuenta de
cosas o hechos admirables, de su falta de retórica. El lugar común sirve en estos
casos para corroborar la verdad de lo escrito, a la vez que apela a la imaginación
del lector. No deja de ser significativo que el no saber cómo contar se refiera
con frecuencia a descripciones de personas, hechos o edificios que no vio. Así,
antes de describir el «templo de enterramiento» de los señores de Cofachiqui,
después de indicar que su autor tenía mucho interés en que diera cuenta de
su grandeza y extrañeza, por lo que en última instancia el responsable de la
'verdad' sería Gonzalo Silvestre, no su escribiente, leemos:

> Recíbase mi voluntad, y lo que no acertare a decir quede para la consideración
> de los discretos que suplan con ella lo que la pluma no acierta a escrevir. Que cierto,
> particularmente en este passo y en otros tan grandes que en la historia se hallarán,
> nuestra pintura queda muy lexos de la grandeza dellos y de lo que se requería
> para los poner como ellos fueron. De donde diez y diez veces, frasis del lenguaje
> del Perú, por muchas vezes, suplicaré encarecidamente se crea de veras que antes
> quedo corto y menoscabado de lo que convenía dezirse que largo y sobrado en lo
> que se uviere dicho (340)[6].

Como ha estudiado Rodríguez-Vecchini, ante el dilema de ganar credibilidad, alegando lo exacto de los hechos, y su elaboración artística, que lo
acercaría a la ficción, Garcilaso opta por las dos alternativas[7], y es consciente

---

[6] La incapacidad de expresión ante» «cosas tan grandes» puede no deberse a la incapacidad
del Inca, sino que nadie puede dar cuenta cabal de ellas. Así, al referirse a la terrible batalla de
Mauvila, dice: «Aviendo contado, aunque mal, el sucesso de la sangrienta batalla de Mauvila
y el vencimiento que los nuestros uvieron della, de la cual escaparon con tantas heridas como
hemos dicho, tengo necesidad de remitirme en lo que deste capítulo resta, a la consideración
de los que lo leyeron para que, con imaginarlo, suplan lo que yo en este lugar no puedo decir
cumplidamente acerca de la aflicción y estrema necesidad que estos españoles tuvieron de todas
las cosas necesarias para poderse curar y remediar vidas [...] y quiero valerme deste remedio
porque, demás de mi poco caudal, es impossible que cosas tan grandes se puedan escrevir
bastantemente ni pintarlas como ellas passaron» (386).

[7] «De una parte, el historiador procura ganar credibilidad, alegando exactitud en el
tratamiento de los hechos. De la otra parte, la *res gestae*, elaborada artísticamente, constituye
curiosamente el argumento más sólido de autoacreditación. Si la configuración predicativa del

Garcilaso suele advertir la inclusión de este tipo de material; para ello utiliza la palabra «caso», que además de ser «particular», puede calificarse de «extraño», «extrañísimo», «raro», «singular», «extraordinario», «de grande admiración», «notable y digno de memoria». El término «cuento» o «cuento gracioso» lo emplea al referirse a dichos de españoles. «Fábula» sólo lo usa en la invención de los españoles que hacían guardia, para justificar la huida del cacique gordo Capasi ante el gobernador:

> Al general y a los demás capitanes dixeron mil fábulas en descargo de su descuido y en abono de su honra, certificando todos que avían sentido aquella noche cosas estrañíssimas y que no era posible sino que se avía ido por los aires con los diablos, porque de otra manera juraron que era imposible según la buena guarda que le tenían puesta (260).

Hay que señalar que, exceptuando algunos casos, estas amplificaciones no llegan a romper el orden de los acontecimientos, sino que suelen estar unidos al hilo central del discurso. Pero como señala Pupo-Walker, la gran abundancia de digresiones que presentaba la historia

> motivó una actitud crítica y a veces ansiosa, desde la que el relator comenta y justifica la configuración prolija de su propio discurso. Esta postura, evidente en varios cronistas, nos revelará hasta qué punto la digresión anecdótica y otras duplicaciones internas de la escritura se habían convertido en un aspecto conjetural de la secuencia narrativa (Pupo-Walker 1982: 156).

Garcilaso es consciente de que con las digresiones corre el riesgo de salirse del curso de su historia, por eso en numerosas ocasiones se ve impelido a justificar su inclusión. Así, antes de explicar las causas del odio hacia los españoles que sentía el cacique de Hirrihigua, escribe: «aunque nos alarguemos algún tanto, no saldremos del propósito, antes aprovechará mucho para nuestra historia» (147), y así es, porque a continuación viene el relato del cruel cautiverio que padeció Juan Ortiz a manos de este indio. En otras ocasiones, la digresión no está en el lugar que le corresponde, pero viene al caso. Así, en la descripción sobre el ejercicio continuo en el arco y la flecha que tenían todos los indios de La Florida, incluye un caso posterior: «y porque viene a propósito, aunque el caso sucedió en Apalache donde el governador quedó, será bien contarlo aquí, que cuando lleguemos a aquella provincia no nos faltará qué contar de las valentías de los naturales della» (279). La supuesta impertinencia del caso en el orden del discurso, debida al olvido de nuestro escribiente, se justifica, de forma algo irónica por su carácter extraordinario: «Olvidádosenos ha de aver dicho atrás, en su lugar, un ejemplar castigo que el capitán Patofa hizo en un indio de los suyos, por ser tan extraño será razón que no quede en el olvido y caerá bien donde quiera que se ponga» (320). Puede ocurrir que en un momento determinado haya poco que contar, así que para mantener la cuidada proporción de los capítulos, añade en el ejemplo siguiente la descripción del pueblo de Ossachile, que valdrá para el resto de las poblaciones: «Acaecieron pocos casos que contar más de lo que se han dicho. Por lo cual será razón, porque no salgamos tan prestos della, descrivamos el sitio, traça y manera deste pueblo Ossachile para que por él se vea el asiento y la forma de los demás pueblos deste gran reino llamado la Florida» (230).

Para dar una idea cabal del hambre y las penurias que pasaron los expedicionarios, piensa que con narrar un «cuento particular» será suficiente para «que por él se considere y vea lo que padecía en común, que decir cada cosa en particular será de nunca acabar y hazer nuestra historia muy prolixa» (321). De modo que la digresión se presenta como una forma de la *abreviatio*[11].

Un modo de acercamiento a la sabiduría narrativa del Inca Garcilaso es hacer un simple cotejo con otras relaciones que cuentan el mismo asunto. Como señala Carmen de Mora en su «Introducción» a *La Florida*, basta con leer el capítulo XIX del Libro VI de *La Florida* para comprender «la distancia que media entre la historia y el discurso, entre lo episódico y su desarrollo textual. [...] Surge, entonces, la comprobación de que lo importante no son esos episodios, comunes a otros textos sobre la expedición, sino la manera de contarlos» (47). Pupo-Walker ya señaló que no siempre es posible ver el diseño

---

[11] Rodrigo Rangel hace lo mismo y muestra como ejemplo el de un caballero reducido a la miseria por la perfidia de Soto: «Y porque sepáis, letor, qué vida traían aquellos españoles dice Rodrigo Rangel, así como testigo de vista, que entre otras muchas necesidades de hombres que pasaron en esta empresa, vido en ella a un caballero llamado Antonio Osorio, hermano del señor Marqués de Astorga, con una ropilla de mantas de aquella tierra, rota por los costados, las carnes defuera, sin bonete, la calva defuera, descalzo, sin calzas ni zapatos, una rodela a las espaldas, una espada sin vaina, los hielos y fríos muy grandes; y ser él tal y de tan ilustre genealogía le hacía comportar su trabajo y no llorar, como otros muchos, puesto que no había quien le pudiese socorrer, siendo quien era y habiendo tenido en España dos mill ducados de renta por la iglesia; y que aquel día que este hidalgo así lo vido, creía que no había comido bocado, e habíalo de buscar por sus uñas para cenar. Yo no pude estar sin reírme cuando le oí decir que ese caballero había dejado la Iglesia y renta que es dicho, por ir a buscar esa vida al son de las palabras de Soto» (Fernández de Oviedo 1959: 176).

general en la distribución de las interpolaciones; en general se puede observar que son suscitadas por alguna aventura de los españoles, o por situaciones en las que el episodio sirve para ilustrar el valor, o la cortesía, de los indios. En otras ocasiones, un suceso trae el recuerdo de otro semejante de la Antigüedad —el entierro de Soto da pie para contar el del rey godo Alarico— o de la historia más reciente. La mención de lo que hizo Julio César en el río Albis se relaciona con un episodio cercano y un dicho de Alonso Vivas contado por el tío de Garcilaso, Alonso de Vargas. Finalmente, puede evocar la memoria de recuerdos personales, al referir con emoción cómo pasaba durante su niñez los ríos en el Perú. Quizá no sea ocioso añadir que por lo menos en dos ocasiones, pone uno al lado del otro casos particulares opuestos: en la terrible batalla de Mauvilla matan a un valiente caballero, sobrevive un vil cobarde (389); en la de Chicaca muere carbonizada la única mujer española, logra huir un soldadillo «que no valía nada» (408-409).

Buena parte de los relatos interpolados quieren servir de ejemplo general, por ello el Inca suele cerrarlos con un comentario moral, como sucede con el cuento de Juan Terrón y las perlas o el del jugador Diego de Guzmán[12]. También están al servicio de la ideología del Inca, el providencialismo uniformista, como sucede con el célebre estornudo de Guachoya que provocó grandes saludos, «De donde se puede creer que esta manera de salutación sea natural en todas las gentes y no causada por una peste, como vulgarmente se suele decir, aunque no falta quien lo rectifique»(472-473)[13].

Aunque sea muy conocida, hay que comenzar con la historia de Juan Ortiz, que figura en todas las relaciones conservadas, y que es uno de los episodios más importantes[14]. Frente a la parquedad de los demás testimonios, Garcilaso

---

[12] La centralidad del discurso ejemplar en *La Florida* ha sido considerada por Eduardo Hopkins-Rodriguez (1998).

[13] Como señala Pupo-Walker: «Por razones de su vocación, Garcilaso supo extraer, como pocos relatores de su época, esa fuerza primordial y casi atávica que contiene el mito y la materia anecdótica; y supo también —con fina intuición histórica- que las creencias y lo legendario alcanza mayor perdurabilidad-inclusive en una cultura letrada- que la cifra y el dato. Conocedor, además, de los convencionalismos más prestigiosos que en su época regían la actividad intelectual, el Inca insertó, con frecuencia, en sus escritos la reflexión serena que deriva en matizaciones de corte epigramático» (Pupo-Walker 1985: 106).

[14] La historia de Juan Ortiz ha sido estudiada por Lisa Voigt dentro de la narrativa del cautiverio, para demostrar que «the Ortiz captivity tale gains paradigmatic importance in *La Florida del Inca* because it is an example of the very process that it relates: the emergente of a hybrid result of intercultural contact.» [El relato del cautiverio de Ortiz adquiere una impor-

desarrolla el episodio del cautiverio muy por extenso (capítulos II al VII), constituyendo una unidad narrativa prácticamente independiente y tiene importancia su inclusión al comienzo del la Primera parte del Libro II, «Donde trata de cómo el gobernador llegó a la Florida y halló rastro de Pámphilo Narváez, y un christiano cautivo», ya que el tema tópico del cautiverio se revitaliza y adquiere una significación importante en la historia, puesto que Juan Ortiz no sólo será fundamental en la empresa de Soto al convertirse en intérprete, sino porque nos muestra uno de los modos de relación con el 'otro' que irán apareciendo a lo largo de *La Florida*. La relación de Rodrigo Rangel recogida por Oviedo apenas le dedica unas líneas en las que no da ninguna noticia de su cautiverio y sólo nombra a Mocozo. Al poco de desembarcar, aparecen unos indios preparados para dar batalla:

> E como corrieron los cristianos contra ellos, los indios, huyendo, se metieron en un monte, e uno de ellos salió al camino dando voces e diciendo: «Señores, por amor de Dios y de Sancta María no me matéis; que soy cristiano, como vosotros, y soy natural de Sevilla y me llamo Joan Ortiz (Fernández de Oviedo 1959: 155).

El carácter informativo y desapasionado del factor Luis Hernández de Biedma no impide en este caso que se detenga un poco más de lo que le es habitual, e interesa su testimonio porque aparecen los elementos fundamentales de este tipo de relatos: el aspecto totalmente aindiado del cautivo y la pérdida de la lengua materna. El cacique le pregunta si quiere volver con los españoles:

> i el dixole que si e imbio nuebe Yndios con el, venia desnudo como elos, con un arco i unas flechas en la mano labrado el cuerpo como indio como los cristianos los toparon pensaron que heran indios que benian a espiar la gente fueron para ellos, i ellos huyeron para un montecillo que estaba cerca llegaron los caballos dieron una lanzada a un Yndio i aina olieran muerto al christiano por quel sabia poco nuestra lengua que la tenia olbidada acordose de llamar a nuestra Señora, por donde fue conocido ser el christiano traximosle con mucho regocijo a donde el Gobernador estaba avia doce años que estava entre aquellos Indios, i sabia también la lengua dellos, i era tanta la continuación que tenia hablarla que estubo mas de quatro dias entre nosotros que no sabia juntar una razon con otra sino que ablando un

---

tancia paradigmática en *La Florida del Inca* porque es un ejemplo del mismo proceso que se narra: la aparición de un resultado híbrido del contacto intercultural] (Voigt 2002: 254). La semejanza con la historia de Jerónimo de Aguilar ya ha sido notada por los críticos, y me he ocupado de ella en otra ocasión.

vocablo español ablaba otros quatro o cinco en la lengua de los Indios (Hernández de Biedma: 223, r. y v).

Era de esperar que el desconocido Hidalgo de Elvas diera más detalles. Señala que fue Baltasar de Gallegos quien encontró al cautivo desnudo, «quemado por el sol y traía los brazos labrados, a uso de los indios, y en ninguna cosa difería de ellos». Cuando los españoles están a punto de clavarle una lanza, gritó: «Cristiano soy, señores; no me matéis ni matéis estos indios que ellos me han dado la vida» (Hidalgo de Elvas 1952: 46). Como Hernández de Biedma, señala que pasó un total de doce años entre los indios: tres con Ucita (Hirrihigua en Garcilaso), durante los cuales el cacique lo sometió a terribles tormentos, y penosos trabajos, como el guardar una «mezquita», y relata el episodio del lobo y el niño; el resto del tiempo permaneció con Mocozo, cuyo favor había perdido en el momento de la llegada de los cristianos. También da cuenta de la intervención de la dama, la hija de Ucita, que lo salva primero de morir quemado; luego, de ser sacrificado a los dioses y, finalmente, lo envía con Mocozo.

Como vemos, los tres cronistas comienzan, con mayor o menor brevedad, el episodio de Juan Ortiz en el momento de su encuentro con los hombres de la expedición de Soto; su historia se relata después. En cambio, con sagacidad narrativa, el Inca lo inicia en el capítulo titulado «De los tormentos que un cacique dava a un español esclavo suyo», que continúa la historia del Pánfilo de Narváez y el cacique Hirrihigua, como dijimos antes, no con el encuentro del español cautivo. De los cuatro españoles que quedaron en su poder, sobrevivió un «moço que apenas llegava a los diez y ocho años, natural de Sevilla, llamado Juan Ortiz» (148). Los trabajos y malos tratos son continuos. La intervención de las mujeres en su favor logra evitar en una segunda ocasión su muerte en una barbacoa, donde iba a ser asado. Hirrihigua, por alejarlo de su mujer e hijas, lo envió a guardar los cuerpos de los muertos para que no los robaran los leones, bajo amenaza de muerte si eso llegara a ocurrir. Un león se lleva el cuerpo de un niño, Ortiz le dispara en la oscuridad sin saber si le ha dado. Encomendándose a Dios, termina el capítulo.

El siguiente (III), «Prosigue la mala vida del cautivo christiano y cómo se huyó de su amo», termina felizmente la aventura del león (lobo para el Hidalgo de Elvas). Por tercera vez, Hirrihigua, por el odio que tiene a los españoles, decide acabar con su esclavo a flechazos durante una fiesta. Una vez más la intervención de la hija del cacique lo salva, y logra huir hasta el pueblo del magnánimo Muçoço, que lo trató como a un hermano. En el capítulo V volvemos a la jornada de Hernando de Soto, sabemos que conocía la existencia de Ortiz, y que envió a Baltasar Gallegos y otros caballeros a buscarlo «assí por sacarlo del poder de los indios como porque lo avía menester para lengua e intérprete de quien se pudiesse fiar» (157). En el capítulo VI tiene lugar el encuentro; casi lo mata un español, Álvaro Nieto, al confundirlo inevitablemente con un indio, y viendo que éste volvía sobre él, «dio grandes vozes diziendo: 'Xibilla, Xibilla', por decir Sevilla, Sevilla». Garcilaso añade que en la relación de Juan Coles, «no acertando Juan Ortiz a hablar castellano, hizo con la mano y el arco la señal de la cruz para que el español viesse que era christiano» (160). En el capítulo siguiente, «La fiesta que todo el exército hizo a Juan Ortiz y cómo vino Muçoço a visitar al gobernador», es cuando Ortiz cuenta la larga historia que hemos leído: «y amplió la relación que de su vida hemos dado y de nuevo relató otros muchos tormentos que avía passado, que causaron compasión a los oyentes. Y lo dexaremos, por escusar prolijidad» (164).

Este relato tiene interés tanto porque es una excelente muestra de elaboración narrativa de un suceso histórico, como porque contiene elementos caracterizadores de la escritura del Inca. Ahora nos interesa la digresión; las páginas dedicadas a la historia de Juan Ortiz contienen variantes de la *amplificatio* muy usadas por el Inca Garcilaso, que suelen mostrar su pensamiento, dentro de la articulación del discurso verosímil y persuasivo. La referencia a la crueldad por la proscripción que aplicaron Antonio, Lépido y Octavio, y «otros príncipes cristianos» sirve para mostrar las cualidades superiores de los indios, utilizando la figura de sobrepujamiento, puestas de manifiesto en este caso en el comportamiento de Muçoço, que se convierte en el modelo a seguir. El interés por cuestiones de lenguaje aparece cuando el gobernador recibe en La Habana a un indio vasallo de Hirrihigua, capturado por Juan de Añasco, y que ilustra una vez más los malentendidos entre indios y españoles:

> El cual indio, cuando en su relación nombrava en La Havana a Juan Orotiz, dexando el nombre de Juan porque no lo sabía, dezía Ortiz, y como a este mal hablar del indio, se añadiesse el peor entender de los buenos intérpretes que declaravan lo que él quería decir, y como todos los oyentes tuviessen por principal intento el ir a buscar oro, oyendo dezir al indio Orotiz, sin buscar otras declaraciones, entendían que llanamente dezía que en su tierra avía mucho oro, y se holgavan y regocijavan sólo con oírlo nombrar, aunque en tan diferente significación y sentido (157).

tiene para todos, y si no temiéramos que tan al descubierto se avía de descubrir su galaníssimo brocado entre nuestro baxo sayal (328).

El incidente que cuenta Garcilaso, y al que no aluden las otras relaciones, es el suicidio el indio embajador, criado por la madre de la señora, que lo envía para negociar su encuentro con los cristianos. Encontramos a este «cavallero moço» muy contento de acompañar a los españoles; pero poco a poco «empeçó a entristecerse y ponerse imaginativo con la mano en la mexilla». Desde el capítulo anterior el Inca insiste en el arco y las flechas que llevaba, haciendo una digresión sobre el tema, que prepara el desenlace; al volver al «indio embaxador», cuenta cómo delante de los españoles que estaban admirando sus flechas, sacó una con la que «se hirió en la garganta de tal suerte que se degolló y cayó luego muerto» (334). Este «caso estraño» produce, como los demás, «admiración», sobre todo porque los cristianos no se explican la conducta del indio. La razón que da el Inca es el conflicto de lealtades entre sus dos señoras, la joven y la vieja[15].

Éste no es el único caso de suicidio que encontramos en *La Florida*. Ya en el capítulo XII del Libro primero, alude a un «caso notable de los naturales de aquellas islas»: se trata del ahorcamiento colectivo de los indios de la isla de Cuba, «que era la mayor lástima del mundo verlos colgados de los árboles, como pájaros zorzales cuando les arman lazos» (134). La causa es la expulsión del paraíso en que vivían por parte de los españoles que los obligan a buscar oro, metal que no aprecian, y «sentían demasiadamente, por poca que fuesse, la molestia que sobre ello les davan los españoles»(133)[16]. A ello hay que añadir la participación del demonio que los incitó a «esta plaga abominable». El

---

[15] Para Raquel Chang-Rodríguez: «La reunión de la joven cacica con Hernando de Soto espeja la posibilidad de una sociedad ideal basada en el orden y armonizada por el amor —el reencuentro de las dos partes separadas para formar un nuevo andrógino—. A su vez, el suicidio del joven emisario muestra la difícil tarea de reconciliar intereses diversos, partes separadas, y también cómo el aun el amor puede destruir. El trágico destino del florido nos remite al choque cultural y a la disyunción productos de la conquista — la realidad vislumbrada por el Inca y sentida vivamente por antiguos peruanos y norteamericanos» (Chang-Rodríguez 1989: 152).

[16] Escribe el Inca sobre la vida de los naturales antes de la llegada de los españoles: «Y, como por la mucha fertilidad y fructos que la tierra tiene de suyo, no tuviessen necesidad de trabajar mucho para sembrar y recoger, que por poco maíz que sembravan recogían por año más de lo que avían menester para el sustento de la vida natural, que ellos no pretendían otra cosa; y como no conociesen el oro por riqueza ni lo estimasen, haziaseles mal el sacarlo de los arroyos y sobre haz de la tierra donde se cría» (Garcilaso 1988: 133).

suicidio de un indio tras la batalla de Mauvilla colgándose de un árbol con la cuerda de su arco para no caer en manos de los españoles, también despertó la admiración entre los soldados. Nuevamente un suceso particular sirve para deducir e ilustrar el sentimiento y el comportamiento comunes, en este caso de los indios de Mauvilla: «Donde se puede bien conjeturar la temeridad y desesperación con que todos ellos pelearon pues uno que quedó vivo se mató él mismo» (385). Hernández de Biedma también alude al caso coincidiendo con Garcilaso; tras la terrible batalla: «uno solo que quedo por no se nos rendir subio a un arbol que estaba en la misma cerca, i quito la cuerda del arco, i atosela al pescuezo, i a una rama del arbol a orcarse» (Hernández de Biedma: 230 v). Por su parte, Rangel alude a que el suicidio fue general: «Las muchachas y aun muchachos de cuatro años reñían con los cristianos, y muchachos indios se ahorcaban por no venir a sus manos, e otros se metían en el fuego de su grado. Ved de qué voluntad andarían aquellos tamemes» (Fernández de Oviedo 1959: 175). Estos dos últimos casos de suicidio ilustran bien a las claras el comportamiento de extremo rechazo hacia los españoles que sentían parte de los indios, y pone en evidencia la imposibilidad de un encuentro, de una posible de armonía entre los dos mundos.

Un medio fundamental para conseguir esa armonía virtual es la evangelización. El concepto providencialista de la historia del Inca Garcilaso se manifiesta desde el principio hasta el final de *La Florida*. Los reproches fundamentales que hace a Hernando de Soto son que no puebla y que no predica la doctrina cristiana, críticas presentes también en las relaciones de Rangel y del Hidalgo de Elvas. Un buen ejemplo de la facilidad con que los indios serían convertidos a la verdadera religión es lo sucedido en el pueblo de Casquin o Casqui, que entraría dentro de los milagros de conversión. Vista la superioridad de los españoles, entre otras cosas porque como relata Hernández de Biedma «sabían que heramos ombres del cielo i que no nos podian hacer mal sus flechas e por eso no querian guerra ninguna con nosotros sino serbirnos» (Hernández de Biedma: 232 v), y según el Hidalgo de Helvas, el Adelantado «era hijo del sol»; el curaca pide a Hernando de Soto una señal para pedir ayuda a su «genio» en caso de necesidad. El gobernador le promete una cruz, que hacen con dos pinos muy grandes y la colocan en un alto. Tanto el Hidalgo de Elvas como Rangel hablan de que llevaron a Soto indios cojos y ciegos para que la señal los sanara. Casquin pide que llueva, petición común a todas las relaciones. Mientras que el portugués se limita a decir que: «El gobernador y los suyos se pusieron delante de ella de rodillas y

BIBLIOGRAFÍA

MIGUEL DE CERVANTES, *Don Quijote de la Mancha*, Francisco Rico (ed.). Madrid, Barcelona, Crítica, 1999.

RAQUEL CHANG-RODRÍGUEZ, «Armonía y disyunción en *La Florida del Inca*», *Cuadernos Americanos*, 247, núm. 3, 1989, pp. 148-156.

BERNAL DÍAZ DEL CASTILLO, *Historia verdadera de la conquista de la Nueva España*, Carmelo Sáenz de Santamaría (ed.). Madrid, CSIC, 1982.

JOSÉ DURAND, «La biblioteca del Inca», *Nueva Revista de Filología Hispánica*, año 2, núm. 3, 1948, pp. 239-264.

—, «Las enigmáticas fuentes de *La Florida del Inca*», *Cuadernos Hispano-americanos*, 168, 1963, pp. 597-609.

GONZALO FERNÁNDEZ DE OVIEDO, *Historia general y natural de las Indias*, II. Juan Pérez de Tudela (ed.). Madrid, Atlas (BAE, 118), 1959.

DONALD F. FOGELQUIST, *«El Amadís» y el género de la historia fingida*. Madrid, José Porrúa Turanzas, 1982.

VICTOR FRANKL, *El «Antijovio» de Gonzalo Jiménez de Quesada y las concepciones de realidad y verdad en la época de la contrarreforma y del manierismo*. Madrid, Ediciones de Cultura Hispánica, 1963.

GARCILASO DE LA VEGA, Inca *La Florida*, Carmen de Mora (ed.). Madrid, Alianza Universidad, 1988.

ROBERTO GONZÁLEZ ECHEVARRÍA, «Humanismo, retórica y las crónicas de la conquista», en *Historia y ficción en la narrativa hispanoamericana*. R. González Echevarría (comp.). Caracas, Monte Ávila, 1984, pp. 149-166.

JAVIER GONZÁLEZ ROVIRA, *La novela bizantina en la edad de oro*. Madrid, Gredos, 1996.

FRANÇOIS HARTOG, «El ojo del historiador y la voz de la historia», en *Cruce de culturas y mestizaje cultural*. Tzvetan Todorov y otros. Madrid, Júcar Universidad, 1988, pp. 71-89.

LUIS HERNÁNDEZ DE BIEDMA, *Relación del suceso de la jornada del Cap.Soto, i de la calidad de la tierra por donde anduvo*, Colección de Juan Bautista Muñoz, Vol. 63. Madrid, Real Academia de la Historia, 1955-1956.

HIDALGO DE ELVAS, *Expedición e Hernando de Soto a Florida*. Miguel de San Pedro (trad.). Buenos Aires, Espasa-Calpe, 1952.

EDUARDO HOPKINS-RODRÍGUEZ, «The Discurse on Exemplarity in Garcilaso de la Vega's *La Florida del Inca*»,*Garcilaso Inca de la Vega. An American Humanist. A Tribute to José Durand*. José Anadón (ed.). Notre Dame (Indiana), University of Notre Dame, 1998, pp. 133-140.

AMALIA INIESTA CÁMARA, «Novelas de caballerías, bizantina e italiana en la *Florida del Inca*», *Anales de Literatura Hispanoamericana*, 11, 1982, pp. 39-59.

SUSANA JÁKFALVI-LEIVA, *Traducción, escritura y violencia colonizadora: un estudio de la obra del Inca Garcilaso*. Syracuse, Maxwell School of Citizenship and Public Affairs, 1984.

IRVING A. LEONARD, *Los libros del conquistador*. México, FCE, 1979.

FRANCISCO LÓPEZ DE GÓMARA, *Hispania Vitrix. Primera y segunda parte de la historia general de la historia general de las Indias*. Madrid, Atlas (BAE: XXII), 1925.

JORGE LOZANO, *El discurso histórico*. Madrid, Alianza Universidad, 1987.

MIGUEL MATICORENA ESTRADA, «A New and Unpublished Manuscript of Garcilaso's *Florida*», *Garcilaso Inca de la Vega, An American Humanist*. José Anadón (ed.). Notre Dame, University of Notre Dame Press, 1998, pp. 141-148.

AURELIO MIRÓ QUESADA, «Creación y elaboración de *La Florida del Inca*», *Cuadernos Americanos*, vol. 3, núm. 18, 1989, pp. 152-171.

CARMEN DE MORA, «El discurso sobre la mujer indígena en *La Florida* del Inca Garcilaso», *Espacio geográfico/ Espacio imaginario. El descubrimiento del Nuevo Mundo en las culturas italiana y española*. Mª de las Nieves Muñiz (ed.). Cáceres, Universidad de Extremadura, 1993, pp. 165-174.

JULIO ORTEGA, «El Inca Garcilaso y la política del discurso», *El discurso de la abundancia*. Caracas, Monte Ávila, 1990, pp. 29-36.

ENRIQUE PUPO-WALKER, *Historia, creación y profecía en los textos del Inca Garcilaso de la Vega*. Madrid, Porrúa, 1982.

—, «*La Florida*, del Inca Garcilaso: notas sobre la problematización del discurso histórico en los siglos XVI y XVII», *Cuadernos Hispanoamericanos*, núm. 417, 1985, pp. 91-111.

JOSÉ RABASA, «"Porque soy indio": Subjectivity in *La Florida del Inca*», *Poetics Today*, 16, núm. 1, 1995, pp. 79-108.

GARCI RODRÍGUEZ DE MONTALVO, *Amadís de Gaula*. Juan Manuel Cacho (ed.). Madrid, Cátedra, 1987.

IDA RODRÍGUEZ DE PRAMPOLINI, *Amadises de América. La hazaña de las Indias como empresa caballeresca*. México, Academia Mexicana de la Historia, (1ª ed. 1948), 1992.

HUGO RODRÍGUEZ-VECCHINI, «*Don Quijote* y *La Florida del Inca*», *Revista Iberoamericana*, Vol. 48, núms. 120-121, 1982, pp. 587-620.

LISA VOIGT, «Captivity, Exile, and Interpretation in *La Florida del Inca*», *Colonial Latin American Review*, Vol. II, núm. 2, 2002, pp. 251-273.

La imagen del indígena americano en *La Florida del Inca*

Mercedes Serna Arnaiz
Universidad de Barcelona

Entre la creación y la documentación. El proceso narrativo

Ludovico Geymonat, en su *Historia de la filosofía y de la ciencia* (1985: 13) apunta cómo, abandonada la concepción medieval según la cual en las vicisitudes humanas hay una intervención providencial, los humanistas elaboran un enfoque histórico cercano, pragmático, basado en una explicación de los hechos históricos a través de las vicisitudes de los autores de este tipo de narraciones. Este cambio de criterio permitirá integrar en la historia los recuerdos personales, tal como hará el Inca Garcilaso. Su labor de fidedigno traductor en los *Diálogos de amor*, de escribiente en *La Florida* (1605) y de supuesto glosador en los *Comentarios reales* resume su talante humanista en tanto que pretende recuperar, restañar, redimir y recrear la historia. Alonso de Ercilla también se basó en informaciones orales para la elaboración del inicio de *La Araucana*. No olvidemos la importancia que el Inca concede a las fuentes orales: lo que su madre y los hermanos de ésta platicaban son el eje vertebral de los *Comentarios reales*. Asimismo, en los *Comentarios reales* intercala relatos como el de Pedro Serrano, del que se apresura a decir que se lo contó Garci Sánchez de Figueroa. A su vez, el relato que nos hace de Manco Cápac y Mama Ocllo procede de su tío y él lo traduce, abreviando y quitando algunas cosas que pudieran hacerlo odioso. A nuestro autor parece que le merecen la misma atención las fuentes orales o los testigos de oídas que los testigos de vista.

Bertrand Russell señala en sus *Ensayos impopulares* cómo toda la historia, hasta el siglo XVIII, está llena de prodigios y maravillas que los historiadores modernos pasan por alto, no tanto porque estén menos documentados que los hechos que los historiadores aceptan más verosímiles, sino porque el gusto moderno de los ilustrados prefiere lo que la ciencia considera probable (Russell 2003: 102).

Shakespeare relató cómo, la víspera de que César fuera asesinado, un siervo ordinario levantó la mano izquierda, que «llameó y ardió pero su mano no se chamuscó siquiera...». Shakespeare no inventó estas maravillas. Las encontró en reputados historiadores, que se cuentan entre aquellos en los que podemos confiar para nuestro conocimiento acerca de Julio César. Las pruebas de primera mano son, en general, escasas para este tipo de acontecimientos, y los historiadores modernos se niegan a aceptarlas, salvo, está claro, cuando el acontecimiento tiene importancia religiosa.

No puede decirse que las obras del Inca procedan de las informaciones orales recogidas pero sí sus fundamentos. Sin tales informaciones —recuerdos en su mayoría— el Inca difícilmente hubiera llegado a escribir su crónica más personal y significativa. Los *Comentarios reales* se basan en las conversaciones que el autor mantuvo con sus familiares para luego completarse con las fuentes escriturales, sobre todo las crónicas. Los datos que el Inca recrea a partir de las fuentes orales son el núcleo de sus obras. Así se escribieron, también, los celebrados *Viajes* de Marco Polo.

Parece que es un error frecuente, señala Said (Said 2002: 126) preferir la autoridad esquemática de unos textos a los contactos humanos que entrañan el riesgo de resultar desconcertantes. Cuando un ser humano entra en contacto con algo relativamente desconocido y amenazante, recurre a los libros. Libros, crónicas o guías de viajes que confirmen los rumores y la geografía. De esta manera los textos adquieren una autoridad y un uso mayor incluso que la realidad que describen.

La historia es construcción, articulación y recreación. La convicción que inspira la voz del narrador es más determinante que el que los hechos hayan sido vividos por quien los relata, o que sean verdaderos. Entre otras razones, porque no existe la historicidad inmutable de un yo, de una cultura o una identidad nacional, la historicidad en estado puro. Entre otras razones, porque la historia es inevitablemente subjetiva.

Cuántas veces, tratándose del descubrimiento de América, los primeros cronistas, informantes o relatores han suplantado la voz de los indígenas; el primer ejemplo lo tenemos en Colón, que traducía a los aborígenes a su imagen y semejanza, y, luego, en los cronistas, en la épica culta o en la poesía lírica, incluso.

«Dominar, dignificar todos los conocimientos almacenados durante la época colonial, tener el sentimiento de disponer de la historia, del tiempo o la geografía, establecer nuevas disciplinas, dividir, organizar, esquematizar, poner en cuadros, hacer índices y registrar todo, hacer generalizaciones, todo ello se puede al transmutar la realidad viviente en una sustancia textual» (Said 2002: 126).

Pero, concretando en nuestro tema, me interesa analizar la posición que puede tomar un escritor como el Inca Garcilaso que es o se siente, al mismo tiempo, indígena y europeo, a cuestas con la tiranía sentimental de su infancia y la educación jesuítica de su formación adulta. Me interesa destacar cuál es la actitud textual del Inca en La Florida, porque no parece que relatara tal historia por puro entretenimiento.

Mi intervención trata de contestar a las siguientes cuestiones: ¿qué imagen nos da el Inca en La Florida de los indios en general? ¿Tiene el Inca el mismo sentimiento hacia los indios de La Florida que hacia los del Perú, hacia los indígenas que hacia los «incas»? Tratándose del tema del indígena, ¿concibió el Inca La Florida como preámbulo de los Comentarios reales?

No creo que el interés de Garcilaso al escribir La Florida fuera exclusivamente histórico. Él escribe con el propósito de que Europa conozca a los indígenas, a sabiendas de lo que aquélla piensa de éstos; con idéntico fin pergeñará los Comentarios reales. El Inca está construyendo un imaginario para la posteridad y en esta tarea hay mucho de realización personal.

Europa enseña a los indios, sí, pero el Inca Garcilaso va a demostrar, tanto en La Florida como en los Comentarios reales, que los indios, ciertos indios, enseñan a Europa y, ello, sin haber accedido nunca a los libros. Los indios también iluminan. Garcilaso se erige en creador de una nueva visión de América o, cuanto menos, de determinados indígenas. Frente a la ingenuidad del discurso hay que hablar, por tanto, de conciencia narrativa.

Estoy de acuerdo con Pupo-Walker cuando indica que La Florida pudo ser concebida como una ramificación lógica de las pesquisas que Garcilaso emprendió sobre la historia peruana (Pupo-Walker 1996: 43). En La Florida hay, además, muchas referencias al Perú y a sus expedicionarios, los cuales aparecen descritos por el Inca como los más valerosos.

que es ejemplo eximio la perorata del cacique Vitachuco a sus hermanos, que van a persuadirlo de que acepte la paz (II, I, XXI).

El texto resalta la valentía, el arrojo, el honor, la extraordinaria dignidad guerrera de los indígenas que se mueven, asimismo, por los ideales renacentistas del honor y la fama.

Las descripciones que el Inca hace de los indígenas son más numerosas que las que hace de los españoles. La audacia, el arrojo, el honor y la lucha de los araucanos por preservar su libertad pretenden caracterizar la conquista de *La Florida* como un hecho heroico.

> Los indios son en realidad españoles disfrazados; no sólo su estilo sino todas sus ideas son europeas. Cabe suponer que es Garcilaso quien habla por ellos y los hace exponer sus propias opiniones sobre el honor, la fama, la lealtad, el valor, la religión natural, tal vez las injusticias de la conquista (Loayza 1974: 40).

Esta actitud no es propia exclusivamente de nuestro autor. Los modelos de la literatura colonial, en cualquiera de sus géneros, son europeos (clásicos e italianos) aunque su tema o contenido sea, en algunas ocasiones, indígena. La literatura incásica, por ejemplo, se construye partiendo de la tradición grecolatina y europea cultas. Mexía Fernangil despliega en su epístola *El Parnaso Antártico* los tópicos clásicos e italianos, Cabello de Balboa procede de igual manera en su *Miscelánea Antártica* y Garcés, en su *Canción al Pirú*, sigue a Petrarca; lo mismo hay que decir de Miramontes y Zuazola quien utiliza para sus *Armas Antárticas* el verso renacentista, dúctil o fluido, y qué decir del Inca Garcilaso en su *Comentarios reales*.

Las obras de todos ellos parten de la tradición clásica, pero tienen como tema fundamental la historia del pueblo inca. Y en muchos casos, el tema de estas obras es el de la defensa del indio, cosa que no ocurre con las letras del virreinato de México, de contenido eminentemente cortesano. Tratándose de textos coloniales, no hay que buscar originalidad en los modelos ni en cuestiones formales como los tópicos, las técnicas o la estructura. Es en el tono, en el tema y en la actitud del escritor donde reside la originalidad de algunas obras del período colonial.

No puede dudarse de que *La Florida* exalta el nuevo orden que impone la presencia europea en el Nuevo Mundo. Pero en *La Florida* el Inca Garcilaso pretende que el heroísmo de la conquista se encarne en ambos bandos, en las grandes hazañas de los dos grupos: en la idealización de los indios, acompañada de evocaciones a la naturaleza bucólica y a los mitos griegos y latinos, así como en el honor y valentía de los españoles.

El Inca sigue fielmente la idea de que la historia debe enseñar. La historia, siguiendo la idea clásica y medieval, es la historia moral. Las figuras de los caciques Hirrihigua, Mucozo, Urribarracuxi parten de modelos clásicos y cada uno de ellos representa un ejemplo a seguir o rechazar.

Mucozo posiblemente sea uno de los grandes héroes «trágicos» de *La Florida*. Es, como el Carlomagno clásico, el Lautaro araucano o el futuro Huayna Capac, un ser dechado de virtudes. Mucozo de veinte y seis o veinte y siete años de edad, lindo hombre de cuerpo y rostro (167), como corresponde al héroe clásico, honrado, con buena reputación, noble y cortés, es uno de los protagonistas de una historia que no tiene protagonista único. Cortesano y discreto, acata el poder de los españoles y es virtuoso y magnánimo.

El Inca, como hiciera Ercilla, se justifica ante la profusión de estos retratos indígenas edificantes e indica que en la bárbara gentilidad Dios pone hombres virtuosos, ejemplo de los cristianos. Siguiendo la *imitatio homérica*, el Inca, con inteligencia, ha puesto no a un español sino a un indígena como modelo, amparándose en lo que los jesuitas denominaban la ley natural (156).

Así, señala de Mucozo: «de cuerpo y hermosura de rostro, los del ánimo, de sus virtudes y discreción, así en obras como en palabras (273), en sus virtudes físicas e intelectuales». El Inca abunda en el tema de la belleza física (115) de los indios. Son retratos en los que la naturaleza física está acorde con el héroe.

El contrapunto de Mucozo se halla en la figura de Vitachuco. Su retrato es tan odioso que el autor se ve en la necesidad de dar una explicación racional a tanta maldad y echa mano, para ello, de la astrología y la teoría de los humores. Vitachuco es el prisionero de Hernando de Soto que finge amistad para poder traicionar a los españoles. Vitachuco, explica el Inca, está falto de razón, es imprudente y se mueve por la pasión del odio. Como modelo de barbarie, vive ensoberbecido, loco, con maldad y alevosía. El retrato tanto de Vitachuco como del español Valdivia en *La Araucana* procede de fuentes medievales. Vitachuco morirá como ha vivido: vilmente. Su soberbia sin control no inspira ni mesura ni ecuanimidad o justicia, únicas virtudes que llevan al imperio universal. Su muerte, como digo, es tan extraña y anodina que parece que proceda de la mano de Dios, un *Deux ex machina* que castiga la falta de virtud

> Los caballeros y soldados que acertaron a hallarse a la comida del general, viéndole tan mal tratado y en tanto peligro de la vida por un hecho tan extraño

y nunca imaginado, echando mano a sus espadas arremetieron a Vitachuco y a un tiempo le atravesaron diez o doce de ellas por el cuerpo, con que el indio cayó muerto, blasfemando del cielo y de la tierra por no haber salido con su mal intento (225).

Los héroes de La Florida son arquetipos humanos que se guían por las más sobresalientes virtudes como la justicia, el honor, la magnanimidad y el valor así como el compañerismo y que comparten los mismos sentimientos. Vitachuco rompe la armonía y por tanto debe ser castigado. Tras su muerte, el Inca introduce una de las pocas escenas risibles; una batalla llena de comicidad que rebaja y rompe el tono heroico como remate de la muerte de Vitachuco (228).

Todas las traiciones serán castigadas: la de Vitachuco, la de Capaci, la del gigante y bello Tascalusa que perderá en la batalla de Mauvila por culpa de los traidores (391).

Hirrihigua es el cacique noble del que se vale el Inca para expresar el odio que los aborígenes sienten hacia los españoles, debido a las atrocidades cometidas en el pasado. Sin embargo, Hirrihigua es capaz de mitigar su odio cuando se da cuenta de que los invasores vienen con buenas intenciones y también por compartir el mismo sentimiento que sus compañeros. Es un caso de conversión a través de la razón y, por tanto, una figura que aparece como contrapunto de la visión predeterminista de Vitachuco.

Acuera es otro cacique que, en un principio y como en el caso de Hirrihigua, tampoco quiere someterse a los españoles ni darles vasallaje. La figura de Acuera le sirve al Inca Garcilaso para ofrecernos un punto de vista alejado del europeo. Garcilaso, como hiciera el filósofo Montaigne, utiliza la figura de Acuera para ridiculizar a los españoles, quienes son vistos como criados que trabajan y ganan reinos para que otros los señoreen (190). Acuera considera inferiores a los españoles, a los que tilda de holgazanes, ladrones y advenedizos. El Inca, sutilmente, destaca el relativismo de la historia, relativismo en el que insistirá en los *Comentarios reales* al tratar el tema de las antípodas.

Bajtin (1982: 154) indica «que el héroe no sólo actúa porque así se deba sino que él mismo es así». Éste es el caso de «*los siete indios*» (número que nos trae a la memoria el mito de las «siete ciudades de Cíbola») cuya valentía y nobleza hace que prefieran la muerte a la rendición (215). Los siete cumplen el código y las obligaciones militares, como corresponde a gente noble (216), y mueren luchando por la libertad de su patria. Es el recurso de honrar al vencido.

Patofa es otro héroe cacique indio de Cosaqui que se pone de parte de los españoles, en este caso, para vengarse de las injurias recibidas por un pueblo vecino suyo (323). Éste es un ejemplo más de cómo en muchas ocasiones los conquistadores ganaron batallas aprovechando la falta de unidad de los pueblos aborígenes. El código guerrero de Patofa le lleva a castigar de forma cruel la cobardía de un indio (321).

Los nativos de la Florida tienen el mismo sentido puntilloso de la honra y el honor que los castellanos, la misma noción renacentista del valor, de la reputación y las apariencias, la misma predisposición a los desplantes y gestos teatrales. Como en la sociedad castellana, los nativos de la Florida son feroces en sus castigos contra las adúlteras, en tanto que no parece enojarles el adulterio masculino, costumbre que justifica el Inca Garcilaso.

El Inca no sólo excusa la poligamia de los incas nobles (114) sino que, partiendo de la inversión que Núñez de Vaca hiciera en sus *Naufragios*, destaca que no eran caníbales y que fueron los españoles los que se vieron obligados a tales prácticas (114). Son muchas las ocasiones en que el Inca distingue a los nobles de los plebeyos en el texto, a los curacas de los indios, a los incas de los indígenas. Cuando aparece un indígena dechado de virtudes le nombra con la palabra curaca o inca (113).

Es evidente que el Inca tiene una visión que, desde nuestra perspectiva, resultaría elitista cuando compara a los nobles indígenas, curacas e incas con el pueblo. Tales manifestaciones garcilasianas así como el trato que dio a las culturas anteriores a la incaica despertarían las críticas del indigenismo del siglo xix y sobre todo del xx.

Parece poco aceptable en la actualidad que se vea al Inca Garcilaso como representante de la peruanidad, tal y como en su día propuso Riva Agüero. Tampoco parece que pueda destacarse la formación esencialmente hispanista, renacentista, filológica y jesuita del Inca por temor a ser barridos de un plumazo por el pensamiento postcolonial. Ahora está más de moda hablar de la posición aristócrata y cuzqueña elitista del Inca Garcilaso o tratar de sus fuentes orales para alejarse del temor a una visión occidentalizada. Pero esta última tendencia también es defectuosa y poco objetiva. No puede entenderse la literatura colonial hispanoamericana sin la tradición hispánica porque éste es su sustrato. Resulta imposible entender la poesía de Terrazas sin tener en cuenta la corriente culta, italianizante y latinizante, la de Dávalos sin la corriente petrarquista y la poesía cancioneril del xv; o la de González de Eslava sin la lírica de tipo tradicional.

Sobre el indigenismo o «aristocratismo» del Inca, habría que preguntarse si no estaremos cayendo, cuando se plantean tales cuestiones, en anacronismos históricos y terminológicos. Los valores morales no son absolutos ni inmutables y por tanto falsificamos la historia cuando juzgamos, bajo nuestros esquemas culturales y mentales, épocas pasadas.

El Inca ensalza a aquellos indígenas que poseen las virtudes aristotélicas y ensalza la nobleza de su carácter porque cree que hay una relación de concordancia entre el linaje y el valor moral. Eso no quita el hecho de que procurase, a través de sus obras, defender a los indios. Su visión, si se me permite la expresión, es la de un indigenista de primeros del XVII, no la de un indigenista de finales del XIX o primeros del XX. Definir el indigenismo como un asunto de fines del XIX y principios del siglo XX resulta reduccionista. Desde el siglo XVI hay discursos de defensa del indígena aplicados a los géneros literarios. El caso de Bartolomé de las Casas no es único en absoluto. En este sentido pueden leerse los textos líricos del traductor Garcés o de Mexía de Fernangil.

El Inca no sólo describe a los personajes protagonistas de este relato sino también a los anónimos o de grupo. En general no hay tantos retratos edificantes de los españoles como de los indios caciques. Garcilaso no omite, aunque sea de pasada y sin hacer ruido, que fueron los españoles los primeros que engañaron a los indios provocando la tristeza y el suicidio de los nativos (110). Tales hechos le llevan a justificar las venganzas posteriores de los indios (11). En efecto, el Inca apela a la guerra justa en diversas ocasiones. Asimismo, no deja de anotar la codicia del conquistador de Perú que quiere ir a la Florida por tener más oro (117), la cobardía de ciertos españoles mal comedidos (126) o el suicidio de los indios que se ahorcaron por no tener que sacar oro de la tierra (135). Garcilaso hace mención de los agravios que Pánfilo de Narváez hizo contra el noble cacique Hirrihigua si bien, acto seguido, dice que los omitirá por ser odiosos.

El Inca, con sus comentarios, castiga, sea indio o español, al que no sigue las virtudes cristianas o de la ley natural. En la venganza que los españoles se cobran de un guía indio que les había extraviado primero y luego pedido perdón, el Inca hace un comentario no exento de ironía:

> Esta fue la vengança que nuestros castellanos tomaron del pobre indio que les avía descaminado, como si ella fuera de alguna satisfacción para el trabajo passado o remedio para el mal presente, y después de averla hecho, vieron que no

quedavan vengados sino peor librados que antes estavan, porque totalmente les faltó quien los guiasse (491).

Y no, no ahorra comentarios peyorativos hacia los que se mueven por la ira, la venganza o la traición, sean españoles o indios. Otro caso es el de Tascaluça y sus hombres, que se pierden por traidores (391).

El descontento perpetuo del gobernador ante la inobediencia, cobardía, pusilanimidad e intento de amotinamiento de los españoles es, según el Inca lo advierte, anuncio de la suerte de la conquista de La Florida (444).

La valentía de los de Apalache, tan famosa como la de los araucanos, se detalla en muchos cuadros que nos proporciona el autor: anécdotas y particularidades que demuestran la nobleza de los indios (297). También anota la gentileza de los indios que no quieren luchar con ventaja.

En ciertas ocasiones el Inca no se limita a referir los hechos y fabula sobre lo que sus personajes pueden estar imaginando. Así se recrea en los pensamientos del cacique Vitachuco:

> Ya le parecía verse adorar de las naciones comarcanas y de todo aquel gran reino por los haber libertado y conservado sus vidas y haciendas: imaginaba ya oír los loores y alabanzas que los indios, por hecho tan famoso y con grandes aclamaciones le habían de dar. Fantaseaba los cantares que las mujeres y niños en sus corros, bailando delante de él, habían de cantar, compuestos en loor y memoria de sus proezas, cosa muy usada entre aquellos indios (II, I, XXIII).

En *La Florida* se brinda escasa atención tanto a las historias amorosas como a las mujeres indígenas en general. Destaca la historia de la señora de Cofachiqui, moza por casar, recién heredada, discreta y de pecho señoril, gentil y generosa, que el Inca compara, para enaltecerla, con Cleopatra (328). Una vez más el Inca justifica su comparación apelando al poder de la naturaleza sobre la cultura:

> [...] de manera que los españoles se admiravan de oír tan buenas palabras, tan bien concertadas que mostravan la discreción de una bárbara nacida y criada lexos de toda buena enseñança y pulicía. Mas el buen natural, do quiere que lo ay, de suyo y sin doctrina floresce en discreciones y gentilezas y, al contrario, el necio cuanto más le enseñan tanto más torpe se muestra (329).

que los indios pelearon contra él «valerosamente, hasta que le desbarataron
y mataron casi todos los españoles que con él habían ido, que no escaparon
más de siete» (I, 2). Aunque sin citarlo de modo expreso, Garcilaso narra
el viaje de Francisco Gordillo (1520) y su arribo a la desembocadura del río
Jordán (hoy Santee, en Carolina del Sur), donde se aprovechó de la confianza
e ingenuidad de los nativos[7] para secuestrar a un grupo de unos ciento treinta
y llevarlos a Santo Domingo para que trabajaran en las minas. Parte de estos
indios perecieron ahogados en la travesía y los que no corrieron esa suerte «se
dejaron morir todos de tristeza y hambre, que no quisieron comer de coraje
del engaño que debajo de amistad se les había hecho» (I, 2). Parece que el
oidor Vázquez de Ayllón desaprobó tal actitud y planeó una nueva expedición con más garantías sobre las vidas de los indios y con presencia de varios
misioneros (1526)[8]; al decir del Inca, los españoles llegaron al mismo punto
de la costa, a la altura del río Jordán, donde fueron recibidos de nuevo «con
mucha fiesta y aplauso», consiguiendo que se confiaran y quedasen a merced
de los aborígenes, quienes una noche los mataron a casi todos y forzaron a
los supervivientes «a que rotos y desbaratados se embarcasen y volviesen a
Santo Domingo, dejando vengados los indios de la jornada pasada» (I, 3).
La siguiente incursión en La Florida fue la de Pánfilo de Narváez en 1527,
corriendo parejo destino desastroso con la muerte de la mayoría de los conquistadores, excepto un esclavo negro y tres españoles que lograron sobrevivir
y pasar a México, siendo uno de ellos Álvar Núñez Cabeza de Vaca, autor
de los *Naufragios*[9].

Expuestos estos antecedentes, lo que resta del libro primero lo dedica el
Inca Garcilaso a narrar los preparativos de la magna expedición de Hernando
de Soto, formada por trescientos cincuenta caballos y unos mil hombres («toda
gente lucida, apercibida de armas y arreos de sus personas y caballos», I, 15),
la cual zarpó de La Habana con rumbo a La Florida el 12 de mayo de 1539[10].

---

[7] El texto dice que «los indios vinieron con gran espanto a ver los navíos por cosa extraña
nunca jamás de ellos vista, y se admiraron de ver gente barbuda y que anduviese vestida» (I,
2).

[8] Ver Sáinz Sastre (1992: 35-37), con detalles sobre las capitulaciones hechas entre Vázquez
de Ayllón y Carlos V, donde se equipara a los indios con cualesquiera otros «vasallos libres».

[9] Datos puntuales sobre las diferentes entradas españolas en La Florida a lo largo del
siglo XVI se hallarán en Cubeñas Peluzzo (1978: 11-38), y con mayor acopio de datos en Sáinz
Sastre 1992.

[10] En VI, 1 el Inca repite la misma cifra de hombres, y en VI, 5 hace lo propio con la
de caballos. Por su parte, Hernández de Biedma en su *Relación* habla de 620 hombres y 223

Éstos son los datos gruesos, pero a lo largo de la crónica se van desgranando detalles que configuran mejor la variada composición de este gran ejército: por ejemplo no todos los conquistadores eran españoles, sino que había también bastantes portugueses[11]. Si bien el grueso de los aventureros eran guerreros que se alistaron de modo voluntario, no faltaron algunos esclavos que fueron requeridos para el servicio; estos esclavos fueron en su gran mayoría de raza negra, pero también hubo algún «morisco de Berbería»[12]. Casi todos los integrantes eran jóvenes, y sólo uno peinaba canas, un tal Juan Mateos de Almendral. Junto a los guerreros había misioneros y hombres de iglesia; la memoria de Gonzalo Silvestre no alcanzó a recordar todos sus nombres, pero posteriores investigaciones arrojan este listado: «Iban en la armada los clérigos Rodrigo de Gallegos, Diego de Bañuelos, Francisco del Pozo y Dionisio de París; los frailes fray Juan de Gallegos, fray Luis de Soto, fray Juan de Torres y fray Rodrigo de la Rocha» (Muñoz de San Pedro 1965: 19). Tampoco hubo sólo hombres, pues el soldado Hernán Bautista fue con su mujer, Francisca de Hinestrosa, que murió en la batalla de Chicaza cuando le faltaban pocos días para dar a luz (III, 37)[13].

En el ejército había una división clara entre caballería e infantería: los primeros eran los más poderosos, pues además de sus personas aportaban armas y caballos; la mayoría de ellos eran hidalgos, pero hubo nobles de más alta alcurnia sobre quienes recayeron los mandos principales; la infantería estaba formada por villanos y gente de baja extracción social que, como los nobles,

---

caballos (fol. 223r); Fidalgo de Elvas apunta que partieron de España 600 hombres (*Expedición*, 41), pero luego se les agregaron algunos más en Cuba, que no numera; en cuanto a los caballos, dice que fueron 213 (1965: 48).

[11] Uno de estos portugueses fue el anónimo *«fidalgo de Elvas»*, que escribió la *Relación verdadera de los trabajos que el gobernador Don Fernando de Soto y ciertos hidalgos portugueses pasaron en el descubrimiento de la provincia de La Florida*, el cual desde el título da primacía a los conquistadores portugueses sobre los españoles, aunque esto es más exageración patriótica que apego a la verdad.

[12] En III, 20 leemos esto: «Echaron menos tres esclavos que se habían huido la noche antes. Los dos eran negros de nación [...] y el otro era morisco de Berbería [...]. Entendióse que afición de mujeres, antes que otro interés, hubiese causado la huida de estos esclavos y quedarse con los indios». Oviedo-Ranjel cita a este mismo esclavo, diciendo que era «berberisco muy ladino» (*Historia general*, 169).

[13] Fidalgo de Elvas también cita este caso en su *Expedición* (95-96). En la edición de *La Florida* de Carmen de Mora, se anota (a partir del estudio de Varner 1968: 403) que «otra mujer española, presumiblemente sirvienta de doña Isabel de Bobadilla, reclamó haber acompañado al ejército al comienzo de la expedición hasta que llegó a México» (1998: 408).

soñaba con enriquecerse pronto y volver a España habiendo mejorado su estado. Los expedicionarios, aparte de los caballos y perros utilizados en las batallas (de los que luego se hablará con más detalle), llevaban también algunos cerdos con la intención de criarlos cuando surgiera un buen emplazamiento: junto al Inca, los textos de Fidalgo de Elvas, Hernández de Biedma y Oviedo-Ranjel son unánimes a la hora de mencionar este detalle y cómo les libraron de alguna hambruna en más de una ocasión.

Si ésta fue, a grandes rasgos, la composición inicial de la fuerza española, hay que precisar que nada más pisar tierras de La Florida empezaron los inevitables cambios: de un lado porque tanto personas como animales iban muriendo en las hostilidades con los nativos, y de otro porque a menudo se hacían prisioneros entre los indios para utilizarlos como guías, intérpretes («lenguas») o simples criados. Es de notar que el Inca no emplea la palabra «esclavo» para referirse a los indios cautivos, cosa que sí hacen, por ejemplo, Fidalgo de Elvas y Oviedo-Ranjel[14]; asimismo, Garcilaso de la Vega menciona muy de soslayo las cadenas con que los españoles tenían sujetos a los prisioneros (IIa, 29; IIb, 5), detalle que el *fidalgo* portugués reitera a menudo y con mayor crudeza: «Estos indios los llevaban en cadenas, con collares al pescuezo, y servían para llevar el hato y moler el maíz y para otros servicios que así presos podían hacer»[15]. Aun así, no todos los aborígenes reclutados viajaban en calidad de prisioneros, pues hubo cierto muchacho que pudiendo volver con los suyos optó por seguir con los españoles (Vb, 2), sin duda porque en su tribu le esperaba una muerte casi segura[16]. En relación con esto diremos que al final de la expedición, cuando los españoles deciden abandonar La Florida navegando aguas abajo del Mississippi, el Inca afirma que se ofreció la libertad a todos los indios domésticos que quedaban vivos, unos 25 o 30, pero que éstos prefirieron seguir con sus amos: «Embarcaron consigo hasta veinte y cinco o treinta indios e indias que de lejas tierras habían traído en su

---

[14] Este último gusta mucho de emplear el término *tameme*, que «quiere tanto decir como indio de carga» (*Historia general*, 165), pero en cierto pasaje escribe lo siguiente: «el cacique le había ya dado cuatrocientos tamemes, o mejor diciendo, esclavos» (*Historia general*, 173).

[15] Fidalgo de Elvas, *Expedición* (61). Más referencias al caso en pp. 65, 74, 83, 84, 89, 111, 142 y 144. Oviedo-Ranjel también menciona las cadenas (*Historia general*, 162 y 170), apostillando que «era cosa de mucha lástima verlo; pero no se desacuerda Dios de ninguna cosa mal hecha ni queda sin castigo, como la historia lo dirá» (171).

[16] Ver también Fidalgo de Elvas, *Expedición* (128): «Luego los mandó soltar [a los indios] y que se fuesen a sus casas. Y uno de ellos no se quiso ir, diciendo que no quería estar en poder de quien, sin merecerlo, le había sentenciado a muerte; que a quien lo había librado quería servir en cuanto viviese».

servicio [...], porque no quisieron quedar con Guachoya ni Anilco por el amor que a sus amos tenían, y decían que querían más morir con ellos que vivir en tierras ajenas» (VI, 1)[17].

A su vez, entre estos nativos adscritos a los españoles había hombres y mujeres; a estas últimas se les asignaba las tareas del servicio, y aunque el Inca apenas dice nada sobre contactos sexuales entre las razas (en este tema son mucho más explícitos Fidalgo de Elvas y Oviedo-Ranjel), es seguro que los hubo[18], dándose el caso singular de que un español —desesperado tras haberlo perdido todo en el juego— se separó de los suyos para quedarse con una mujer india de la que se había enamorado (Va, 1-2)[19]. En otro momento, estando en

---

[17] Fidalgo de Elvas menciona el episodio (*Expedición*, 145-146), pero con sensibles diferencias respecto del Inca, pues afirma que se embarcaron unos cien indios y se quedaron en tierra otros quinientos: «entre los cuales había muchos mozos y mozas que la lengua española hablaban y entendían. Los más de ellos quedaban llorando, lo que ponía gran lástima, viendo que todos aquellos de buena voluntad fueron cristianos y quedaban perdidos» (146).

[18] Repárese por ejemplo en III, 20, cita de la nota 12.

[19] Nótese que Garcilaso dice tratarse del caballero sevillano Diego de Guzmán, aunque anota que en la relación perdida de Alonso de Carmona se le llama Francisco de Guzmán (Va, 2); pues bien, Fidalgo de Elvas menciona el caso, pero insiste en el nombre de Francisco de Guzmán: «El día que de Chaguate partió, quedó atrás un cristiano llamado Francisco de Guzmán, hijo bastardo de un hidalgo de Sevilla; fuese con los indios, por recelo que no le perdonasen, por deudas de juego (en una india que por manceba tenía, la cual consigo llevó)» (*Expedición*, 131). Más adelante (140) se narra otra tentativa de recuperar al cristiano huido, pero éste se mantuvo firme en su idea de quedarse a vivir para siempre con los nativos floridanos. (Sobre este tipo de vacilaciones entre unos cronistas y otros ver Durand 1966). No fue este Guzmán el único expedicionario que se separó de los de su raza para arrimarse a los aborígenes; en III, 23 se cuenta que «en el pueblo de Coza quedó huido un cristiano, si lo era, llamado Falco Herrado. No era español», y poco más abajo surge otro caso con nuevos matices: «en el mismo pueblo de Coza quedó un negro enfermo que no podía caminar, llamado Robles, el cual era muy buen cristiano y buen esclavo. Quedó encomendado al cacique». Gracias a estudios posteriores de A. González de Barcia (1723) y J. R. Swanton (1946) sabemos que Herrado y Robles permanecieron con los indios floridanos unos 11 o 12 años (citado por Durand 1966: 50). En el relato de Oviedo-Ranjel se aportan nuevos nombres, tanto de españoles como de esclavos que huían en busca de su libertad: «Aquel día se quedaron (díciase que con malicia) Mendoza de Montanjes e Alaminos de Cuba; e porque Alonso Romo traía aquel día la retroguarda y los dejó, le hizo el gobernador volver por ellos, e los esperaron un día; y llegados, quísolos ahorcar el gobernador. En lo de Xalaque quedose un compañero que se decía Rodríguez, natural de Peñafiel, y quedó un esclavillo indio de Cuba, ladino, que era de un hidalgo dicho Villegas, y quedose un esclavo de don Carlos, berberisco muy ladino, y quedose Gómez, negro de Vasco González, muy ladino»; «Un viernes, veinte de agosto, salió el gobernador e su gente de Coza, e quedóseles allí un cristiano que se decía Feryada, levantisco»; «Se les quedó allí un hidalgo de Salamanca, llamado Manzano, e no se supo si de su voluntad o si de desatino, yendo solo

la zona de Ychiaha, se relata cómo los nativos obsequiaron a dos exploradores españoles con dos de sus mujeres, con este resultado:

> Los habían recibido con mucho amor y regocijo y les habían hecho mucha fiesta y regalo, tanto que cada noche, después de haberles banqueteado, les enviaban dos mozas hermosas que durmiesen con ellos y los entretuviesen la noche, mas que ellos no osaban tocarles temiendo no les flechasen otro día los indios, porque sospechaban que se las enviaban para tener ocasión de los matar si llegasen a ellas. Esto temían los españoles, y quizá sus huéspedes lo hacían para regalarlos demasiadamente viendo que eran mozos, porque si quisieran matarlos no tenían necesidad de buscar achaques (III, 21).

Sin duda, entre los indios floridanos también había castas o clases, y desde luego estas dos muchachas ofrecidas no serían de las principales[20], como sí parecen serlo otras dos mujeres del cacique Capaha que habían sido raptadas por una tribu enemiga, los casquines. Cuando Hernando de Soto pacifica ambas tribus, los de Casquín devuelven a Capaha sus dos mujeres, y éste se las regala de inmediato al gobernador español, que no las acepta; entonces

> el curaca replicó diciendo que si no las quería para su servicio las diese de su mano al capitán o soldado a quien de ellas quisiese hacer merced, porque no habían de volver a su casa ni quedar en su tierra. Entendióse que Capaha las aborreciese y echase de sí por sospecha que tuviese de que, habiendo estado presas en poder de sus enemigos, sería imposible que dejasen de estar contaminadas (IV, 10)[21].

---

a ranchear [...]. También se le fue allí al capitán Joan Ruiz Lobillo un negro muy ladino, que se decía Joan Vizcaíno» (*Historia general*, 169 y 171).

[20] Y lo mismo cabría decir de otras dos indias que el cacique Casquín trocó por dos camisas, dato que no aparece en Garcilaso pero sí en Fidalgo de Elvas: «Vino con mucho pescado y con dos indias que rescató por dos camisas» (*Expedición*, p. 109). Por su parte, Oviedo-Ranjel refiere cómo en el pueblo de Itaba «rescataron algunas indias que se las daban a trueco de espejos y cuchillos» (*Historia general*, 171).

[21] Pero Fidalgo de Elvas y Oviedo-Ranjel abordan el asunto de muy distinta manera. He aquí la versión del primero: «Al tiempo de su partida, el de Pacaba le dio dos hermanas, diciendo que en señal de amor, para que de él se acordase, las llevase por mujeres; una se llamaba Macanoche y la otra Mochila. Y eran muy bien dispuestas, altas de cuerpo y envueltas en carnes» (*Expedición*, 109). Éste es el texto del segundo, con su lacerante crítica sobre la promiscuidad de Hernando de Soto: «Casqui había traído una hija, muchacha bonica, al gobernador. Pacaha le dio una mujer suya, fresca e muy honesta, y le dio una hermana y otra india principal [...]. Pero quisiera yo que, juntamente con las excelencias de la cruz y de la fe que este gobernador les dijo a esos caciques, les dijera que él era casado e que los cristianos no

Para acabar con esto diremos que en La Florida, igual que en todas las conquistas y guerras de ayer y hoy, las mujeres, niños y ancianos siempre llevaban la peor parte. Eran presa fácil en los asaltos, de modo que unas veces morían y otras pasaban al cautiverio; hay alguna excepción como lo acontecido en el poblado de Chisca, donde irrumpieron los españoles por sorpresa y «prendieron muchos indios e indias de todas edades» (IV, 3), pero luego se optó por tratar la paz con el cacique y liberar a los prisioneros (IV, 4)[22]. No faltaron tampoco ocasiones señaladas en que las mujeres indias pelearon «con la misma ferocidad que los varones», según se refiere en III, 28 y IV, 12[23]. Es de reseñar también que entre los floridanos había tribus con cacicas al mando; destaca el caso de la cacica de Cofachiqui, que trató muy de cerca con los españoles. Orillando al Inca por un instante, en el relato de Oviedo-Ranjel se menciona que una mujer india hizo de guía hacia el camino de Cofachiqui (*Historia general*, 167), y lo mismo narra Fidalgo de Elvas en el tramo final de su *Expedición*, p. 136. Sobre la belleza de las mujeres indias se hace algún inciso en III, 25, y Garcilaso destaca cómo los españoles condujeron a México una cautiva tomada en la tribu de los Mauvila, «que era muy hermosa y muy gentil mujer, que podía competir en hermosura con la más gentil de España».

---

han de tener más de una mujer ni haber exceso a otra, ni adulterar […], ni que les quedara concepto que los cristianos, como los indios, pueden tener cuantas mujeres e concubinas quisieren» (*Historia general*, 180).

[22] En este momento concreto, Hernández de Biedma insiste en la importancia que tuvieron las mujeres: «Llegamos un día a mediodía a un pueblo que se llama Quizquiz, tan de sobresalto que ninguna noticia tenían de nosotros. Los indios eran idos a hacer sus labores a sus maizales; tomamos más de trecientas mujeres que estaban en el pueblo […]. Como supieron que les habíamos tomado aquellas mujeres, vinieron de paz a nosotros y pidieron al gobernador que se las diese. El gobernador se las dio» (*Relación*, fol. 232r). Así explica el suceso Oviedo-Ranjel: «Domingo ocho de mayo llegaron al primero pueblo de Quizqui; e tomáronle de sobresalto, e cativaron mucha gente e ropa; pero el gobernador los puso luego en libertad e se lo hizo todo restituir, por temor de guerra» (*Historia general*, 178).

[23] Oviedo-Ranjel añade algún apunte más: «Llegaron a Agile, subjeto a Apalache, e tomáronle algunas mujeres; e son tales, que una india tomó a un bachiller, llamado Herrera, que quedaba solo con ella e atrás de otros compañeros, e asióle de los genitales e túvolo muy fatigado e rendido, e si acaso no pasaran otros cristianos que le socorrieran, la india le matara»; «Las mujeres y aun muchachos de cuatro años reñían con los cristianos» (*Historia general*, 161 y 175).

acogió a Juan Ortiz cuando huyó de su esclavitud y lo mantuvo libre en su pueblo durante casi ocho años, hasta que lo devolvió a los españoles venidos con Hernando de Soto. La actitud de estos dos caciques, tan diferente la una de la otra, resume bastante bien el panorama que se iban a encontrar los conquistadores en su avance por La Florida. Es cierto que en algunas provincias fueron bien acogidos por los indios (Mucozo, Cofaqui, Anilco...), intimidados seguramente por la superioridad militar exhibida por los españoles, pero en muchos otros casos los aborígenes optaron por desamparar sus pueblos y dispersarse, alertados ante la cercanía de las fuerzas hispanas:

> Fueron del pueblo de Mucozo al de su cuñado Urribarracuxi [...]. Halláronlo desamparado, que el cacique y todos sus vasallos se habían ido al monte (IIa, 10).

> Esta provincia tan fértil [...] se llamaba Acuera, y el señor de ella había el mismo nombre. El cual, sabiendo la ida de los castellanos a su tierra, se fue al monte con toda su gente (IIa, 15).

> Al cabo de ellas estaba el pueblo principal, llamado Ocali, como la misma provincia y el cacique de ella, el cual con todos los suyos, llevándose lo que tenían en sus casas, se fueron al monte (IIa, 17).

> Los indios desampararon el pueblo y se fueron al monte. Los españoles tomaron la comida que hubieron menester (IIb, 19)[25].

Léase, en oposición a esto, lo acontecido al llegar a otras poblaciones: «Vino el hermano de Ochile acompañado de mucha gente noble, muy lucida. Besó

---

[25] Hay muchos otros testimonios, de los que selecciono algunos: «Del río fueron al pueblo llamado Osachile, al cual desampararon sus moradores como lo habían hecho todos los demás que atrás quedaron» (IIb, 19); «Entró en el primer pueblo de la provincia Altapaha y halló que los indios se habían retirado a los montes y llevado consigo sus mujeres, hijos y hacienda» (III, 2); «Llegaron a unos pueblos pequeños cuyos moradores no habían osado esperar en sus casas al gobernador y se habían ido a los montes. Solamente habían quedado los viejos y viejas, y casi todos ciegos» (III, 18); «Llegaron al pueblo de Naguatex y lo hallaron desamparado de sus moradores, y se alojaron en él» (Va, 1); «Descubrieron tierras pobladas, de que recibieron el contento que se puede imaginar, aunque llegando a ellas hallaron que los indios se habían ido al monte» (Vb, 3); «Los indios del pueblo, viendo que los españoles iban a él, lo desampararon, y tocando arma y pidiendo socorro con mucha grita y alarido, huyeron por los campos» (VI, 5).

las manos del gobernador, habló con mucha familiaridad a los demás capitanes, ministros y caballeros particulares del ejército, preguntando quién era
cada uno de ellos» (IIa, 20); otra vez, en la provincia de Cofaqui, su cacique
«salió a recibirle fuera del pueblo, acompañado de muchos hombres nobles
hermosamente arreados de arcos y flechas y grandes plumas, con ricas mantas
de martas y otras diversas pellejinas tan bien aderezadas como en lo mejor de
Alemania» (III, 4).

Entre estos dos extremos se abre un extenso abanico de posibilidades, desde
lo que el Inca llama el «trato doble» (amistad fingida) hasta la beligerancia total
y absoluta, la cual solía concluir en encarnizada batalla. Una mezcla de ambas
cosas es lo que ocurrió con el cacique Vitachuco, que desde el inicio mostró
estar muy ofendido por la llegada de los españoles a su región y profirió graves
amenazas contra ellos: «Esos cristianos no pueden ser mejores que los pasados,
que tantas crueldades hicieron en esta tierra, pues son de una misma nación y ley
[…], pues andan de tierra en tierra matando, robando y saqueando cuanto hallan,
tomando mujeres e hijas ajenas, sin traer de las suyas» (IIa, 21). No obstante,
poco después este jefe indio accedió a presentarse ante Hernando de Soto:

> y con mucha humildad y veneración le dijo suplicaba a su señoría tuviese por
> bien hacer una gran merced y favor a él y a todos sus vasallos de salir al campo,
> donde le esperaban, para que los viese puestos en escuadrón en forma de batalla,
> para que favorecidos con su vista y presencia todos quedasen obligados a servirle
> con mayor ánimo (IIa, 23).

Todo es un juego táctico donde los dos jefes antagonistas, so capa de amistad y buenas palabras, exhiben sus respectivos ejércitos como teóricos aliados;
pero tanto Soto como Vitachuco desconfían entre sí y su intención secreta es
pillar al otro por sorpresa. Será el español quien dé el primer golpe y rompa
contra los indios, produciéndose la primera gran matanza de La Florida, en
las cercanías de una laguna.

El ejército español, peleando en campo abierto, se muestra invencible y
junto a los muchos nativos muertos hubo bastantes prisioneros. Entre estos
últimos quedó el cacique Vitachuco, cuyo orgullo herido le insta a tratar de
sorprender de nuevo, dando la orden de que a cierta señal suya todos los indios
ataquen al unísono, pero acometiendo cada uno a un español diferente, imaginando así una fácil victoria. La estratagema no surtió efecto, pero esta vez
los conquistadores «los mataron a todos sin dejar alguno a vida, que fue gran

lástima» (IIa, 29), con el resultado de mil trescientos muertos por el lado indio y cuatro por el castellano.

5. ANIMALES Y ARMAS DE CONQUISTA

La desproporción de bajas en este primer gran choque entre indios y conquistadores da una idea de la desigualdad con que se luchaba en la Florida. La diferencia no radica, como a veces se ha dicho, en que unos soldados profesionales se enfrentaban a unos indios pacíficos sorprendidos en su idílico terruño. No se trata de eso, pues el conocimiento del arte de la guerra era compartido por ambos lados: los europeos por su oficio de conquistadores y los nativos porque su supervivencia siempre había dependido de las luchas intestinas con tribus comarcanas[26]. Todos eran guerreros avezados, y por lo que a su número respecta los indios superaban con mucho a los occidentales allí desplazados. Lo que desequilibraba las batallas era la composición de los ejércitos, el orden mantenido en el combate y los animales y armas utilizados[27].

5.1. Los animales

El caballo jugó un papel determinante en todo el proceso de la conquista americana, y por supuesto La Florida no fue una excepción. Mientras que los indios sólo disponían de infantería, por así decirlo, los españoles contaban con infantería y caballería[28]. La infantería era necesaria, por supuesto, pero era más vulnerable a las flechas indias y hubiera sido arrollada muchas veces de no haber contado con la cobertura y movilidad de la caballería. En un pasaje concreto del texto se lee que los caballeros, «por ser gente más bien armada que la infantería, recibía siempre menos daño de las flechas» (IIb, 1). No olvidemos que en aquel entonces el caballo era animal desconocido en América, y su mera presencia amedrentaba a los nativos[29]:

---

[26] Remito al estudio de Sáinz Sastre 1992: 123-128: «La guerra como forma de vida».

[27] Sobre este tema resulta de imprescindible manejo el estudio de Salas 1958.

[28] En 1955 el Círculo Militar del Perú celebró un «Symposium sobre la vida y obra de Garcilaso de la Vega», correspondiendo una de las conferencias al general José del Carmen Marín, que disertó sobre «El arte militar en la obra del Inca: armas y caballos». Ver datos en la bibliografía.

[29] Se llega incluso a nombrar alguno de ellos, como Aceituno, propiedad de Hernando de Soto (IIa, 24).

Se volvieron al monte y a la ciénaga por no ser ofendidos de los caballos, que no se sufría burlar con ellos en campo raso (IIa, 15).

Los indios, viendo caballos en tierra limpia de monte, desampararon el puesto (IIa, 30).

Salieron a un campo raso donde los indios, de temor de los caballos, no osaron ofender a los españoles, ni aun esperarles (IIb, 20).

Caminaron con menos pesadumbre por los llanos donde no había malezas, porque los indios, doquier no las había, se apartaban de los cristianos de miedo de los caballos (IIb, 21).

Entre los españoles, la pérdida de un caballo era tan llorada o más que la de un compañero; así, en cierta ocasión, cruzando un río «se ahogaron cuatro caballos, que por ser tan necesarios y de tanta importancia para la gente, lo sintieron nuestros españoles más que si fueran muertes de hermanos» (III, 11)[30]. Los aborígenes fueron pronto conscientes de este factor y trataron de contrarrestarlo de dos maneras: 1) flechando a los caballos antes incluso que a los hombres; 2) rehuyendo la lucha a campo abierto donde el equino se mueve sin impedimentos y buscando las ciénagas o las zonas con abundante vegetación.

Respecto a lo primero, nótese cómo en la batalla contra Vitachuco, acometiendo a los indios en primer lugar el adelantado Hernando de Soto, ellos optaron por disparar al caballo y no al jinete, aunque sabían bien que era el jefe enemigo: «de muchas flechas que le tiraron, le acertaron con ocho, y todas dieron en el caballo, que [...] siempre estos indios procuraban matar primero los caballos que los caballeros, por la ventaja que con ellos les hacían» (IIa, 24). Y en otro pasaje se abunda en la misma idea: «Holgaban más de matar un caballo que cuatro cristianos, y así con todo cuidado y diligencia tiraban

---

[30] Y todavía más abajo se insiste en lo mismo: «El primer día de su navegación hallaron cuatro caballos de los ahogados atravesados en un gran árbol caído, y llorándolos de nuevo siguieron su viaje» (III, 13). Al final de la expedición no sobrevivió ningún equino, por lo que el Inca hace este planto: «Así acabaron de perecer este día los caballos que para este descubrimiento y conquista de La Florida habían entrado en ella [...]. Los castellanos, de ver flechar sus caballos y de no poderlos socorrer, sintieron grandísimo dolor, y como si fueran hijos los lloraron» (VI, 5).

antes al caballo que al caballero» (IIb, 24)[31]. El autor pondera muchas veces la certera puntería de los indios, capaces de matar de un solo flechazo al animal atravesándole el corazón. Eso fue lo que ocurrió por ejemplo con el caballo de Gonzalo Silvestre, que se había distinguido por bueno entre los mejores (IIb, 18), o con el de Álvaro Fernández (IIb, 21). En la región de Apalache se cuenta cómo un solo indio fue capaz de matar con dos tiros consecutivos los caballos de Diego de Soto y Diego Velázquez (IIb, 24). En otro pasaje se habla de que tras una refriega hallaron un caballo que

> traía en una pospierna una gota de sangre, y lo llevaron a un albéitar que lo curase, el cual, habiendo visto que la herida no era mayor que la de una lanceta, dijo que no había allí qué curar; el día siguiente amaneció el caballo muerto. Los castellanos, sospechando hubiese sido herida de flecha, lo abrieron por la herida y siguiendo la señal de ella por el largo del cuerpo, hallaron una flecha que habiendo pasado todo el muslo y las tripas y asadura, estaba metida en lo hueco del pecho […]. Los españoles quedaron admirados, pareciéndoles que una pelota de arcabuz no pudiera pasar tanto (IIb, 25).

Respecto a lo segundo, recuérdese la batería de citas expuestas un poco más arriba, donde se repite con insistencia que los indios aprendieron a evitar el choque directo en campo raso y buscaban el amparo de las zonas pantanosas o la protección de algún árbol o bosquecillo donde hacerse fuertes bajo su espesura. Así, en una emboscada que los floridanos tendieron a los cristianos cuando cruzaban una ciénaga, éstos sufrieron notables bajas y apenas pudieron defenderse: «porque era la pelea en el agua, donde los caballos no podían servir con su ligereza para socorrer a los amigos y ofender a los enemigos» (IIb, 19)[32]. En otra ocasión se narra el caso de un indio que, cobijado debajo de un nogal, él solo hizo frente a varios caballeros, quienes optaron por no acometerle y seguir su camino, a fin de evitar que les «hiriese

---

[31] Más pasajes de perecido tenor en III, 38: «Los españoles no sentían menos la pérdida de los caballos que las de los compañeros. Y los indios gustaban más de matar un caballo que cuatro caballeros»; Vb, 6: «Por todos fue de nuevo llorada la pérdida de los caballos, porque en ellos tenían sus mayores fuerzas y esperanzas para cualquiera trabajo que se les ofreciese».

[32] En el mismo detalle se abunda poco después: «Los de a caballo, por ser la pelea en el agua, no eran de provecho para los suyos ni de daño para los enemigos» (IIb, 20). Ver asimismo este otro pasaje de IV, 4: «El sitio del lugar, así en el pueblo como fuera de él, era muy bueno y favorable para los indios y malo y desacomodado para los castellanos, porque por los muchos arroyos y montes que en todo aquel espacio había no podían aprovecharse de los caballos».

algún caballo, que era lo que más temían» (IIb, 9). Otra vez, un jefe indio se posicionó debajo de un gran árbol, y como era difícil vencerlo desde los caballos, el español Gonzalo Silvestre requirió la ayuda de Antonio Galván y de su ballesta para doblegarlo con un certero disparo (IIb, 19)[33]; observamos aquí, pues, cómo los equinos servían de poco en terreno arbolado y cómo a veces los españoles necesitaban aunar fuerzas y variar estrategias para vencer a los nativos.

Dicho esto, a nadie extrañará que los conquistadores extremaran el cuidado de sus cabalgaduras, pues en buena medida su éxito descubridor dependía de ellas: «El cuidado principal que estos españoles tenían era que no les faltase maíz para los caballos, y también porque era mantenimiento para los caballeros» (IIb, 13). Fidalgo de Elvas concuerda con el Inca, y dice del maíz que «es el mejor pienso que se ha visto» (*Expedición*, 113). Así que, por paradojas del destino, el maíz hallado en Indias fue elemento indispensable en la alimentación de estos animales: «Para que los caballos puedan sufrir el demasiado trabajo que en las conquistas del Nuevo Mundo han pasado y pasan, tengo para mí, con aprobación de todos los españoles indianos que acerca de esto he oído hablar, que la principal causa sea el buen pasto del maíz que comen, porque es de mucha sustancia» (IIb, 13). Y, por contra, durante la travesía de la provincia de Cofachiqui, escasa en maíz, se incide en que los caballos quedaron «flacos y debilitados» (III, 19)[34].

Pero el caballo no fue el único animal que participó activamente en la conquista: hubo también perros amaestrados para atacar a los indios. A lo largo de la crónica se espigan frases de este tenor: «Le echaron un lebrel para que lo acabase de matar y se encarnizase y cebase en él» (IIb, 5); «A estos tales [indios ladinos], que fueron cuatro, luego que les sentían la malicia, les echaban

---

[33] Durand (1966: 49) precisa que el nombre exacto de este tal Galván, vecino de Valverde, era Luis y no Antonio, en donde se detecta un pequeño fallo de memoria en Gonzalo Silvestre, el informante de que se sirvió el Inca para redactar su crónica.

[34] Tal prolijidad de datos en lo referente a los caballos delata que éstos fueron una de las grandes pasiones de Garcilaso, la cual cultivó durante toda su vida. Cuando todavía residía en el Cuzco ya gustaba de jugar cañas: «que era ejercicio de destreza a caballo» (Marín 1955: 209). Saltando a su período montillano, Garrido Aranda (1994: 11) incide en la «desmedida afición de éste por los caballos. Tanto *La Florida* como los *Comentarios reales* abundan en descripciones de equinos, y, naturalmente, los registros montillanos dan buena cuenta de las aptitudes para la cría caballar del cusqueño». Varios fueron, en fin, los libros sobre el tema que poseyó el Inca en su biblioteca personal, destacando el *Modo de conocer la naturaleza de los caballos* de Visgone (Durand 1948).

y se estuvieron con él toda aquella noche y el día siguiente confirmándolo en la fe» (III, 5)[47].

El ejército cristiano, durante su avance, se esforzó por mantener los ritos y mandamientos de su fe: se oficiaban las misas los domingos y fiestas de guardar (III, 32); se nutrían de pescado en cuaresma (Vb, 12); procuraban abstenerse de comer carne los viernes, sábados y vísperas de festivos, aunque ello no siempre fue posible[48]; el Domingo de Ramos del año 1543, a pesar de todas las penalidades, hicieron la correspondiente procesión «celebrando la entrada de nuestro Redentor en Hierusalén» (Vb, 12); etc. Muy sentida fue la pérdida de la batalla de Mauvila, con su voraz incendio, pues allí ardieron no sólo «los cálices, aras y ornamentos que para el culto divino llevaban» (III, 31), sino todo resto de pan de trigo y vino que portaban junto a sí como especies eucarísticas necesarias para la comunión, con lo que a partir de entonces tuvieron siempre *misas secas*, o lo que es lo mismo, misas sin consagración de las dos especies y sin la culminación eucarística (III, 32)[49].

Aunque no de modo regular, tras el paso por ciertos poblados indios sí que se erigieron algunas grandes cruces (IV, 6)[50], pero en líneas generales hay que afirmar que la expedición española no tenía entre sus prioridades la evangelización de La Florida. Este hecho le ha procurado agudas críticas al adelantado Hernando de Soto, provenientes sobre todo de Rodrigo Ranjel, de cuyo testimonio se hace eco Fernández de Oviedo[51]:

---

[47] Aquí hay una nueva coincidencia del Inca Garcilaso con Fidalgo de Elvas, *Expedición* (73-74): «Requirió que le bautizasen, que quería ser cristiano; fue hecho cristiano y llamado Pedro. Y le mandó el gobernador soltar de una cadena en que hasta entonces había andado». Pero la versión de Oviedo-Ranjel difiere bastante: «El jueves, quince de aquel mes, comenzó a desatinar aquel Perico, que era el indio muchacho que llevaban por guía desde Apalache, porque no sabía ya más de la tierra, e hízose endemoniado, e súpolo hacer tan bien que los cristianos pensaron que era verdad; e díjole un religioso que llevaban, llamado fray Joan, el Evangelio» (*Historia general*, 165).

[48] Ver Fidalgo de Elvas, *Expedición* (129): «De allí para adelante, los más tuvieron puercos y los criaban y comían. Y guardaban los viernes y sábados y vísperas de fiestas, lo que antes no hacían, porque pasaban dos o tres meses que no comían carne y la comían en cualquier día que la podían tener».

[49] Oviedo-Ranjel corrobora este dato: «Se quemaron las nueve arrobas de perlas que traían, e toda la ropa y ornamentos y cálices y formas de hostias, y el vino para decir misa, y quedaron como alárabes, desnudos y con harto trabajo» (*Historia general*, 175).

[50] Véase además Fidalgo de Elvas, *Expedición* (67 y 104); Hernández de Biedma, *Relación* (fol. 233r); Oviedo-Ranjel (164-178).

[51] José Durand previene al lector sobre la animosidad de Ranjel ante Hernando de Soto, y habla del «infame Ranjel, que difamó a Soto y que fue su secretario [...]. El canalla Ranjel

Aquello ni era poblar ni conquistar, sino alterar e asolar la tierra e quitar a todos los naturales la libertad, e no convertir ni hacer a ningún indio cristiano ni amigo [...]; las mujeres las querían también para se servir dellas e para sus sucios usos e lujuria, e que las hacían baptizar para sus carnalidades más que para enseñarles la fe (*Historia general*, 172).

Pusieron los cristianos, en un cerro, la cruz. Rescibiéronla y adoráronla con mucha devoción, y digo con mucha devoción porque venían los indios ciegos y cojos a pedir salud. La fe déstos decía Rodrigo Ranjel que era mayor que la de los conquistadores, si fueran doctrinados, e que hiciera más fructo en ellos que no les hicieron esos cristianos (*Historia general*, 178).

Menos incisivo es Fidalgo de Elvas, si bien ya anota que, al embarcarse los supervivientes río Mississippi abajo para abandonar La Florida, se desprendieron de muchos indios que habían tomado a su servicio, y «los más de ellos quedaban llorando, lo que ponía gran lástima, viendo que todos aquellos de buena voluntad fueron cristianos y quedaban perdidos» (*Expedición*, p. 146). El Inca Garcilaso fue sensible a todo esto y no deja de lamentarse más o menos a las claras de tamaño descuido en el propósito evangelizador, dato que se bastaba por sí solo para arruinar toda la empresa:

Por lo que hemos dicho del indio Pedro se podrá ver cuán fáciles sean estos indios y todos los del Nuevo Mundo a la conversión de la fe católica, y yo, como natural y testigo de vista de los del Perú, osaré afirmar que bastaba la predicación de este indio, sólo con lo que había visto, para que todos los de su provincia se convirtieran y pidieran el bautismo, como él lo hizo. Mas los nuestros, que llevaban intención de predicar el evangelio después de haber ganado y pacificado la tierra, no hicieron por entonces más de lo que se ha dicho (III, 5).

Como ya apuntara Miró Quesada, el Inca escribe su crónica una vez conjurado el peligro de un asentamiento hugonote-calvinista en La Florida (1564-1565), y no ha de interpretarse como algo casual que culmine el texto «no con un capítulo sobre Hernando de Soto, ni sobre su sucesor Luis de Moscoso de Alvarado, sino con el recuento de los mártires y las víctimas, seglares o

---

no sólo fue desleal a su amo, sino que figuró entre los herederos de éste, cobró el legado y aun fríamente aprovechó del barato en la almoneda testamentaria. Nada de ello le impidió edificar, al mismo tiempo, la ignominia de su caudillo, prestándose a alimentar el odio antiguo que Oviedo tenía contra Soto» (Durand 1966: 48).

religiosos, que había dejado precisamente la expedición de Pedro Menéndez de Avilés» (Miró Quesada 1955: 102), la cual fue la siguiente a la de Soto. Para el Inca, pues, las fallidas tentativas de conquistar La Florida suponen un *continuum* y un reto todavía abierto a la expansión del catolicismo en 1605, reto que había que asumir en aras de evitar que tan vasto territorio quedara habitado por infieles o, peor aún, cayese en manos heréticas.

Bibliografía

Theodore de Bry, *América*, ed. G. Sievernich, trad. A. Kovacsics. Madrid, Siruela, 1995.

José Antonio Cubeñas Peluzzo, *Presencia española e hispánica en la Florida desde el descubrimiento hasta el bicentenario*. Madrid, Cultura Hispánica, 1978.

José Durand, «La biblioteca del Inca», *Nueva Revista de Filología Hispánica*, 2, 1948, pp. 239-264.

—, «La memoria de Gonzalo Silvestre», *Caravelle*, 7, 1966, pp. 43-52.

Gonzalo Fernández de Oviedo, *Historia general y natural de las Indias*, ed. J. Pérez de Tudela Bueso. Madrid, Atlas (BAE 117-121), 1959, 5 Vols. (Lo relativo a Hernando de Soto y La Florida, tomado a partir de las informaciones de Rodrigo Ranjel, se halla en el Vol. II, BAE 118, libro XVII, Caps. 21-28, pp. 153-181).

Fidalgo de Elvas, *Expedición de Hernando de Soto a Florida*, trad. de Miguel Muñoz de San Pedro del original portugués de la *Relación verdadera de los trabajos que el gobernador Don Fernando de Soto y ciertos hidalgos portugueses pasaron en el descubrimiento de la provincia de La Florida, ahora nuevamente hecha por un hidalgo de Elvas*. Madrid, Espasa-Calpe (Austral, 1099), 1965, 3ª edición.

Garcilaso de la Vega, Inca, *La Florida del Inca*, ed. Sylvia L. Hilton. Madrid, Historia 16, 1986. (Reedición en Madrid, Dastin, 2002).

— *La Florida*, ed. Carmen de Mora. Madrid, Alianza, 1988.

Antonio Garrido Aranda, «Introducción» a su edición del volumen colectivo *El Inca Garcilaso entre Europa y América*. Córdoba, Caja Provincial de Ahorros, 1994, pp. 7-27.

Luis Hernández de Biedma, *Relación del suceso de la jornada del capitán Soto y de la calidad de la tierra por donde anduvo* (conocida también como *Relación de la isla de La Florida*). Madrid, Real Academia de la Historia, fols. 223-238. (Es copia manuscrita hecha en Simancas en 1784, a partir de la *Relación* original presentada por el autor ante el Consejo de Indias en 1544. Se editó en Londres, *Colección de varios documentos*, I, 1857; y también en Madrid, *Colección de documentos inéditos [de] América y Oceanía*, t. III, 1865, pp. 414 y ss.; *Exploradores y conquistadores de Indias*. Madrid, 1964; ver asimismo el t. I de CODOIN. Hay traducción al inglés.)

Sylvia L. Hilton, «Introducción» a su edición de *La Florida del Inca*. Madrid, Historia 16, 1986, pp. 7-53.

Bartolomé de las Casas, Bartolomé de, *Brevísima relación de la destruición de las Indias*, ed. A. Saint-Lu. Madrid, Cátedra, 1996.

José del Carmen Marín, «El arte militar en la obra del Inca: armas y caballos», *Nuevos estudios sobre el Inca Garcilaso de la Vega. Actas del Symposium realizado en Lima del 17 al 28 de junio de 1955*. Lima, Banco de Crédito del Perú, 1955, pp. 189-227. (Un apretado resumen de este trabajo, de apenas cinco párrafos, se halla en la *Revista del Centro de Estudios Histórico-Militares del Perú*, 8, 1954-1955, pp. 179-180.)

Aurelio Miró Quesada, «Creación y elaboración de *La Florida del Inca*», *Nuevos estudios sobre el Inca Garcilaso de la Vega. Actas del Symposium realizado en Lima del 17 al 28 de junio de 1955*. Lima, Banco de Crédito del Perú, 1955, pp. 87-122.

—, «La tercera dimensión del Inca Garcilaso», *El Inca Garcilaso entre Europa y América*, ed. A. Garrido Aranda. Córdoba, Caja Provincial de Ahorros, 1994, pp. 237-256.

Carmen de Mora, «Introducción» a su edición de *La Florida*. Madrid, Alianza, 1988, pp. 19-81.

—, «Historia y ficción en *La Florida* del Inca Garcilaso», *El Inca Garcilaso entre Europa y América*, ed. A. Garrido Aranda. Córdoba, Caja Provincial de Ahorros, 1994, pp. 229-236.

Enrique Moreno Báez, «El providencialismo del Inca Garcilaso de la Vega», *Estudios Americanos*, 8, 1954, pp. 143-154.

Miguel Muñoz de San Pedro, «Introducción», a su traducción de Fidalgo de Elvas, *Expedición de Hernando de Soto a Florida*. Madrid, Espasa-Calpe (Austral 1099), 1965, pp. 11-31.

Rodrigo Ranjel, ver Fernández de Oviedo, Gonzalo, *Historia general y natural de las Indias*.

María Antonia Sáinz Sastre, *La Florida, siglo xvi: descubrimiento y conquista*. Madrid, Mapfre, 1992, 2ª edición.

Alberto Mario Salas, *Las armas de la conquista*. Buenos Aires, Emecé, 1958. (Reeditado en Buenos Aires, Plus Ultra, 1986.)

Luis E. Valcárcel, «Garcilaso el Inca visto desde el ángulo indio», *Revista Histórica*, 12, 1939, pp. 29-137.

John Grier Varner, *The Life and Times of Garcilaso de la Vega*. Austin, University of Texas Press, 1968.

DE LA IMITACIÓN A LA FRUCTIFICACIÓN: VARIACIONES SOBRE EL MOTIVO DE LA REPRODUCCIÓN EN *LA FLORIDA DEL INCA*

Daniel Mesa Cancedo
Universidad de Zaragoza

I.

Tal vez uno de los elementos que contribuyen a la modernidad de *La Florida del Inca* sea un cierto desasosiego, efecto de lectura derivado de una especie de «pulsión de reproducción» que atraviesa casi todos los niveles del texto. Con esa fórmula podríamos atribuir coherencia a un amplísimo abanico de temas o procedimientos técnicos que aparecen en la obra y que están marcados, en todo caso, por alguno de los sentidos del término *reproducción*. Cabrían ahí desde la *copia o transcripción* de textos, relaciones orales o discursos referidos, hasta la *repetición* de acciones, gestos o conductas, sin olvidar la espinosa cuestión del fingimiento y la falsedad. Son éstos tres regímenes posibles de la reproducción: la *imitatio* (y la cuestión de la *auctoritas*), en el nivel poético-compositivo; la *aemulatio*, en el nivel pragmático-ético; y la *simulatio* en el nivel epistemológico y moral. Una cuarta variación del concepto de reproducción —el sentido biológico— afecta en *La Florida* al nivel que podríamos llamar alegórico, a través de la importancia conferida por el autor al linaje y a la metáfora de la *fructificación*.

El desasosiego que deriva de una lectura semejante estriba en la sospecha de que una corriente de sentido atraviesa todos esos niveles, esto es —para formularlo de un modo extremo y de una sola vez— que la insidiosa «desaparición» de las relaciones de Coles y Carmona (que sólo existen —hasta donde se sabe— en la *reproducción* que de ellas hace el Inca) tiene que ver con la no sin embargo, no existe fuera del marco de la reproducción[3]. La única garantía de su existencia «exterior» es la patente diferencia de estilo en los pasajes transcritos. Así, paradójicamente, la existencia de esas tres relaciones que «son una misma» (66) se sustenta solamente en la capacidad de marcar su diferencia y, por tanto, puede tratarse de un «efecto» buscado por el que ostenta el control del discurso.

Otra cuestión suscitada en el «Proemio», que afecta a la reproducción como método de escritura, se relaciona con el papel de la memoria. Sólo la reiteración del relato garantiza su veracidad y elimina la tópica aporía del discurso histórico, tal como se concebía en la época: el testigo de vista tiene limitada la legitimidad de su testimonio por una eventual flaqueza moral: su cobardía, ya que si *vio*, no *actuó*. La solución de esta aporía la da la memoria: el testigo pudo hacer y ver, aunque el ver no fuese intencional. Sólo el relato ulterior (y repetido) confiere a lo visto la intencionalidad histórica[4]. En ese mismo punto (conferir *intencionalidad histórica* a la visión «neutra» del testigo) se apoya la legitimidad de Garcilaso como historiador: su labor consiste en *hacer reproducir* lo visto y lo vivido a su «autor». El método es «preguntar y repreguntar» (el vocablo es preciso y precioso, desde el punto de vista que me interesa). Si el fin último de la escritura de *La Florida* —tal como se expresa en el proemio— es *incitar* a la acción (a la conquista), su origen primero consiste

---

[3] Para Baudrillard (1981), por ejemplo, el simulacro se define como imagen sin referente, copia sin original. Algo parecido ocurre con la obra de Blas Valera en los *Comentarios reales*. Para el caso de *La Florida*, Durand (1963) considera improbable que se trate de textos apócrifos; Miró Quesada (1971: 147), sin embargo, dejaba abierta la posibilidad de que la relación de Coles fuese una impostura por recurso al tópico del «manuscrito encontrado» y así lo recoge López-Baralt (2003: LXXII). Rabasa (1994: 137), sin embargo, plantea y elude la cuestión en un sentido análogo al que aquí propongo: «Whether Garcilaso invented his sources or whether they truly existed, all share the common trait of not being histories in the strict sense of term» [Ya inventara Garcilaso sus fuentes, ya existieran realmente, todas comparten el rasgo común de no ser historias en el sentido estricto del término.] Garcilaso explícitamente dice que «no escribieron con intención de imprimir, a lo menos el Carmona» y lo repite más tarde (V/2, 7: 497).

[4] «Y si alguno dijere lo que se suele decir, queriendo motejar de cobardes o mentirosos a los que dan buena cuenta de los particulares hechos que pasaron en las batallas en que se hallaron, porque dicen que, si pelearon, cómo vieron todo lo que en la batalla pasó, y, si los vieron, cómo pelearon, porque dos oficios juntos, como mirar y pelear, no se pueden hacer bien, a esto se responde que era común costumbre, entre estos soldados, como lo es en todas las guerras del mundo, volver a referir delante del general y de los demás capitanes los trances más notables que en las batallas habían pasado» (65).

también en *incitar* a la memoria y al discurso, una tarea de re-producción apoyada en la re-petición: «Y de esta manera [mi autor] pudo haber noticia de todo lo que me relató, para que yo lo escribiese. Y no le ayudaban poco, para volver a la memoria los sucesos pasados, las muchas preguntas y repreguntas que yo sobre ellos y sobre las particularidades y calidades de aquella tierra le hacía» (65).

Otros dos aspectos del proemio me interesa destacar en relación con el tópico de la reproducción como método compositivo. Acudiendo al tópico de la *excusatio propter infirmitatem*, Garcilaso sostiene (falsa y, por tanto, irónicamente) que su obra no puede considerarse producto de la aplicación de una preceptiva historiográfica, que, por su condición de indio, ignora. *La Florida del Inca* no tiene modelo que reproducir; la escritura se presenta como *impromptu*, sin patrón. La crítica ha repetido que en esta obra surge un nuevo modo de escribir historia[5]. La obra no tiene, en efecto, parangón; Garcilaso lo sabe, pero lo propone en otro sentido: «[…] las faltas que lleva se me perdonen porque soy indio, que a los tales, por ser bárbaros y no enseñados en ciencias ni artes, no se permite que, en lo que dijeren o hicieren, los lleven por el rigor de los preceptos del arte o ciencia, por no los haber aprendido, sino que los admitan como vinieren» (69).

Por fin, la propia distribución de la materia en seis libros (y su justificación explícita) (68) revela que sí existe ese parangón y que éste tiene un carácter extratextual: los seis libros de *La Florida* se corresponden con los seis años que duró la expedición de Hernando de Soto. En semejante distribución alienta un principio neoplatónico de *correspondencia* entre materia (la Historia) y forma (la historia)[6]. La segunda debe reproducir la estructura de la primera[7]. Y, sin

---

[5] *Cfr.* Rabasa (1994) y Rodríguez-Vecchini (1982).

[6] El principio había dejado huella evidente en la escritura histórica: las *Décadas* de Pedro Mártir o incluso la *Historia de las Indias* de Las Casas adoptan ese principio «cronológico». También, posteriormente, un texto particularmente importante en la historia editorial de *La Florida*: las *Décadas* de Antonio de Herrera (1601-1615).

[7] Conviene recordar que la correspondencia materia-forma era traducida metafóricamente por el neoplatonismo en términos de «generación» o reproducción biológica, como Garcilaso había leído en León Hebreo: «[…] las más de las cosas engendradas tienen dos principios de su generación, el uno formal y el otro material, o el uno que da y el otro que recibe, de donde los poetas llaman al principio formal padre que da, y el material madre que recibe» (Filón, Diálogo II; De la Vega 1996: 152). Podría entenderse que la Historia-sucesos es la materia que *recibe* la organización de la forma historia-discurso. La concepción no es del todo descabellada cuando se atiende al planteamiento que Garcilaso hace de la génesis de la obra, en la cual son

embargo, parece haber cierta ironía en la adopción de ese principio organizador, en la medida en que —como advierte el mismo «Proemio»—, el sometimiento es puramente nominal, ya que dos de los seis libros aparecen a su vez divididos en dos partes. Aunque Garcilaso justifica explícitamente la alteración[8], ésta no deja de parecer una liberación explícita respecto de un principio hilemórfico y la afirmación de que el verdadero control de la veracidad histórica está en quien maneja el discurso.

3.

La imitación de autores y la transcripción de relaciones consideradas vera-ces es, en definitiva, el principio que legitima la actividad del historiador. Garcilaso trabaja de modo consciente, no sobre la materia bruta de los acon-tecimientos, sino sobre discursos ajenos que serán re-hechos en el discurso propio[9]. Así lo demuestra la importancia concedida a las autoridades y el

---

necesarios los dos principios: el del incitador-escribiente-Garcilaso (principio masculino, desde ese punto de vista neoplatónico) y el del poseedor de la relación-Silvestre (principio femenino), sin cuya colaboración el texto no podría haber sido engendrado.

[8] La división del libro V obedece a una razón histórica (cambio de protagonista de los sucesos) y «pedagógica» (evitar la confusión entre sucesos atribuidos a uno y a otro protagonista). Pero la división del libro II parece un tanto arbitraria: evitar la excesiva longitud de un libro que relata acontecimientos de un año particularmente rico en ellos. No obstante, la suma de las páginas de las dos partes de ese libro (163 en la edición que manejo) no excede demasiado de la del libro III (122), por ejemplo: ¿por qué no se dividió también éste para que «no fuese tan largo que cansase la vista» y «se proporcionase» también con los otros libros (68-69)?

[9] Cabe señalar que en la base del proyecto histórico-literario de Garcilaso se encuentra el principio del *contrafactum*: si ya la traducción de León Hebreo es una manifestación de ese «contrahacer» algo existente, la presencia de la traducción —como «reproducción fiel del sentido», según ha visto toda la crítica— sostiene los *Comentarios reales*, pero también *La Florida*. El proyecto de *contrafactum* más evidente —aunque frustrado— es el de reescribir a lo divino la obra de su antepasado Garci Sánchez de Badajoz, según expresa en la *Relación de la descendencia de Garci Pérez de Vargas*, con un método que recuerda al seguido para escribir *La Florida*: «Con este rico depósito [las obras de Garci Sánchez de Badajoz] he vivido con gran deseo de topar un poeta teólogo con la misma afición que yo les tengo, holgase reduzirlas a su propio y divino sentido que por la espiritualidad que en sí tienen se podría hacer con mucha facilidad. Deseo esta divina reducción así por ver aquel pedazo de la Santa Escritura que son las nueve lecciones que se cantan a los difuntos, restituido en su puro y espiritual sentido, como por que aquella compostura y verso castellano tan propio y elegante, tan eminente y levantado no se perdiese. [...] Que yo aunque lo deseo tanto, por no tener nada de poesía, no lo he intentado por mí y por estas ocupaciones y las pasadas del León Hebreo no he podido

respeto con que trata sus fuentes en el caso de *La Florida*[10]. En ese tratamiento se esconde, sin embargo, una ficción constructiva: Garcilaso finge reproducir fielmente[11], pero en realidad (y en los *Comentarios reales* esto será flagrante) lo que hace es «reescribir [...] el discurso letrado que producían cronistas y contadores oficiales» (Pupo-Walker 1985: 105). Es esa tarea de *simulación* la que confiere modernidad al discurso histórico de Garcilaso, pero, al mismo tiempo, genera un margen de incertidumbre e inquietud, solidario con el tratamiento «enigmático» de su fuente principal, Gonzalo Silvestre (Durand 1963: 601).

Más que en el ajuste o desajuste del texto con los sucesos[12], es en esa manipulación del principio de reproducción donde reside el principal reto que Garcilaso lanza contra la historiografía tradicional en el momento de escribir *La Florida*. Esa poética de la *imitatio* que vira hacia una poética de la *simulación* permite, desde luego, la tradicional inclusión de analogías con la historia española y clásica[13], como «amplificaciones imaginativas» que

---

buscar el poeta teólogo que deseo hallar. Y aunque es verdad que tenía concertado con el muy reverendo padre maestro Juan de Pineda, natural de Sevilla, galanísimo catedrático de Escritura que fue en el Colegio de la Compañía de Jesús en Córdoba, que en las vacaciones del estío pasado de noventa y cuatro su paternidad y *yo sirviéndole de instrumento*, entendiésemos en reducir aquellas divinas lecciones su espiritual y divino sentido, no me fue posible siquiera hacer el primer ensayo» (De la Vega 1965: 233-234; la cursiva es mía).

[10] El resumen de las fuentes utilizadas puede encontrarse en López-Baralt (2003: LXXII). Pupo-Walker equipara la «precisión de sus cotejos» con la «exactitud de su estilo» (1982: 34n.).

[11] «Acaso para mantener la distancia crítica que le reclamaba la naturaleza misma del enunciado histórico, el Inca insiste en que su labor es, sin más, la de un 'escribiente' que se limita a reproducir y ordenar, con toda diligencia, las noticias que otros le habían proporcionado» (Pupo-Walker 1982: 51).

[12] El problema de la «veracidad» histórica lo ha resumido bien Hilton en su introducción.

[13] «Luego fue con el aviso a los demás españoles, los cuales, viendo con alguna mejoría a Juan López, lo pusieron bien arropado sobre su caballo y lo liaron a la silla porque no se podía tener de suyo. Semejaba al Cid Ruy Díaz cuando salió difunto de Valencia y venció aquella famosa batalla» (II/2, 13: 238); «Con este concierto pasaron el río y llegaron donde el gobernador estaba. Auto es éste bien al propio semejante, aunque inferior en grandeza y majestad, al de Cleopatra cuando por el río Cindo, en Cilicia, salió a recibir a Marco Antonio, donde se trocaron suertes de tal manera que la que había sido acusada de crimen *lesae maiestatis* salió por juez del que la había de condenar, y el emperador y señor, por esclavo de su sierva, hecha ya señora suya por la fuerza del amor mediante las excelencias, hermosura y discreción de aquella famosísima gitana, como larga y galanamente lo cuenta todo el maestro del gran español Trajano, digno discípulo de tal maestro; del cual, pues, se asemejan tanto los pasos

redundan —ciertamente— en el afianzamiento del principio ideológico del *uniformismo*[14]. Pero Garcilaso es consciente de las posibles debilidades de ese procedimiento y se protege contra ellas, pues reproducir más de lo debido-sabido, puede arriesgar un desmentido ulterior[15]. La misma poética de *simulación*, no obstante, propicia en Garcilaso la permeabilidad de las fronteras entre historia y poesía, de modo que la primera puede *imitar* a la segunda al reproducir el discurso de los protagonistas de los acontecimientos: «En el mismo punto aparecieron tantas canoas en el agua que salían de entre la anea y juncos que, *a imitación de las fábulas poéticas*, decían estos españoles que no parecía sino que las hojas de los árboles caídas en el agua se convertían en canoas (II/1, 14: 154-155; la cursiva es mía).

El mismo principio legitima el uso de la *écfrasis* extendida (recurso poético) en la descripción del templo y la cámara fúnebre de los nobles de Cofachiqui (III, Caps. 14 ss.: pp. 317 ss.) o el pormenorizado relato de la batalla de Mauvila. Tanto aquel templo como esta batalla son *parangones*, términos de

---

de las historias, pudiéramos hurtar aquí lo que bien nos estuviera, como lo han hecho otros del mismo autor, que tiene para todos, si no temiéramos que tan al descubierto se había de descubrir su galanísimo brocado entre nuestro bajo sayal» (III, 10: 307). En el recelo irónico a revelar y a usar sus fuentes se manifiesta de nuevo el control de la materia que Garcilaso ostenta. La semejanza de los «pasos» permitiría la reproducción de las palabras, pero Garcilaso apenas ofrece un esbozo. Respecto de lo «enigmático» de sus fuentes conviene anotar que el «maestro de Trajano» es, según Durand, Plutarco (1963: 608): «A primera vista, puede pensarse que se trata de Polibio; pero si reparamos en el *Discurso* del doctor Morales que antecede a las obras de Ginés Pérez de Oliva, veremos que en la Córdoba de entonces se consideraba que el maestro de Trajano fue Plutarco».

[14]	«Estas referencias y amplificaciones imaginativas que tanto abundan en las relaciones históricas que leyó Garcilaso, son en su base ejercicios miméticos que proponen la corroboración imaginativa del conocimiento histórico a partir no de los hechos en sí, sino más bien de una tradición textual autorizada por cánones que aún estaban vigentes a fines del siglo XVI» (Pupo-Walker 1982: 65).

[15]	Esto es especialmente riesgoso en lo referido a noticias geográficas, pero el historiador se exculpa acusando de desidia (y no sólo en lo «científico») a los protagonistas: «En este rumbo y en todos los demás que en esta historia se dijeren, es de advertir que no se tomen precisamente para culparme si otra cosa pareciere después cuando aquella tierra se ganare, siendo Dios servido, que, aunque hice todas las diligencias necesarias para poderlos escribir con certidumbre, no me fue posible alcanzarla porque, como el primer intento que estos castellanos llevaban era conquistar aquella tierra y buscar oro y plata, *no atendían a otra cosa que no fuese plata y oro, por lo cual dejaron de hacer otras cosas que les importaban más que el demarcar la tierra. Y esto basta para mi descargo* de no haber escrito con la certidad que he deseado y era necesario» (II/1, 12: 147-148; la cursiva es mía).

referencia que pueden absorber toda otra representación análoga pero no tan excelsa[16]. La historia, según Garcilaso, no se ocupa de casos generales (como la poesía), pero tampoco de todos y cada uno de los casos particulares, sino de casos *excepcionales* que —a todos los efectos— sirven de *ejemplo*. En la comprensión profunda del principio de imitación como reproducción de un modelo excelso radica, justamente, el mayor distanciamiento de Garcilaso respecto de sus fuentes concretas.

Poco a poco, Garcilaso, va revelando el absoluto control de su materia y del tratamiento que debe darle. De ese modo, elabora conscientemente un concepto de sí mismo como *auctor-auctoritas, modelo* o *parangón* digno de ser imitado. Ese proceso comienza por la *emmendatio* explícita de algunas de sus fuentes principales. Ello ocurre, por ejemplo, con respecto a la información que da Cabeza de Vaca sobre la fertilidad de la tierra[17]. El conocido pasaje es

---

[16] «Y porque éste fue el más rico y soberbio de todos los que nuestros españoles vieron en la Florida, me pareció escribir tan larga y particularmente las cosas que en él había, y también porque el que me daba la relación me lo mandó así por ser una de las cosas, como él decía, de mayor grandeza y admiración de cuantas había visto en el nuevo mundo [...]» (III, 17: 328); «[...] pocas o ninguna [batallas] ha habido en el nuevo mundo que igualase a ésta así en la obstinada porfía del pelear como en el espacio de tiempo que duró, si no fue la del confiado Pedro de Valdivia, que contaremos en la historia del Perú, si Dios se sirve de darnos algunos días de vida» (III, 28: 365-366).

[17] «De ver esta diferencia de tierras muy buenas y muy malas me pareció no pasar adelante sin tocar lo que Alvar Núñez Cabeza de Vaca, en sus *Comentarios*, escribe de esta provincia de Apalache, donde la pinta áspera y fragosa, ocupada de muchos montes y ciénagas, con ríos y malos pasos, mal poblada y estéril, toda en contra de lo que de ella vamos escribiendo, por lo cual, dando fe a lo que escribe aquel caballero, que es digno de ella, entendemos que su viaje no fue la tierra tan adentro como la que hizo el gobernador Hernando de Soto, sino más allegado en la ribera del mar, de cuya causa hallaron la tierra tan áspera y llena de montes y malas ciénagas, como él dice, que lo mismo halló y descubrió, como luego veremos, el capitán Juan de Añasco, que fue del pueblo principal de Apalache a descubrir la mar, el cual hubo gran ventura en no perderse muchas veces, según la mala tierra que halló. El pueblo que Cabeza de Vaca nombra Apalache, donde dice que llegó Pánfilo de Narváez, entiendo que no fue este principal que Hernando de Soto descubrió, sino otro alguno de los muchos que esta provincia tiene, que estaría más cerca de la mar, y, por ser de su jurisdicción se llamaría Apalache como la misma provincia, porque en el pueblo que hemos dicho que era cabeza de ella se halló la que hemos visto. También es de advertir que mucha parte de la relación que Alvar Núñez escribe de aquella tierra es la que los indios le dieron, como él mismo lo dice, que aquellos castellanos no la vieron porque, como eran pocos y casi o del todo rendidos, no tuvieron posibilidad para hollarla y verla por sus ojos ni para buscar de comer y así los más se dejaron morir de hambre. Y en la relación que le daban es de creer que los indios dirían antes mal que bien de su patria, por desacreditarla para que los españoles perdieran el deseo de ir a ella, y con esto no desdice

muy significativo pues pone en marcha múltiples estrategias para desmentir a su fuente, fingiendo que no lo hace, y que se resumen en que Cabeza de Vaca —*que estuvo allí*, a diferencia de Garcilaso— no vio la verdad (el Apalache que el nombra no es el verdadero Apalache), ni tampoco llegó a escucharla de unos indios, en este caso, poco fiables.

Por otro lado, el plagio que Antonio de Herrera realizó sobre *La Florida* es quizá la prueba de esta conversión de Garcilaso en *auctor*[18]. Pero quizás más importante sea apuntar que en el largo proceso de gestación de *La Florida* Garcilaso se transforma en *autoridad* de sí mismo, esto es, dueño de su materia y de su forma, que puede utilizar cuándo y dónde lo juzgue oportuno[19]. Esta

---

nuestra historia a la de aquel caballero» (II/2, 4: 214-215). Hay que insistir en que el tema de la fertilidad es clave en esta *emmendatio* porque el testimonio de Cabeza de Vaca podría disuadir a otros del intento de poblar y evangelizar Florida, que es el propósito explícito de la escritura de Garcilaso.

[18] Quizá Herrera trabajó sobre un manuscrito previo a la versión definitiva: «[...] the contents of this manuscript are duplicated almost entirely in Antonio de Herrera's *Decades*. There is written evidence that Herrera had in his possession one of Garcilaso's manuscripts of *Florida*. Garcilaso himself complained that his work had been plagiarized by an unnamed chronicler, and expressed his deep concern in a letter he wrote in 1609» (Maticorena 1998: 142) [...los contenidos de ese manuscrito están duplicados casi por entero en las *Décadas* de Antonio de Herrera. Hay prueba escrita de que Herrera tuvo en su poder uno de los manuscritos garcilasianos de *La Florida*. El propio Garcilaso se quejó de que su obra hubiera sido plagiada por un cronista anónimo, y expresó su profunda preocupación en una carta escrita en 1609]. López Baralt prefiere leer ese plagio en términos de «éxito»: «Para calibrar el éxito de *La Florida del Inca* tras su aparición en 1605, basta con recordar que Antonio de Herrera, cronista oficial del reino, la plagió descaradamente en sus *Décadas* [...]» (2003: LXXIV). Maticorena (1998: 147) da indicios de que lo que conoció Herrera (que inició la publicación de su obra en 1601) fue un manuscrito previo a la redacción final y transcribe la información de Medina (1913) acerca del proceso en el que Herrera tuvo que confesar sus «enigmáticas» fuentes, refiriéndose al autor «Garcilas Inga» [*sic*], pero no al título de la obra, y notando que ésta no estaba aún impresa (*apud* Maticorena 1998: 146). Miró Quesada (1971) menciona otros autores que citaron *La Florida* posteriormente.

[19] Al respecto no deja de tener interés la distinción de Buenaventura (citada por Baroncini 2002: 164) en el *Proemio* al *Commentarium in libris sententiarum*, entre *scriptor, compilator, commentator* y *auctor*: «Ci sono quattro modi di fare un libro. Alcuni scrivono parole altrui, senza aggiungere o cambiare alcunché, e chi fa questo è uno scriba *(scriptor)*. Altri scrivono parole altrui e aggiungono qualcosa, però non di proprio. Chi fa questo è un compilatore *(compilator)*. Poi ci sono quelli che scrivono sia cose altrui sia proprie, ma il materiale altrui predomina e quello proprio è aggiunto come un allegato a scopo di chiarimento. Chi fa questo si definisce commentatore *(commentator)*, non autore. Chi invece scrive sia cose che vengono da lui stesso sia cose d'altri, riportando il materiale altrui allo scopo di confermare il proprio, questi è da chiamare autore *(auctor)*»[Hay cuatro maneras de hacer un libro. Algunos escriben

circunstancia provoca la proyección-reproducción de la obra en los *Comentarios reales*. Los ejemplos de esos cambios o desgajamientos del texto original[20] son varios y por lo general dejan huella. El caso más citado es la reflexión sobre el «nombre del Perú» (VI, 16: 562), que los retrasos en la impresión de *La Florida* propiciaron se trasladara a su lugar «propio»[21]; también es importante el pasaje en el que, sin venir demasiado a cuento, Garcilaso explica el modo que tenían los incas para cruzar los ríos y anuncia explícitamente que lo dirá de nuevo «en su propio lugar, si Dios se sirve de darnos vida» (VI, 2: 529-530). Aunque quizá el pasaje más significativo sea aquel del capítulo final de *La Florida* en el que se anticipa el proyecto completo de los *Comentarios*, que, así —en la lectura— se convierten en reescritura amplificativa de este proyecto[22]. Pupo-Walker (1982:

---

palabras ajenas, sin añadir o cambiar nada, y quien hace esto es un escriba (*scriptor*). Otros escriben palabras ajenas y añaden algo, pero no propio. Quien hace esto es un compilador (*compilator*). Luego están aquellos que escriben ya cosas ajenas ya propias, pero el material ajeno predomina y el propio se añade como alegación con vistas a clarificar. Quien hace esto se define como comentador (*commentator*), no autor. Quien, por su parte, escribe, ya cosas que vienen de sí mismo ya cosas ajenas, aportando el material ajeno con el fin de confirmar el propio, éste debe ser llamado autor (*auctor*)].

[20] De los que, según Carmen de Mora, Garcilaso informó a algunos amigos jesuitas sólo después de la publicación.

[21] «A propósito del preguntar de los españoles y del mal responder del indio (porque no se entendían los unos a los otros), habíamos puesto en este lugar la deducción del nombre *Perú*, que, no lo teniendo aquellos indios en su lenguaje, se causó de otro paso semejantísimo a éste, y por haberse detenido la impresión de este libro más de lo que yo imaginé, lo quité de este lugar y lo pasé al suyo propio, donde se hallará muy a la larga con otros muchos nombres puestos a caso, porque ya en aquella historia, con el favor divino, este año de seiscientos y dos, estamos en el postrer cuarto de ella y esperamos saldrá presto» (VI, 16: 562).

[22] «[…] y a mí me dé su favor y amparo para que de hoy más emplee lo que de la vida me queda en escribir la historia de los incas, reyes que fueron del Perú, el origen y principio de ellos, su idolatría y sacrificios, leyes y costumbres, en suma, toda su república como ella fue antes que los españoles ganaran aquel imperio. De todo lo cual está ya la mayor parte puesta en el telar. Diré de los incas y, de todo lo propuesto, lo que a mi madre y a sus tías y parientes ancianos y a toda la demás gente común de la patria les oí y lo que yo de aquellas antigüedades alcancé a ver, que aún no eran consumidas todas en mis niñeces, que todavía vivían algunas sombras de ellas. Asimismo diré del descubrimiento y conquista del Perú lo que a mi padre y a sus contemporáneos que lo ganaron les oí, y de esta misma relación diré el levantamiento general de los indios contra los españoles y las guerras civiles que sobre la partija hubo entre Pizarros y Almagros, que así se nombraron aquellos bandos que para destrucción de todos ellos, y en castigo de sí propios, levantaron contra sí mismos. Y de las rebeliones que después en el Perú pasaron diré brevemente lo que oí a los que en ellas de la una parte y de la otra se hallaron, y lo que yo vi, que, aunque muchacho, conocí a Gonzalo Pizarro y a su maese de

40) ha señalado cómo este proceso se basa en un «síndrome analógico» que hace que Garcilaso *lea* la Florida desde el Perú, y ambos territorios y culturas desde el modelo clásico[23].

Así las cosas, podría decirse que la construcción de *La Florida* está marcada por el principio de reproducción desde el mismo momento de la *inventio*: Florida es como Perú en la medida en que es una pieza-modelo de América. Por otro lado, la expedición a la Florida que narra Garcilaso puede situarse en la pre-historia de la conquista del Perú, pues muchos de los que participaron en aquella se trasladan finalmente (para enjugar su fracaso) al Perú y allí Garcilaso-niño comienza, verosímilmente, a tener las primeras noticias sobre la aventura de Hernando de Soto. De esa analogía, elaborada por un discurso regido por la *imitatio-simulatio* y que se fija sobre todo en las semejanzas, América surgirá, no obstante, según ha señalado también Pupo-Walker (1985: 110), «como entidad desfigurada por el propio discurso que pretende identificarla». La reproducción verbal del territorio y la experiencia americana no podrá ser sino copia infiel.

4.

La construcción de una figura de *auctor* en la obra de Garcilaso se relaciona, necesariamente, con el prestigio creciente que él mismo va atribuyendo a la tarea historiográfica[24]. Para ello, la escritura misma va reflejando los mecanismos en que se basa la composición del texto[25], en un gesto que, como ha obser-

---

campo Francisco de Carvajal y a todos sus capitanes, y a don Sebastián de Castilla y a Francisco Hernández Girón, y tengo noticia de las cosas más notables que los visorreyes, después acá, han hecho en el gobierno de aquel imperio» (VI, 22: 581).

[23] Al respecto es interesante señalar que en la *Relación de la descendencia...*, que se desgajó de *La Florida*, se comparaba a Mérida con Roma, en una fórmula análoga a la que luego utilizará para el Cuzco: «[...] Mérida, que en las Españas de otro tiempo, ya fue Roma, como lo dice el afligido de Amor, Garci Sánchez de Badajoz [...]» (235).

[24] Pupo-Walker (1982: 32n).

[25] No sólo el largo proceso de gestación de la obra (resumido por De Mora) favorece la inscripción de esos indicios en paratextos (como pueden ser las cartas editadas por Asensio u otras, o, también, las referencias en prólogos a otras obras, como la traducción de los *Diálogos de amor*). La larga historia de su escritura deja un pre-texto (el manuscrito titulado *Historia de los sucesos de la Florida del Adelantado Hernando de Soto*, que ha comentado bien Maticorena). Como ya Carmen de Mora señalara, la principal modernidad de su discurso consiste en «escribir y mirarse mientras escribe» (1988: 19). Esto puede generalizarse para toda la obra

vado Rodríguez-Vecchini, es solidario del trabajo de elaboración artística que supone la mejor estrategia de acreditación textual[26]. Se inicia así un proceso de reproducción interiorizada (*mise en abîme*) que deja una huella profunda en *La Florida*. Garcilaso *simula* ser un mero escribiente (reproductor) pero en realidad se afirma como «generador primario del discurso» (Pupo-Walker 1985: 98). El texto, que había nacido —quizá ilegítimo— de la colaboración de dos «padres» (escribiente / relator) se nutrirá y reproducirá a sí mismo[27], eludiendo la muerte que podría provenir de la estricta confrontación con los hechos, al tiempo que se proyecta (se reproduce) en una escritura-por-venir (los *Comentarios*). En ese sentido, como señala Rodríguez-Vecchini, «*La Florida* es, a su vez, la historia de cómo hacer una historia de América que parezca verdadera» (1982: 588) y ahí reside su máximo grado de auto-reflexividad.

Los mecanismos de composición que consiguen tal densidad auto-reflexiva son múltiples[28]. Cabría dedicar especial atención a las observaciones de Garcilaso sobre la importancia de lo escrito como reproducción que garantiza la

---

de Garcilaso y, como han visto Pupo-Walker (1982) y Rodríguez-Vecchini (1982) es en los prólogos y dedicatorias donde esa «auto-contemplación» se elabora y se convierte en mecanismo de «legitimación» de la escritura.

[26] «Protagonizando dicho espacio, el «yo» / autor es la forma adoptada de la retórica procesal que sustituye a la tercera persona canónica. Pierde así el distanciamiento gramatical conveniente en virtud del cual la historia aparece como si ella misma se autorrefiriera» (Rodríguez Vecchini 1982: 606); «De una parte, el historiador procura ganar credibilidad, alegando exactitud en el tratamiento de los hechos. De la otra parte, la *res gestae*, elaborada artísticamente, constituye curiosamente el argumento más sólido de la autoacreditación» (609). También lo ve así Pupo-Walker (1985: 101): «[...] en *La Florida*, la elaboración narrativa, como tal, no sólo se cultiva para embellecer y otorgar decoro al texto, sino que sirve, concretamente, para mitigar la ausencia de un material informativo autorizado».

[27] Este proceso, en palabras de Pupo-Walker, revela la existencia de un discurso «capaz de *nutrirse a sí mismo* y que a la vez *parece multiplicarse* al quedar contrapuestos los estratos de su configuración» (1982: 56; la cursiva es mía).

[28] Carmen de Mora (1988: 48-50) ha detectado uno fundamental: la reiteración de motivos dicotómicos a lo largo del texto, que se integran sin duda en la «pulsión de reproducción» que estoy aquí analizando. De Mora identifica y ejemplifica los siguientes: prohibición / transgresión; pacto / traición; cautiverio / liberación; separación / encuentro; exploración / regreso; saqueo / restitución. La simetría estructural es para De Mora una prueba de la conciencia artística: «No deja de ser curioso que al comienzo de *La Florida* una nave que se adelanta indebidamente pone en peligro la vida de los demás y al final, en un círculo perfecto, una nave que retrocede, también por desobediencia, acarrea una desastre en el que perecieron 48 hombres. Este pequeño detalle es, sin embargo, un importante indicio de hasta qué punto cuidaba el autor la estructura de su obra» (49). También detecta ese efecto Voigt (2002: 522), con otro sentido: «The violent conclusion of *La Florida del Inca* is thus prefigured in its opening lines, and the

verdad de los hechos[29] (y, paralelamente, la importancia del silencio como
no-reproducción[30]) o al problema de la transcripción de discursos ajenos, ya

---

recurrent motif is not conquest, but loss» [La violenta conclusión de *La Florida del Inca* está así
prefigurada en sus líneas iniciales, y el motivo recurrente no es la conquista, sino la pérdida].
   [29] Un escribano debe dejar testimonio de un flechazo extraordinario lanzado por un indio:
«El cual tiro, por haber sido de brazo tan fuerte y bravo, porque el caballo era uno de los más
anchos y espesos que en todo el ejército había, mandó el gobernador que quedase memoria de
él por escrito y que un escribano real diese fe y testimonio del tiro. Así se hizo, que luego vino
un escribano que se decía Baltasar Hernández (que yo conocí después en el Perú), natural de
Badajoz e hijodalgo de mucha bondad y religión, cual se requería y convenía que lo fueran
todos los que ejercitaran este oficio pues se les fía la hacienda, vida y honra de la república. Este
hidalgo en sangre y en virtud asentó por escrito y dio testimonio de lo que vio de aquella flecha,
que fue lo que hemos dicho» (III, 38: 395); en otro lugar, un escrito funcionará como garantía
del beneficio prometido a los indios: «[el Rey] sabría lo que por los castellanos, sus vasallos y
criados habían hecho [los indios de Anilco], y lo mandarían poner escrito en memoria para la
gratificar Su Majestad o los reyes sus descendientes [...]» (V/2, 15: 521). Finalmente, el escrito
es prueba de la riqueza de un hallazgo: «[El gobernador], volviendo a los oficiales, les dijo que
no había para qué hiciesen tantas cargas impertinentes y embarazosas para el ejército, que su
intención no había sido sino llevar dos arrobas de perlas y aljófar, y no más, para enviar a La
Habana para muestra de la calidad y quilates de ellas, «que la cantidad», dijo, «creerla han a
los que escribiéramos de ella» (III, 14: 318). Como no se sabe que Hernando de Soto tuviera
intención de escribir su propia historia, el uso de la primera persona puede ser aquí un desli-
zamiento de la figura del «escribano»-Garcilaso, una inconsistencia a la hora de transcribir el
discurso directo, relacionada con los márgenes de fidelidad de la reproducción.
   [30] Escribir historia es también silenciar, no reproducir aquello que pueda resultar odioso
o infamante: los agravios que Pánfilo de Narváez había infligido a Hirrihigua que por ser
odiosos no se cuentan» (II/1, 1: 115). Pero, sin embargo, quizá como testimonio irónico del
dominio de la materia Garcilaso los dirá más adelante, de modo indirecto: «Empero (como la
injuria no sepa perdonar), todas las veces que [Hirrihigua] se acordaba que a su madre habían
echado a los perros y dejádola comer de ellos y cuando se iba a sonar y no hallaba sus narices,
le tomaba el diablo por vengarse de Juan Ortiz, como si él se las hubiera cortado» (II/1, 3:
120). Aún insiste más adelante en que la reproducción en la memoria de la ofensa sufrida
redunda en la incapacidad de perdón: «[...] [a Hirrihigua] le era imposible sufrir que aquel
cristiano viviese, porque su vida le era muy odiosa y abominable, que cada vez que le veía se
le refrescaban las injurias pasadas y de nuevo se daba por ofendido» (II/1, 3: 121). También
se silencian las historias «antiguas y modernas» de castigos de inocentes «las cuales dejaremos
por no ofender oídos poderosos y lastimar los piadosos» (II/1, 4: 124) o los nombres de protagonistas de hechos infamantes: «Los dos capitanes [a los que se les había escapado el cacique
tullido de Apalache], que por su honra callamos sus nombres, y sus buenos soldados hicieron
grandes diligencias por aquellos montes buscando a Capasi [...]» (II/2, 12: 235). Tampoco
merece ser reproducido aquello que «no es de la historia»: «[el caballero Gómez Arias vuelve
a La Habana a dar cuenta] de lo que hasta entonces les había sucedido y de las buenas partes
y calidades que habían visto y notado de la Florida, demás de lo cual había de tratar otros

sean citas de fuentes[31] o, sobre todo, transcripción de parlamentos de personaje, momento en el que Garcilaso sabe que arriesga la verosimilitud de toda su historia y que, en el caso de los discursos indígenas, como bien ha visto

negocios de importancia, que, porque no son de nuestra historia, no se hace relación de ellos» (II/2, 17: 250). Paradójicamente, Garcilaso no dudará en incluir largas digresiones sobre la historia del Perú, prueba de que su concepto de lo que «sí es de la historia» es absolutamente personal. En otras ocasiones, el silencio procede de la limitación del saber del historiador, que no puede reproducir informaciones pertinentes (como el nombre de la «señora de Cofachiqui» (III, 11: 309), o de la aplicación del principio de la *humilitas*, que hubiera debido impedir que la historia del «magnánimo y nunca vencido caballero» Hernando de Soto «la escribiera un indio» (V/1, 7: 469) o que convierte en parca cualquier reproducción de sucesos extraordinarios, que el lector debe suplir: «[...] estimara yo en mucho saberlas decir como mi autor deseaba que dijera. Recíbase mi voluntad, y lo que yo no acertara a decir quede para la consideración de los discretos que suplan con ella lo que la pluma no acierta a escribir [...]. suplicaré encarecidamente se crea de veras que antes quedo corto y menoscabado de lo que convenía decirse que largo y sobrado en lo que hubiese dicho» (III, 14: 319-320). Lo mismo sucede al considerar la batalla de Mauvila: «[...] tengo necesidad de remitirme en lo que de este capítulo resta a la consideración de los que lo leyesen para que, con imaginarlo, suplan lo que yo en este no puedo decir cumplidamente acerca de la aflicción y extrema necesidad que estos españoles tuvieron de todas las necesarias para poderse curar y remediar las vidas [...]; demás de mi poco caudal, es imposible que cosas tan grandes se puedan escribir bastantemente ni pintarlas como ellas pasaron» (III, 29: 369). Con esa colaboración del lector, que en ocasiones propicia elipsis violentas por consabidas («Esta es, en común, la enemistad de los indios del gran reino de la Florida. Y ella misma sería gran parte para que aquella tierra se ganase con facilidad, porque «todo reino diviso, etcétera»; V/1, 4: 460), la práctica de la *abbreviatio* también se revela como freno a la escritura proliferante: cuando las acciones o los sucesos se repiten no merece la pena que el historiador incurra en redundancias: «Y no diremos más de este entierro por no repetir en el de los señores curacas (que veremos presto donde habrá bien que decir) lo que aquí hubiésemos dicho» (III, 14: 318); «Con la batalla y pelea continua que el primer día y noche tuvieron los indios con los españoles, con esa misma, sin innovar cosa alguna ni mudar orden, los siguieron diez días continuos con sus noches, que por evitar prolijidad no los escribimos singularmente, y también porque no acaecieron particularidades más de las que dijimos del primer día» (VI, 4: 533). La historia no debe escribir pormenorizadamente *todos* los sucesos, sino sólo reproducir aquellos singulares y notables.

[31] Garcilaso subraya casi siempre los márgenes de una cita, especialmente cuando se trata de las *Peregrinaciones* de Alonso de Carmona: «Alonso de Carmona dice en su relación que [...]. Todas son palabras del mismo Alonso de Carmona, como él escribió en esta su *Peregrinación* [...]» (V/2, 7: 497). La inscripción de la fuente al principio y al final suple la ausencia de otros signos tipográficos y acota el salto estilístico que marca la diferencia entre el texto propio y el ajeno, al tiempo que protege al primero de la contaminación del régimen del simulacro: «[...] en todo lo que no hago mención de ellos, con ser tanto, no hablan palabra» (VI, 7: 542). Garcilaso perfila los límites de su propio texto y revaloriza, por contraste, la riqueza de su propia escritura.

Pupo-Walker (1985: 102), suponen la creación de un *corpus* textual «propio de una organización cultural avanzada», regida, de nuevo, por el principio del *simulacro*.

Pero me fijaré sólo en la plasmación explícita de esa *mise en abîme* que hace que el texto de *La Florida* incluya en su interior el relato resumido de la misma jornada que, al final, acabamos leyendo *in extenso*. Las rememoraciones explícitas de sucesos previamente narrados son los indicios más leves de semejante procedimiento de abismación mediante el cual el relato vuelve sobre sí mismo («Ya dijimos que...» sería la fórmula más habitual, por ejemplo en III, 20: 335). En ocasiones, esta auto-referencia obedece a que los protagonistas de los sucesos vuelven, literalmente, sobre sus propios pasos[32]. En otras ocasiones, el texto alude a la repetición de historias dentro de la historia, repetición que no se reproduce (aunque se haya dado en la realidad), pero que se imagina: «Por oírle estas rusticidades y groserías, le hacían contar muchas veces el cuento, y Galván, perseverando en su lenguaje pulido, diciéndolo siempre de una propia manera, daba contento y qué reír a sus compañeros» (II/2, 17: 252)[33].

La alusión a un suceso de la historia que se convierte en relato dentro de la misma historia es el primer eslabón en una cadena que conducirá a la puesta en perspectiva de toda la jornada de la Florida. Entre medias se sitúan otros momentos no menos significativos. El relato de la aventura de Juan Ortiz, por ejemplo, una de las más notables de toda la expedición, es recibido *dos veces* por Hernando de Soto[34]. Si en este caso la repetición puede tener una función probatoria, más significativo —a efectos de construcción de la obra— resulta el pasaje en el que Gonzalo Silvestre (aquí personaje-relator

---

[32] Como cuando treinta soldados regresan de Apalache a Vitachuco (II/2, Caps. 8-9) y ello propicia que se recuerden hechos anteriores: los muertos que allí quedaron (II/2, p. 225) y que son testimonio de la batalla; o la memoria del lebrel Bruto, que había sido «flechado» en el río Ocali (II/2: 227-228).

[33] Se trata de la aventura contada en el libro I en el que unos indios atacan a dos españoles y uno muere mientras que el otro (Galván) queda tan malherido que, cada vez que cuenta su historia dice: «Cuando los indios nos mataron a mí y a mi compañero Pedro López, hicimos esto y eso». La reiteración idéntica causa risa porque la anécdota se basa —por otra parte— en un mal uso de la lengua, en una inconsecuencia verbal.

[34] «La relación que hemos dado de la vida de Juan Ortiz tuvo el gobernador, aunque confuso, en el pueblo del cacique Hirrihigua, donde al presente lo tenemos. Y antes la había tenido, aunque no tan larga, en La Habana, de uno de los cuatro indios que dijimos había preso el contador Juan de Añasco [...]» (II/1, 5: 125).

identificado) refiere sucintamente todo el proceso de conquista de la Florida ante el cacique Anilco:

> [Anilco] Gustaba mucho de hablar con él y saber las cosas que a los españoles habían sucedido en aquel reino, y cuáles provincias y cuántas habían atravesado, y qué batallas habían tenido y otras muchas particularidades que habían pasado en aquel descubrimiento. Con estas cosas se entretuvieron los días que allí estuvo Gonzalo Silvestre, y les servía de intérprete el hijo del cacique que le había restituido (V/2, 13: 516).

En cierto modo, esta escena reproduce la escena *real* en la que el anónimo «autor» verificará un relato semejante ante Garcilaso y por eso es capital, desde el punto de vista de la reproducción como mecanismo compositivo. Anilco anticipa el papel de oyente que desempeñará el propio Garcilaso y así se convierte en una especie de «doble» intratextual suyo, con la diferencia de que el «segundo» indio que reciba el relato de Silvestre tendrá la capacidad y la misión de escribirlo.

Pero el momento culminante de este proceso de auto-reproducción aparece al final: se trata del relato que los expedicionarios hacen de su jornada ante sus anfitriones mexicanos, una vez que han abandonado la Florida (VI, 19: 572 ss.)[35]. Ese relato, sin embargo, ha sido preparado desde unos capítulos antes. La melancolía y la frustración están en la base de un proceso rememorativo que los expedicionarios inician antes de ser interrogados en México. La *infertilidad* de las nuevas tierras que encuentran al dejar Florida les hace acordarse, por contraste, de la riqueza que han dejado atrás, lo que genera una rabia que sólo puede tener salida violenta. Garcilaso, en ese momento, reproduce un discurso tópico que atribuye al sujeto colectivo e insiste en su mensaje inicial: la Florida es rica, debe ser conquistada y evangelizada[36]. El «crujir de dientes»

---

[35] Rodríguez-Vecchini ha reparado en que este proceso está relacionado con el «montaje de acreditación» (1982: 615) de la historia.

[36] «[…] en suma notaron que todo cuanto en el pueblo habían visto no era más que un principio de poblar y cultivar miserablemente una tierra que con muchos quilates no era tan buena como la que ellos habían dejado y desamparado […]. A este comparar de unas cosas a otras se acrecentaba la memoria de las muchas y buenas provincias que habían descubierto, sin las olvidadas y otras cuyos nombres no habían procurado saber. Acordábaseles la fertilidad y abundancia de todas ellas, la buena disposición que tenían para producir las mieses, semillas y legumbres que de España les llevasen y la comodidad de pastos, dehesas, montes y ríos que tenían para criar y multiplicar los ganados que quisiesen echarles. Últimamente traían a la

símbolo de codicia y pecado, y desde luego no de vida y virtud[42]. El oro y la plata no son imprescindibles para la vida. La fertilidad y la evangelización, por su parte, se implican, porque, en el fondo, son lo mismo y están vinculadas a la verdadera riqueza de una tierra: la de sus gentes[43].

Así las cosas, la pulsión reproductora que Garcilaso desarrolla a lo largo de *La Florida* (y que aquí sólo he analizado parcialmente) confluye en la inten-

---

[42] «Las minas de oro y plata pudiera ser, y no lo dudo, que buscándolas de espacio se hubieran hallado, porque ni México ni el Perú, cuando se ganaron, tenían las que hoy tienen, que las del cerro de Potosí se descubrieron catorce años después que los gobernadores don Francisco Pizarro y don Diego de Almagro empezaron su empresa de la conquista del Perú. Y así se pudiera haber hecho en la Florida, y entre tanto pudieran gozar de las demás riquezas que, como hemos visto, tiene, pues no en todas partes hay oro ni plata y en todas viven las gentes» (VI, 21: 579-580)

[43] Podría incluso proponerse que la reescritura utópica que Garcilaso se propone tiene incluso una base material muy clara: la cría de ganado —otra variante del motivo de la reproducción— es la base del poblamiento, que debe ser el primer paso para la evangelización. Desde el principio, Garcilaso subraya la importancia del ganado: en Cuba se detiene en la cría de caballos (algo que se ha relacionado con su actividad en Montilla), «porque para las nuevas conquistas que en el Perú, México y otras partes se habían hecho y hacían, se vendían muy bien y era la mayor y mejor granjería que en aquel tiempo tenían los moradores de la isla de Cuba y sus comarcas» (I, 11: 100). El caballo es el animal de la conquista. Una vez en tierra firme e ignota, el animal clave será el cerdo. Comienza siendo elemento «civilizador»: «[...] y, porque se acordasen de ellos, se les dio el gobernador, entre otras dádivas, dos cochinos, macho y hembra, para que criasen. Y lo mismo había hecho con el cacique de Altapaha y con los demás señores de provincias que habían salido de paz y hecho amistad a los españoles [...]» (III, 2: 283). En ese mismo lugar, Garcilaso subraya la cantidad de cerdos y su capacidad reproductora («llevó más de trescientas cabezas, machos y hembras, que multiplicaron grandemente y fueron de mucho provecho en grandes necesidades que nuestros castellanos tuvieron en este descubrimiento»). A tal punto resulta importante este ganado que se designa una compañía especial para guardarlo; además, sólo se atreven a comerlo cuando el hambre es realmente insoportable (III, 7: 298); (V/2, 15: 522). La prueba de que el cerdo es un animal «civilizador» aparece más adelante, cuando —citando a Carmona— Garcilaso cuenta que «una puerca que a la ida se les había quedado perdida» es encontrada luego «con trece lechones ya grandes», marcados por los indios, «de donde se puede sacar que hayan conservado aquellos indios este ganado» (V/2, 6: 493-494), conclusión que parece utilizarse como argumento para garantizar la fertilidad de la tierra y animar a su conquista. Hasta el final, estos españoles conservarán algunos ejemplares «para criar si poblasen en alguna parte» (VI, 6: 537). El cerdo, entonces, es símbolo de la posibilidad de poblamiento, que a su vez es la condición *sine qua non* para la fructificación de la religión. No sé hasta qué punto la insistencia en el ganado porcino puede estar relacionada con la exclusión de otras religiones (judíos, musulmanes) y otros linajes (de sangre «no limpia») en la conquista y colonización, pero tal vez no fuera una hipótesis del todo descartable.

cionalidad ideológica de la escritura, declarada desde el proemio, como se vio: ésta sólo procura el aumento y la *fructificación* de la fe católica (64). El desarrollo del discurso se enmarca por la reiteración de semejante propósito[44] y la escritura se ofrece como una estrategia más de la conquista: la incitación al cumplimiento de la labor mesiánica del imperio español.

Pero en realidad, esta escritura concreta refleja —irónicamente— que la jornada de Hernando de Soto no satisfizo semejante propósito. Garcilaso se encarga de señalar, en cada ocasión, si los españoles ejercieron o no la labor evangelizadora que se esperaba de ellos. Al margen de la representación ritual de algunas procesiones, lo normal es cierta negligencia al respecto. La principal falta de los conquistadores fue no haber logrado el poblamiento, lo que frustrará, desde la base, la posibilidad de evangelización. Ciertamente, la intención está al principio en Hernando de Soto, que siempre quiere ir más adentro y fundar pueblos «para desde allí principiar y dar orden en reducir los indios a la fe de la Santa Iglesia Romana y al servicio y aumento de la corona de España» (III, 32: 377). Pero, enseguida, la experiencia del fracaso y la frustración irán haciendo olvidar esa tarea. En circunstancias tan extremas, sólo la difusión de la fe entre los indios, el fin principal de la conquista, hubiera justificado cualquier conducta[45].

Por eso, Garcilaso señalará siempre que pueda los acicates para realizar ese objetivo: la riqueza de la tierra[46] o la predisposición de los indios, tal

---

[44] Ya en el capítulo 1 del libro I Garcilaso vuelve a referirse a su texto como «[...] esta historia [...] que para la gloria y honra de la Santísima Trinidad, Dios Nuestro Señor, y con deseo del aumento de su Santa Fe Católica, y de la corona de España pretendemos escribir [...]» (I, 1: 71). Casi con las mismas palabras, Garcilaso escribe al final: «[...] dar con ella relación de lo que hay descubierto en aquel gran reino, para que se aumente y extienda nuestra Santa Fe Católica y la corona de España, que son mi primera y segunda intención, que, como lleven estas dos, tendrán seguro el favor divino los que fueren a la conquista, la cual Nuestro Señor encamine para la gloria y honra de su nombre, para que la multitud de ánimas que en aquel reino viven sin la verdad de su doctrina se reduzcan a ella y no perezcan [...]» (VI, 21: 580-581).

[45] Incluso la «traición» a la patria: «Y volviendo a Diego de Guzmán, decimos que, si quedando con la reputación y crédito con que entre los indios de Naguatex quedó, les hubiese después acá predicado la Fe Católica como debía a cristiano y a caballero, pudiéramos no solamente disculpar su mal hecho, empero loarlo grandemente, porque podíamos creer que hubiese hecho mucho fruto con su doctrina, según el crédito que generalmente los indios dan a los que con ellos lo tienen, mas, como no supimos más de él, no podemos decir más de lo que entonces pasó» (V/1, 2: 454).

[46] «Por todo lo cual, no sería razón que se dejase de intentar esta empresa, siquiera por plantar en este gran reino la fe de la Santa Madre Iglesia Romana y quitar de poder de nuestros

como testimoniara el propio Cabeza de Vaca, que en este caso sí se convierte también en ejemplo imitable[47]. Finalmente, más allá de los límites cronológicos de la jornada de Hernando de Soto, la labor evangelizadora es un requerimiento perentorio, porque Garcilaso siente que —en el momento de la escritura— las potencias «herejes», esto es, protestantes, se ciernen sobre el territorio floridiano. La metáfora agrícola de origen bíblico cobra en este contexto un significado profundo: los españoles tuvieron la «semilla» de la fe verdadera en la mano, pero hasta el mismo momento de la escritura no han sabido hacerla fructificar:

> [...] habiéndoles dado [a los españoles] Jesu Cristo Nuestro Señor y la Iglesia Romana, esposa suya, madre y señora nuestra, la semilla de la verdad y la facultad y poder de la sembrar, como lo han hecho y hacen de ciento y diez años a esta parte en todo lo más y mejor del nuevo orbe, que ahora, por su descuido y por haberse echado a dormir, sembrase el enemigo cizaña en este gran reino de la Florida, parte tan principal del nuevo mundo, que es suyo (VI, 9: 546).

La experiencia de Hernando de Soto se ve, retrospectivamente, como un ejemplo más de una negligencia ya secular. Por eso, Garcilaso lamentará constantemente las oportunidades perdidas[48], y aunque considera que la precipitación pudo justificar que no se sembrara «tal grano [que] echara muchas espigas y hubiera mucha mies» (II/2, 16: 249), no deja de señalar una advertencia que tiene un tono bastante siniestro: «cierto se perdieron ocasiones muy dispuestas para ser predicado y recibido el evangelio, *y no se espanten que se pierdan los que las pierden*» (II/2, 16: 249; la cursiva es mía).

La escritura, entonces, se arroga ese poder admonitorio: no puede olvidarse el propósito evangelizador; si esto sucede, el fin de la conquista no puede ser bueno. En el lugar recién citado, al principio de la obra, Garcilaso sutilmente está ya anunciando el fin desastrado de la expedición: los españoles se perdieron, literalmente, en las ciénagas de la Florida y, al llegar a México, se perdieron

---

enemigos tanto número de ánimas como tiene ciegas con la idolatría» (IV, 16: 446).

[47] «Donde se ve la facilidad que generalmente los indios tuvieron, y éstos tienen, para recibir la Fe Católica, si hubiese quien la cultivase, principalmente con buen ejemplo, a que ellos miran más que a otra cosa ninguna» (V/1, 2: 455).

[48] «[...] así fue gran lástima que no le convidasen con el agua del bautismo, que, según su buen juicio, pocas persuasiones fueran menester para sacarlo de su gentilidad y reducirlo a nuestra Fe Católica» (II/2, 16: 249).

también moralmente en el lamento por las oportunidades perdidas, sin reparar en qué era lo que realmente habían perdido.

La *Florida* termina con una descripción de tintes apocalípticos (la discordia asesina entre españoles en México) y con un desfile de difuntos (las víctimas españolas en la Florida). Lo que podría haber sido la realización de una utopía cristiana, se convierte en —literalmente— una distopía en la que nada satisface a los expedicionarios[49] y en la que la rica «sangre» derramada continúa estéril.

La escritura de *La Florida* quiere suplir, entonces, el propósito no alcanzado por la conquista: por eso, la Historia se convierte en una reescritura utópica. Hacia el final de la obra, Garcilaso hace explícito ese propósito utópico, y reproduce, como súplica al rey, una imagen de la América que aún no existe, pero que puede construirse sobre los elementos que su texto apenas ha alcanzado a reflejar pálidamente:

> Por lo cual muchas y muchas veces suplicaré al rey nuestro señor y a la nación española no permitan que tierra tan buena y hollada por los suyos y tomada posesión de ella esté fuera de su imperio y señorío, sino que se esfuercen a la conquistar y poblar para plantar en ella la Fe Católica que profesan, como lo han hecho los de su misma nación en los demás reinos y provincias del nuevo mundo que han conquistado y poblado, y para que España goce de este reino como los demás, y para que él no quede sin la luz de la doctrina evangélica, que es lo principal que debemos desear, y sin los demás beneficios que se le pueden hacer, así en mejorarle su vida moral como en perfeccionarle con las artes y ciencias que hoy en España florecen, para las cuales los naturales de aquella tierra tienen mucha capacidad, pues sin doctrina alguna más de con el dictamen natural, han hecho y dicho cosas tan buenas como las hemos visto y oído, que muchas veces me pesó hallarlas en el discurso de la historia tan políticas, tan magníficas y excelentes, porque no se sospechase que eran ficciones mías y no cosecha de la tierra, de lo

---

[49] Voigt lo ha relacionado con el surgimiento de la conciencia de «exiliados» de los españoles en el Nuevo Mundo y plantea la cuestión también en términos de reescritura: «In the end, Garcilaso rewrites the recursive movement of the captivity narrative by associating captivity with «exile», with a displacement that entails the transformations of the subject and not the ultimate return to an original wholeness» (2002: 268); «[...] the violent scene of captivity with which *La Florida* concludes reminds us that the ultimate consequence of the intercultural contact that he describes in the Americas is not harmony but discord» (2002: 268) [Al final, Garcilaso reescribe el recurrente movimiento de la narrativa del cautiverio asociando cautividad con 'exilio', con un desplazamiento que implica las transformaciones del sujeto y no el regreso final a una plenitud original.]

BRUNO MIGLIORINI y GIULIO CESARE OLSCHKI, «Sobre la biblioteca del Inca», *NRFH*, Vol. III, 2, 1949, pp. 166-167.

AURELIO MIRÓ QUESADA, *El Inca Garcilaso y otros estudios garcilasistas.* Madrid, Ediciones Cultura Hispánica, 1971.

—, «Creación y elaboración en *La Florida del Inca*», *Cuadernos Americanos*, 3:18, 1989, pp. 152-171.

CARMEN DE MORA, «Introducción» a *La Florida.* Madrid, Alianza, 1988, pp. 19-81.

JULIO ORTEGA, *El discurso de la abundancia.* Caracas, Monte Ávila, 1992.

ENRIQUE PUPO-WALKER, *Historia, creación y profecía en los textos del Inca Garcilaso de la Vega.* Madrid, José Porrúa Turanzas, 1982.

—, «*La Florida*, del Inca Garcilaso: notas sobre la problematización del discurso histórico en los siglos XVI y XVII», *Cuadernos Hispanoamericanos*, 417, marzo 1985, pp. 91-111.

JOSÉ RABASA, «On Writing Back: Alternative Historiography in *La Florida del Inca*», *Latin American Identity and Constructions of Difference*, Amaryll Chanady (ed.). Minneapolis, Univ. of Minnesota Press, 1994, pp. 130-148.

—, «"Porque soy indio": Subjectivity in *La Florida* del Inca», *Poetics Today*, 16:1, primavera 1995, pp. 79-108.

HUGO RODRÍGUEZ-VECCHINI, «*Don Quijote* y *La Florida del Inca*», *Revista Iberoamericana*, 48:120-121, 1982, pp. 587-620.

LISA VOIGT, «Captivity, exile and interpretation in *La Florida del Inca*», *Colonial Latin American Review*, 11: 2, 2002, pp. 251-273.

La dualidad en los episodios amplificativos de *La Florida del Inca*

Carmen de Mora
Universidad de Sevilla

Por haber sido escrita en un período de transición entre los siglos XVI y XVII, en que algunas crónicas se aproximaban cada vez más al discurso literario, *La Florida del Inca* (1605) es una de las obras que mejor ilustran la confluencia de elementos históricos, retóricos y literarios, y, por tanto, resulta un texto fronterizo que permite comprender el proceso de transformación de lo histórico en literario. Editada el mismo año que la primera parte del *Quijote*, cuando su autor tenía ya 66 años, es uno de los textos cronísticos más innovadores y mejor escritos de la época virreinal. Es también desde el punto de vista formal el libro más logrado del Inca Garcilaso. Seguramente tiene mucho que ver en ello el tiempo transcurrido desde que lo concibió hasta que finalmente lo publicó, pues, como se sabe, la redacción fue tan pausada que, según Miró Quesada, se la puede considerar un «mapa vital» de Garcilaso que lo acompañaría desde la juventud a la vejez. Debió de empezar la obra hacia 1585 o 1586, cuando tenía 46 o 47 años. Se supone que el origen del proyecto surgió cuando el Inca se encontró con Gonzalo Silvestre —su informante acerca de la expedición de Hernando de Soto a la Florida— en Madrid entre 1561 y 1563. Posteriormente, en los Preliminares de la traducción de los *Diálogos de amor* de León Hebreo, comenta que en 1586 escribía *La Florida* y en 1587 ya tenía redactada la cuarta parte. Entre 1587 y 89 se trasladó a Las Posadas, para estar más cerca de Gonzalo Silvestre, quien, enfermo de bubas, había llegado allí en busca de unas yerbas para curarse. Después de 1590, cuando la obra ya estaba terminada, cotejó dos fuentes escritas —según cuenta en el

«Proemio al lector»: las *Peregrinaciones* de Alonso Carmona, cuyo manuscrito le fue enviado por el autor en 1591, y la *Relación* de Juan Coles, que encontró en un impresor de Córdoba comida de polilla y ratones. Añade, además, que un cronista regio —posteriormente se ha sabido que fue Ambrosio de Morales— comparó sus borradores con cierta relación que poseía (Durand 1963: 598). Hubo otras crónicas de esta misma conquista[1], pero de la comparación entre todas ellas destaca con mucho la cuidada elaboración del texto del cuzqueño.

Al analizar y aquilatar la obra de Garcilaso se ha valorado la perfección formal y el estilo literario que determina su escritura. Entre los primeros críticos en ocuparse de esta cuestión figuran Miró Quesada, Dario Puccini y E. Pupo-Walker. Aurelio Miró Quesada fue el primero en identificar escenas de la novela bizantina, narraciones al estilo de las novelas italianas e inclusive idealizaciones y aventuras como en los libros de caballería condenados por él (1955). Puccini y Pupo-Walker examinaron algunos de los episodios más representativos[2]. Aceptada la naturaleza literaria de *La Florida*, falta profundizar algo más en la construcción misma de los episodios que sirven de soporte al discurso histórico. Estos dos aspectos —narración e historia— están tan íntimamente trabados que no se pueden disociar; por ello, conviene detenernos brevemente en la doctrina de la Historia que maneja el Inca para enlazarla con el tema que nos ocupa.

Cuando el escritor cuzqueño escribió sus obras no existía una doctrina general de la Historia concebida de forma sistemática, sólo en los prólogos y dedicatorias de las obras históricas se prestaba atención a esas cuestiones. A partir del siglo XVI empiezan a escribirse tratados, aunque todavía muy generales. No obstante, los tratadistas españoles de los siglos XVI y XVII, entre los

---

[1] Como la *Relaçao verdadeira*, del Hidalgo de Elvas, escrita en portugués y publicada en Evora en 1557; la *Historia* de Rodrigo Rangel, incorporada tardíamente a la *Historia* de Fernández de Oviedo y que, por tanto, no llegó a publicarse hasta el siglo XIX; y la *Relación* de Hernández de Biedma, que tampoco es seguro que fuera cotejada por el Inca. En cuanto a la *Historia general de los hechos de los castellanos en las Islas y Tierra Firme del mar Océano*, de Antonio de Herrera, a juzgar por la utilización que hizo de numerosas fuentes, fue él quien recurrió al Inca Garcilaso para los sucesos de la Florida. José Durand comenta que Herrera conoció el libro manuscrito y habla de plagio: «El hurto se echa de ver por cuanto la parte culpable sigue punto por punto al Inca en sus errores; por ejemplo, en las parciales equivocaciones de Silvestre respecto a algunos nombres» (Durand 1963: 598-599).

[2] Yo misma me ocupé de los aspectos literarios de la obra en la introducción a la edición de Alianza Editorial y en «Historia y ficción en *La Florida del Inca*» (1992: 51-66).

que se encuentran Vives, Fox Morcillo, Costa, Cabrera y fray Jerónimo de San José fueron en conjunto —según Montero Díaz— superiores a los del resto de Europa (Montero Díaz 1941: 7). En la historiografía renacentista —cuyo modelo era Guicciardini— los autores recurrían a los grandes historiadores de la Antigüedad clásica, principalmente Herodoto, Tucídides, Polibio y Tácito, que combinaban con la historiografía medieval (Montero Díaz 1941: 6). En el inventario de la biblioteca del Inca dado a conocer por José Durand[3] apenas figuran obras de preceptistas españoles ni de la literatura española de su tiempo:

> Si bien abundan libros españoles, éstos son de índole científica o devota, o, a lo más, de curiosidades. Muy poco lo estrictamente literario: *La Celestina*, el *Guzmán de Alfarache*, Juan de Mena, Antón de Montoro, el padre Granada, Guevara (citado en la obra del Inca), y luego algunos humanistas e historiadores de importancia, como Nebrija, Vives (citados también), Aldrete, el portugués Osorio da Fonseca, Vitoria, Domingo de Soto, Rades Andrada, Baltasar de Morales, la Retórica del jesuita Francisco de Castro —obra dedicada al propio Inca— y quizás el padre Mariana (Durand 1948: 239-240).

Pero se sabe que esa biblioteca debió de ser más completa en un principio, cuando el Inca se encontraba en Montilla. También pudo conocerlas por otras vías, como préstamos de amigos. Lo cierto es que, sin que pueda hablarse de influencia directa —salvo en el caso de Vives—, las ideas del Inca sobre la Historia coinciden en lo sustancial con las de algunos de los principales preceptistas españoles: Vives, Páez de Castro, Fox Morcillo, Melchor Cano y Juan Costa. Todos ellos sostienen el valor pragmático y el carácter ejemplar de la Historia (*magistra vitae*) ciceronianos, y exigen del historiador una actitud independiente y ética a la vez[4]. Con Vives comparte la idea de la universalidad de la Historia y su profunda unidad, y el considerarla no sólo como ciencia sino también como arte. Con Páez de Castro, la importancia instrumental de la Filología. Con Juan Costa, la elegancia de la expresión, la importancia de la disposición

---

[3] El catálogo de la biblioteca del Inca Garcilaso de la Vega, basado en el inventario de sus bienes hecho por los albaceas poco después de la muerte del escritor, fue publicado en primer lugar por José de la Torre y del Cerro, y posteriormente por Aurelio Miró Quesada, pero el más exacto y completo es el de José Durand, al que Bruno Migliorini y Giulio Cesare Olschki añadieron unas apostillas.

[4] Miró Quesada señala la influencia de dos grandes escritores de la Edad Media: el canciller Pero López de Ayala y Fernán Pérez de Guzmán (1971: 157).

y orden de los datos, la propiedad de los discursos y el empleo de sentencias (*Cfr.* Sánchez Alonso 1944, II: 8-12). Los preceptistas españoles, a pesar de la actitud renovadora generalizada que los caracteriza, mantienen aspectos de la tradición filosófica del medioevo, como la concepción teológica y providencialista de la Historia, que también comparte Garcilaso. En *La Florida del Inca* el aumento de la fe católica se convierte en origen, razón y objetivo prioritario de la conquista, y la expansión imperialista de la nación española se justifica por intervención divina. Garcilaso sostiene la idea de los españoles como pueblo elegido por Dios para predicar el evangelio, y a lo largo del libro son frecuentes las alusiones a las ganancias espirituales de los indios con la conquista y a la buena predisposición de algunos para ser evangelizados. Este interés justifica la queja, hacia el final de la obra, de que los españoles se hubiesen marchado sin conquistar ni poblar aquellas tierras por no haber encontrado los preciados metales. Si dejamos al margen las motivaciones personales[5] que tuvo el escritor para ejercer de cronista, el contexto de *La Florida*, en el plano socio-histórico, tiene que ver con toda la problemática sobre la naturaleza y salvación de los infieles que reverdeció a raíz del descubrimiento y se debatió en Valladolid y en el Concilio de Trento. La otra vertiente de la teoría providencialista era la homogeneidad o uniformidad psicológica que postulaba la semejanza entre los hombres y los hechos más allá de las diferencias de cultura, raza, tiempo o clima. En virtud de aquella, pueblos, hechos y cosas son reductibles a otros distantes en el espacio y en el tiempo. Se ha elogiado el esfuerzo de Garcilaso por mantener la ecuanimidad (*aequitas*) con las dos naciones confrontadas. Y, a sabiendas de que para el lector europeo los españoles eran superiores en el grado de civilización, se afana por explicar detalladamente todos los indicios que desmentían la barbarie de los indios floridanos[6]: la fertilidad de las tierras, el enclave de los pueblos, las características de las viviendas y los templos, las creencias religiosas de sus habitantes, las leyes matrimoniales y las que castigaban el adulterio, los hábitos alimenticios, los vestidos, tocados y armas. Las descripciones de personajes corresponden sobre todo a los curacas o caciques, pues, a través de ellos, el autor se acerca a las fórmulas de gobierno y la vida

---

[5] A propósito de las cuestiones personales, resulta muy revelador el ensayo de Mazzotti, incluido en este volumen, al plantear la forma en que *La Florida del Inca* se articula en el conjunto de la obra de Garcilaso. Sobre todo cuando relaciona la función de Hernando de Soto en este libro con la construcción del paradigma paterno y tiende puentes entre *La Florida del Inca* y la *Historia general del Perú*.

[6] Cuando los llama «bárbaros» es para indicar que no pertenecían a la religión católica.

civil de aquellos pueblos. Un ejemplo de que para el Inca los valores morales podían encontrarse también en los gentiles son las palabras que le dedica al cacique Mucoço:

> Que cierto, consideradas bien las circunstancias del hecho valeroso deste indio y mirado por quién y contra quién se hizo, y lo mucho que quiso posponer y perder, yendo aun contra su propio amor y desseo por negar el socorro y favor demandado y por el prometido, se verá que nació de ánimo generosíssimo y heroico, indigno de aver nacido y de vivir en la bárbara gentilidad de aquella tierra. Mas Dios y la naturaleza humana muchas vezes en desiertos tan incultos y estériles producen semejantes ánimos para mayor confusión y verguença de los que nacen y se crían en tierras fértiles y abundantes de toda buena doctrina, ciencias y religión cristiana (156-157).

Su actitud coincide en este punto con la de Las Casas, quien, en el *Argumentum apologiae*, reconoce una forma de vida social y política para las tribus indias (aztecas, incas y pueblos nómadas de la Florida). Su nombre, en suma, se puede asociar con los de aquel y José de Acosta en el propósito de acabar con los prejuicios que tenían muchos europeos sobre los amerindios.

Ya desde fines del siglo xv la influencia cultural extranjera predominante en España era la italiana. El Inca Garcilaso, que conocía bien la lengua toscana, no permaneció ajeno a ella. Los autores más leídos por él fueron Alessandro Piccolomini, Collenuccio y Botero de Bene, autor de las *Relaciones universales del mundo*. Pero probablemente el más cercano en la concepción de la Historia fue Guicciardini[7].

Entre los preceptistas de la Antigüedad clásica, los criterios más próximos a los manejados por los autores citados y por el Inca figuran en *De oratore* de Cicerón. Cicerón defendía el ornato para la escritura de la Historia tanto en el fluir del discurso como en la variedad. Si bien la primera ley de la Historia —según la entendía— era no atreverse a mentir en nada y ser ecuánime, tanto la narración como su expresión exigían sus propios requisitos. En primer lugar, la narración requería un orden cronológico, una descripción del escenario, y que al narrar los hechos quedara claro no sólo lo que ocurrió, sino de qué

---

[7] Miró Quesada ha señalado algunos rasgos de la escritura de la Historia en el Inca que podrían derivar de Giucciardini: «el interés por la individualidad y la humanidad de los personajes, el gusto por las máximas morales, la preocupación un tanto fatalista por las interferencias del destino o "fortuna", cierta melancolía un poco nostálgica que no le impide exaltarse, en su momento, con una vibración de carácter nacional» (1971: 469).

modo. También era necesario, al hablar de los resultados, explicar los factores debidos al azar, la prudencia o la temeridad. De los protagonistas, no sólo la actuación sino la biografía y carácter de los más destacados. En segundo lugar, la expresión debía discurrir en un estilo «anchuroso y apacible», que fluyera con suavidad y sin sobresaltos (*Sobre el orador*, libro II, 51-61: 224-231). De los historiadores, además de Julio César y Suetonio, citados en *La Florida*, se ha relacionado la obra del Inca con Lucano (Marcel Bataillon), Jenofonte (Riva Agüero) y Tácito (Arocena), autor que figuraba en su biblioteca, aunque Sanmartí Boncompte no cita al historiador cuzqueño entre los seguidores de aquél en su *Tácito en España*. Fuera directo o no el conocimiento que pudiera tener del autor de *Agrícola*, no faltan en *La Florida* estrategias similares: la inserción de episodios, anécdotas y sentencias breves sacadas de los casos de la Historia; los retratos morales; el poder de humanizar e individualizar; el manejo de los elementos dramáticos para incrementar el interés; la penetración psicológica en los personajes y sus intenciones con objeto de entender mejor los hechos; la utilización de arengas para darle más vida a la historia y verosimilitud a la narración; la combinación de lo artístico con lo moralizador.

Según se ha visto, la historiografía humanista combinaba el propósito moral y didáctico con el valor artístico de la obra. Es este segundo aspecto el que abordo a continuación, centrándome sobre todo en la técnica de la amplificación que forma parte del desarrollo de la estructura sintagmática del discurso (*dispositio*) y, más concretamente, de una de sus partes: la *narratio*. La amplificación es definida por Lausberg, en relación con el discurso grecolatino, como una «intensificación preconcebida y gradual (en interés de la parte) de los datos naturales mediante los recursos del arte en interés de la *utilitas causae* (1983: I, 259, 234). Pero en los textos medievales el concepto de amplificación adopta un sentido más vasto. Los teóricos de los siglos XII y XIII la entendían con el significado de desarrollar o alargar un tema (Faral 1982: 61). En este segundo sentido utilizo aquí el concepto. Que la intención del Inca Garcilaso era embellecer el discurso histórico e ir más allá de la relación escueta de los hechos es evidente. Además de contener descripciones de la naturaleza, de los ritos y costumbres de los indios, de sus templos y viviendas, la obra está plagada de episodios, muchos de carácter bélico, donde se trata de aquilatar la dimensión moral del personaje: el valor, la magnanimidad, la prudencia, la capacidad estratégica, etc., así como sus contrarios. De casi todos los episodios puede extraerse una enseñanza moral y muchos de ellos se cierran con una sentencia, a modo de epifonema.

En el Renacimiento las teorías de la *dilatatio* narrativa proceden sobre todo del opúsculo *De copia rerum ac verborum* (1512) de Erasmo, dedicado a la amplificación de toda clase de discurso, laico o religioso. La teoría erasmista expuesta en la *Copia* fue adoptada en numerosos tratados retóricos del Renacimiento español. Se encuentra, por ejemplo, en las obras de Miguel de Salinas, Palmireno y Fray Luis de Granada (Aragüés Aldaz 1999: 261-262). Las obras de este último estaban en la biblioteca del Inca y él bien pudo consultar el libro tercero donde se trata el modo de amplificar y los afectos. Según fray Luis de Granada, la amplificación tiene por finalidad conmover, persuadir o disuadir y alabar o vituperar, y las hay de diversos tipos. Las amplificaciones narrativas del discurso historiográfico que lleva a cabo el Inca en *La Florida* no se limitan a una simple acumulación verbal (*copia verborum*) sino a un desarrollo pormenorizado de todos los matices del asunto (*copia rerum*). Garcilaso opta por un tratamiento minucioso hasta de los menores acontecimientos, muchos de los cuales probablemente son ficticios o recreados con una gran inventiva. Parecería que quiso hacer de la expedición de Hernando de Soto una sucesión de episodios ejemplares o antiejemplares, dignos sobre todo los de ser recordados como lo fueron en su día otros citados por él en el libro: la historia de Cleopatra, los bravos caballeros que aparecen en Ariosto y el Boiardo, Julio César en Alejandría, los españoles que vencieron en el río Albis al duque de Sajonia, el entierro que los godos le hicieron a su rey Alarico en el río Bissento, etc. La construcción de la Historia en el Inca presenta, entonces, esta doble vertiente: contar los sucesos relativos a la expedición de Hernando de Soto de la manera más fidedigna posible, cotejando todas las fuentes que tenía a su alcance, y darles una dimensión pragmática, a la manera ciceroniana, por la que debían interpretarse desde criterios filosófico-morales. Probablemente, con el propósito de dotar a la Historia del Nuevo Mundo del mismo carácter ejemplar que tuvieron los hechos de la Antigüedad, en suma, de darle autoridad a la conquista de la Florida, pues, como reconoce Rodríguez Vecchini, *La Florida* es particularmente consciente de toda la problemática que conlleva acreditar una historia de América, autorizarla y hacerla verosímil (1984: 13).

Los criterios morales ejemplificados en los distintos episodios se van poniendo de relieve a lo largo de la narración con personajes diversos, aunque la máxima ejemplaridad esté a cargo de Hernando de Soto. Por razones de espacio me voy a centrar sólo en uno de los primeros episodios que aparecen en *La Florida* donde se perfila la caballerosidad de Soto: la traición de Hernán

Ponce. Si bien la figura de Hernando de Soto ya basta por sí sola para relacionar *La Florida del Inca* con la Segunda parte de los *Comentarios reales de los Incas* este episodio concreto evoca hechos que se remontan a la conquista del Perú.

Veamos los antecedentes. Tiempo atrás Hernando de Soto y Hernán Ponce habían sido compañeros de aventuras y muy amigos. Los dos habían coincidido en León (Nicaragua) junto a Pedrarias Dávila, a quien dejaron de ser leales para pasarse al bando de Francisco de Castañeda, alcalde mayor. Por entonces, Soto y Ponce de León eran dos de los vecinos más ricos e influyentes de aquella ciudad. Más tarde participaron juntos en la conquista del Perú. Como se sabe, Hernando de Soto tuvo un papel destacado en aquella empresa por ser amigo de Francisco Pizarro, quien lo consideró segundo en el mando, después de su hermano. Fue también uno de los protagonistas de la batalla de Tumbes, de los acontecimientos de Cajamarca y la prisión de Atahualpa. No obstante, Pizarro lo había marginado en varias ocasiones; por ello, tal vez para desagraviarlo, pero sin duda por los méritos del capitán, después de la fundación de San Miguel, cuando procedió al reparto de tierras, le concedió la encomienda de Tumbes, convirtiéndose de ese modo en uno de los primeros encomenderos. Pero Soto prefería seguir a Pizarro, que se dirigía hacia la costa, antes que dedicarse a la administración de la encomienda, por lo que le encargó a Hernán Ponce de León que la administrase. Al cabo de unos años Soto decidió vender la encomienda para emprender la conquista de la Florida, entonces Ponce lo traicionó y se dispuso a volver a España con todas las riquezas atesoradas sin darle cuenta de ellas al verdadero propietario.

En la versión de Garcilaso cambian las circunstancias pero se hace hincapié en la traición. Según cuenta, existía un acuerdo de hermandad entre Hernando de Soto y Hernán Ponce, desde que participaron en la conquista del Perú, por el que se repartirían siempre durante su vida lo que ganasen o perdiesen. Hernán Ponce, después de que Hernando de Soto se marchara a España, tuvo un repartimiento de indios que le había concedido Francisco Pizarro, además de conseguir mucho oro, plata y piedras preciosas. Como no estaba dispuesto a compartirlo con su amigo, no quiso pasar por La Habana, pero, por una jugada del destino, hubo de hacerlo para refugiarse de una tempestad. Durante la noche quiso esconder el tesoro que llevaba para ocultárselo a Soto, pero éste, sospechando su intención, había enviado algunos guardas y centinelas que se lo arrebataron a su gente. Sin embargo, al día siguiente, Hernando de Soto se lo devolvió y le censuró su actitud[8]. Hernán Ponce fingió arrepentimiento y ofreció a doña Isabel de Bobadilla, esposa de aquél, diez mil pesos en oro y plata en calidad de ayuda a la jornada, cantidad que —según él— representaba la mitad de lo que había traído del Perú (pero no era cierto). Ambos, de común acuerdo, renovaron las escrituras de compañía y hermandad. Pasados ocho días, Hernán Ponce presentó un escrito ante el teniente de gobernador de La Habana reclamando el dinero que le había entregado a doña Isabel so pretexto de que había sido forzado por el temor de que le quitaran toda la herencia que traía del Perú. Demanda a la que no cedió la mujer. La narración se cierra con una sentencia de la que se extrae una enseñanza: «Muchas veces la codicia del interés ciega el juicio a los hombres, aunque sean ricos y nobles, a que hagan cosas que no les sirven más que de aver descubierto y publicado la bajeza y vileza de sus ánimos» (144). La rivalidad y enemistad entre los dos amigos evocan, salvando las distancias, las de Pizarro y Almagro.

La construcción de este episodio es paradigmática y se asemeja a la de otros muchos episodios amplificativos que están construidos a partir de la dualidad: la repetición y contraposición de situaciones. Los dos personajes son semejantes y contrarios. Les une haber participado en la conquista del Perú y compartir una misma condición social. Esos lazos de amistad se ven reforzados por un contrato. Son contrarios porque uno actúa con ética y otro no: uno es leal, generoso y magnánimo; el otro traidor, ruin y vil. También las acciones son paralelas y contrapuestas: Hernán Ponce se propone engañar a Hernando de Soto, pero resulta descubierto; quiere proteger el tesoro, pero le es arrebatado. Soto se lo devuelve, pero Ponce persiste en la traición y trata de quitarle a doña Isabel la parte que le había entregado. Soto empeña todos sus bienes en la expedición a la Florida, Ponce se niega a arriesgar su patrimonio en una expedición incierta y regresa a España. El hecho en sí mismo nada aporta a la historia de la expedición. Si el Inca lo incluye es para glorificar la figura de Hernando de Soto y vituperar a Hernán Ponce. Es decir, para predisponer a los lectores a favor de Hernando de Soto y construir una imagen heroica y edificante de él. Al dignificar a Soto, está dignificando la Historia que narra y, por tanto, su propia obra. Los valores que el Inca le atribuye a Soto —y que han sido contradichos por otros historiadores de la expedición— son los que,

---

[8] El ejemplo se constituye a partir de tres factores: situación, decisión, salida de la situación. Esta tripartición se define a partir de la conexión pragmática en la que hay que situar el ejemplo. Con arreglo a su verdadera finalidad retórica, el ejemplo entra en juego en una situación pragmática todavía abierta y que exige una decisión (Stierle 1972: 183). La traducción es mía.

a su juicio, debería tener un buen jefe militar, y que pueden encontrarse en *El Cortesano* de Castiglione. La figura de Hernán Ponce puede relacionarse con la de Luis Moscoso, quien capitaneó la expedición al morir Soto. Moscoso se negó a poblar aquellas tierras —como reclamaba continuamente el Inca en esta obra— por no haber hallado en ellas oro ni plata. Además de ser tan interesado como Hernán Ponce, al negarse a poblar la tierra traicionó la voluntad y los proyectos del Adelantado. Otra contrafigura del gobernador es Pánfilo de Narváez, quien acaudilló la expedición de 1527. En varios lugares se compara la actuación de Narváez y de Soto para favorecer a éste. Y de nuevo es el paralelismo y la antítesis el recurso utilizado. Así, por ejemplo, se contrasta la crueldad mostrada por Pánfilo de Narváez con el cacique Hirrihigua y con su madre, a la que echó a los perros, con el recibimiento cordial que le hizo Hernando de Soto a la madre de Mucoço. Si Narváez consiguió que Hirrihigua odiara para siempre a los españoles, Soto logró que Mucoço se convirtiera en el mejor amigo de ellos. Para el procedimiento de las antítesis el escritor parece aplicar una máxima que se encuentra en su traducción de los *Diálogos de amor* de León Hebreo: «las cosas se conocen por sus contrarios que, como dice Aristóteles, la ciencia de los contrarios es una misma» (Diálogo Segundo, 50b).

Este juego de traiciones y engaños, de magnanimidad y ejemplaridad se repite en numerosos episodios y actuaciones. No obstante las reproducciones no suelen ser idénticas sino que casi siempre se introduce alguna variación; así, el episodio comentado entre Hernán Ponce y Soto se repite entre el cacique Vitachuco y Soto, en otro contexto muy distinto (Caps. XXIII y XXIV, II, 1). Vitachuco había preparado una estrategia para sorprender al gobernador junto con los suyos y matarlos. Sin embargo, cuatro indios lenguas a quienes el cacique había dado a conocer su plan para contar con ellos lo traicionaron e informaron a Hernando de Soto. De ese modo fue el gobernador quien sorprendió a Vitachuco, arremetió en primer lugar y lo venció. Probablemente, más por el criterio estructurante de la dualidad que por razones de objetividad histórica, se produce una segunda batalla entre los mismos contendientes. En ella es vencido de nuevo Vitachuco (y muerto), pero antes los españoles son ridiculizados y a punto estuvo el cacique de matar al gobernador.

Como sucede en la épica, la manera que tienen de articularse esas amplificaciones corresponde a las leyes de la simetría, las repeticiones, los paralelismos y las antítesis. Los episodios simétricos y recíprocos son numerosísimos y sirven, entre otros fines, para equilibrar el tratamiento de los dos bandos confrontados. Uno representativo se narra en los primeros capítulos de *La Florida del Inca*. Se refiere a la expedición que organizaron siete hombre ricos de Santo Domingo, entre los que se encontraba Lucas Vázquez de Ayllón, oidor de aquella audiencia. Enviaron dos navíos por aquellas islas con objeto de capturar indios para que trabajaran en las minas de oro. Llegaron los navíos a un cabo que denominaron S. Elena y a través de un río saltaron a tierra. Con engaños y gestos amistosos atrajeron a los indios a los navíos y, cuando habían subido unos 130, levaron anclas y se los llevaron presos. Una vez en Santo Domingo los indios se dejaron morir de hambre y tristeza por el engaño (Cap. VIII, I). Pero en el siguiente capítulo sucede lo contrario. Cuando de regreso a la Florida Lucas Vázquez Ayllón llega a un lugar cerca de Chicoria fue recibido con festejos por los indios, quienes aprovecharon su confianza para sorprenderlos y matar a la mayoría. En ocasiones, la antítesis viene dada por la naturaleza de los agentes y por las consecuencias de los hechos, como el caso del lebrel y el hidalgo Tapia. Se cae el lebrel al mar y consigue salvarse, otro día se cae el amo y no se salva. Son abundantes también los emparejamientos de personajes y las acciones repetidas. Personajes emparejados son, por ejemplo, Gonzalo Silvestre y Juan López Cacho en uno de los episodios más hermosos del libro (Caps. XII a XIV, II, 1). López Cacho acompaña a Gonzalo Silvestre a regresar al real en busca de comida y para decirle a Luis de Moscoso que fuera con su gente en seguimiento del gobernador. Los dos tenían aproximadamente la misma edad, algo menos de veinte años y ambos eran «esforzados y animosos»; se describen los dos caballos que montaban y se introducen dos imágenes poéticas muy similares en que las canoas y las flechas se comparan con las hojas de los árboles:

> En el mesmo punto perecieron tantas canoas en el agua que salían entre la henea y los juncos que, a imitación de las fábulas poéticas, dezian estos españoles que no parecía sino que las hojas de los árboles caídas en el agua se convertían en canoas (185).

> (…) salido ya fuera del agua, avía vuelto el rostro a ver lo que en ella quedava y que la vio tan cubierta de flechas como una calle suele estar de juncia en dia de alguna gran solennidad de fiesta (185).

Otros casos se refieren a repeticiones de acciones a cargo de indios esclavos que se rebelan contra sus amos y los agreden para demostrar el coraje y valor que tienen. Uno le ocurrió a un español llamado Francisco Saldaña. Por no matar a un indio que le había tocado en suerte, lo llevaba tras de sí atado por el cuello para entregarlo a los ajusticiadores. El indio, cuando se dio cuenta de lo que ocurría, «assió a su amo por detrás, como venía, con la una mano por los cabezones y con la otra por la horcajadura y, levantándolo en alto, como a un niño, lo volvió cabeça abaxo (...), y luego saltó de pies sobre él con tanta ira y ravia que uviera de rebentarlo a coçes y patadas» (227). Lo mismo sucede con un indio preso que servía de guía a Juan de Añasco y a los soldados que lo acompañaban:

> El cual, a poco trecho que uvieron caminado, viéndose en poder de sus ene-migos sin los poder matar ni huirse dellos, desesperado de la vida, arremetió con el soldado que lo llevaba asido por la cadena y, abraçándolo por detrás, lo levantó en alto y dio con él tendido en el suelo, y, antes que se levantasse, saltó de pies sobre él y le dio muchas coçes (244).

También se repiten episodios cuando se trata de demostrar la destreza de los indios en el manejo de las flechas, objeto de admiración constante en *La Florida*. Diego de Soto, sobrino del gobernador, y Diego Velázquez salieron a caballo para prender a un indio, pero éste consiguió burlarlos al flecharles los caballos y dejarlos tirados en el suelo (Cap. XXIV, II, 2). Idéntico caso se reproduce con una pareja de portugueses, Simón Rodríguez y Roque de Yelves, que había salido del pueblo a coger fruta verde de los montes (Cap. XXV). Los dos fueron abatidos a flechazos y muertos. Los españoles abrieron por la herida a uno de los caballos y se quedaron maravillados de lo profundo que había penetrado la flecha. Pero, además, esa misma acción de abrir a un caballo muerto para ver la trayectoria de la flecha se narra en el capítulo XVIII del mismo libro a propósito de Pedro Calderón y su gente cuando pasaron la ciénaga grande. Otro caso es el de las muertes de Carlos Enríquez y Diego de Soto en la batalla de Mauvila. El primero estaba casado con una sobrina del gobernador y era muy valiente y querido por todos. Para liberarse de una flecha que lo había alcanzado torció un poco la cabeza y dejó descubierta la garganta, de modo que fue alcanzado por otra flecha y degollado. Diego de Soto quiso vengarlo y solo consiguió ser alcanzado en un ojo por una flecha que le atravesó la cabeza y le salió por el colodrillo. Ambos murieron al día siguiente de haber sido heridos.

Los momentos más significativos de la obra casi siempre se repiten, ya sean descripciones, acciones o acontecimientos. El regalo que le hace la señora Cofachiqui al gobernador al ofrecerle un collar de perlas que llevaba puesto se repite de forma menos ceremoniosa cuando el gobernador y los suyos llegan al pueblo de Ychiaha y el cacique le hace el mismo presente (Cap. XXI, III)[9]. Se describen dos templos en la provincia de Cofachiqui, uno, el que servía de entierro a los hombres nobles del pueblo donde vivía la cacica y otro, el de Tolomeco, pueblo de sus antepasados. Y, por último, los dos entierros de Hernando de Soto, uno en la tierra, que no sirvió porque temían que los indios los descubriesen, y otro en el río, dentro de un arca hecha de encina.

El análisis de las amplificaciones demuestra que el Inca estaba muy familiarizado con los procedimientos de la epopeya. En *La Florida* cita el *Orlando innamorato* de Matteo Maria Boiardo y el *Orlando furioso* de Ludovico Ariosto. Admiraba también el *Palmerino d'Oliva* de Ludovico Dolce. Pero la obra más próxima a *La Florida del Inca*, sobre todo por el tema, los enfrentamientos entre indios y españoles durante la Conquista, y el escenario americano es *La Araucana* de Ercilla. De hecho, Ventura García Calderón describió la obra del Inca como una *Araucana* en prosa. El examen de la construcción de la obra en su conjunto demuestra que el escritor cuzqueño recurrió a una estrategia fundamental de la epopeya: la «disyunción exclusiva» o la «no-conjunción». Como explica Julia Kristeva, en la epopeya la individualidad del hombre está limitada por una remisión lineal hacia una de las dos categorías: los buenos y los malos, los positivos y los negativos (1981: 80). Es el esquema que funciona, por ejemplo, en *La Chanson de Roland*. En numerosas crónicas de Indias, el lugar de los malos lo ocupaban los naturales, equiparados a los infieles. Pero Garcilaso presenta la particularidad de neutralizar la disyunción exclusiva de carácter cultural que afectaba a los protagonistas de los enfrentamientos —españoles vs. indios— en la mayor parte de las crónicas de Indias y sustituirla por disyunciones de naturaleza moral exclusivamente: bueno vs. cruel; valiente vs. cobarde; prudente vs. insensato; noble vs. vil; leal vs. traidor; etc. De ese modo, los indígenas, considerados inferiores por muchos cronistas, quedaban en un mismo plano que los españoles, pues los criterios para valorar a los individuos

---

[9] Inclusive son parecidas las circunstancias. En las dos ocasiones el gobernador les corresponde con un regalo (un anillo, para la señora, y piezas de terciopelo y paños de colores, para el curaca); y, al mostrar el gobernador mucho interés por las piedras preciosas, la señora Cofachiqui le dijo que en su tierra no había sino perlas y que podía encontrarlas en el templo donde estaban enterrados los nobles del pueblo. Por su parte, el cacique Ychiaha, cuando el gobernador le pregunta que dónde podía encontrar más perlas le señaló también el templo de sus antepasados. Raquel Chang-Rodríguez (2005) comenta detalladamente este episodio. En «El discurso sobre la mujer indígena en *La Florida del Inca*» me ocupo también de este mismo episodio (Mora 1993: 165-175).

no son los de la raza o la cultura sino de orden ético[10]. La única salvedad es la
religión, que hace superiores en ese plano a los españoles; por lo demás, a lo
largo de los seis libros que integran la obra se encontrarán virtudes y defectos
similares en los dos bandos. Lo mismo sucede cuando se trata de otros pueblos.
El ejemplo más representativo tiene lugar en el doble entierro de Hernando de
Soto que es comparado con el que le hicieron los godos a su rey Alarico.

Las amplificaciones en el Inca contribuyen también a favorecer la *iucun-
ditas*, es decir, el carácter placentero de la narración conseguido a partir de la
variedad, como prescribía la doctrina retórica ciceroniana. Y lo característico
es siempre la dualidad hasta en los detalles mínimos.

Sirvan estos pocos ejemplos para testimoniar algunos de los procedimientos
amplificativos más recurrentes en *La Florida* (paralelismos, simetrías, repeticiones y antítesis) y mostrar cómo el tratamiento particular de la dualidad o
disyunción exclusiva, propia del discurso épico, constituye su principal soporte
estructural. Pero es importante distinguir que en unos casos la dualidad concierne a aspectos meramente retóricos y constructivos, relativos a la sintaxis
narrativa (la *dispositio*), y en otros hay que añadir un componente moral e
ideológico. Es en estos últimos donde, más allá de la simple retórica, interviene
el discurso mestizo del Inca[11] que, al juicio negativo de los europeos sobre la
incapacidad y falta de entendimiento de los indios, le contrapone la elocuencia
de sus discursos, la ejemplaridad (en el caso del cacique Mucoso, por ejemplo)
y la valentía de sus hazañas, en un esfuerzo por equilibrar la visión sobre conquistadores y vencidos[12].

BIBLIOGRAFÍA

JOSÉ ARAGÜES ALADAZ, Deus Concionator. *Mundo predicado y retórica del* exemplum
en los Siglos de Oro. Amsterdam/Atlanta: GA, Rodopi, 1999.

---

[10] Agradezco a Gilberto Triviño, buen amigo, las útiles sugerencias que me hizo cuando
le comenté estas cuestiones floridanas.
[11] Para la cuestión del mestizaje en el Inca Garcilaso, *cfr.* José Antonio Mazzotti (1996).
[12] Mercedes López-Baralt, en el ensayo incluido en este mismo libro, profundiza en la
obsesión del Inca por la concordia, en *La Florida del Inca* y los *Comentarios reales*, y matiza
la lectura habitual que se hace de esta noción a partir de las convergencias entre las nociones
andinas *tinku* (encuentro) y *ayni* (reciprocidad), con la neoplatónica de concordia. De este
modo matiza desde la cuestión identitaria una actitud que se había relacionado más con el
neoplatonismo que con la cultura andina.

CICERÓN, *Sobre el orador*, Introducción, traducción y notas de José Javier Iso. Madrid, Gredos, 2002.

RAQUEL CHANG-RODRÍGUEZ, «Quimera histórica y reafirmación indígena en *La Florida del Inca*», *Studi Ispanici*, 2005, pp. 267-276.

—, (ed.), *Franqueando fronteras: Garcilaso de la Vega y* La Florida del Inca. Lima, Pontificia Universidad Católica del Perú, 2006. (El mismo libro, editado en inglés lleva por título *Beyond Books and Borders: Garcilaso de la Vega and* La Florida del Inca. Lewisburg, Bucknell University Press, 2006.)

—, «Género y jerarquía en *La Florida del Inca*», *Idealidades*, nº 90, 8 de agosto de 2005, pp. 3-5.

JOSÉ DURAND, «La biblioteca del Inca», *Nueva Revista de Filología Hispánica*, jul.-set. 1948, (3), pp. 239-264.

—,«LAS enigmáticas fuentes de *La Florida del Inca*», *Cuadernos hispanoamericanos*, 1963, pp. 597-609.

EDMOND FARAL, *Les arts poétiques du XIIe et du XIIIe siècle*. Paris, Champion, 1982.

LEÓN HEBREO, *Diálogos de amor, traducción de Garcilaso de la Vega el Inca*. Introducción y notas de Miguel de Burgos Núñez. Sevilla, Padilla Libros, 1989.

JULIA KRISTEVA, *El texto de la novela*, traducción Jordi Llovet. Barcelona, Editorial Lumen, 1981, 2ª ed.

HEINRICH LAUSBERG, *Manual de retórica literaria*, 3 Vols. Madrid, Gredos, 1983, 2ª reimp.

MERCEDES LÓPEZ-BARALT, «Introducción» a El Inca Garcilaso de la Vega, *Comentarios reales. La Florida del Inca*. Madrid, Editorial Espasa-Calpe, S.A., 2003, pp. XI-LXXIX.

—, *Para decir al otro. Literatura y antropología en Nuestra América*. Madrid/Frankfurt, Iberoamericana/Vervuert, 2005.

JOSÉ ANTONIO MAZZOTTI, *Coros mestizos del Inca Garcilaso*. México, FCE, 1996.

BRUNO MIGLIORINI y GIULIO CESARE OLSCHKI, «Sobre la biblioteca del Inca», *Nueva Revista de Filología Hispánica*, año III, abril-junio 1949 (10), pp. 166-167.

AURELIO MIRÓ QUESADA, *El inca Garcilaso y otros estudios garcilasistas*. Madrid, Instituto de Cultura Hispánica, 1971.

—, «El Inca Garcilaso y su concepción del arte histórico», *Mar del Sur*, Lima, julio-agosto 1951 (18), Vol. VI, pp. 54-71.

—, «Creación y elaboración de *La Florida del Inca*», en *Nuevos estudios sobre el Inca Garcilaso de la Vega*. Actas del symposium realizado en Lima del 17 al 25 de junio de 1955. Lima, Centro de Estudios histórico-militares del Perú, 1955, pp. 87-122.

SANTIAGO MONTERO DÍAZ, «La doctrina de la Historia en los tratadistas españoles del Siglo de Oro», *Hispania*, IV, pp. 3-39.

CARMEN de MORA (ed), Inca Garcilaso de la Vega, *La Florida*. Madrid, Alianza Universidad, 1998.

—, «Semblanza del Adelantado Hernando de Soto en *La Florida del Inca*», *Anuario de Estudios Americanos*, XLII, 1985, pp. 645-656.

—, «Historia y ficción en *La Florida del Inca*», *Discurso colonial hispanoamericano, Foro hispánico* 4, Sonia Rose de Fuggle (ed.). Amsterdam, Rodopi, 1992, pp. 51-66.

—, «El discurso sobre la mujer indígena en *La Florida del Inca*», *Espacio geográfico/ espacio imaginario*, Mª de las Nieves Muñiz (ed.). Cáceres, Universidad de Extremadura, 1993, pp. 165-175.

BENITO SÁNCHEZ ALONSO, *Historia de la historiografía española*, 3 Vols. Madrid, CSIC, 1944.

FRANCISCO SANMARTI BONCOMPTE, *Tácito en España*. Barcelona, CSIC Instituto «Antonio Nebrija», 1951.

KARLHEINZ STIERLE, «L'Histoire comme Exemple, l'Exemple comme Histoire. Contribution à la pragmatique et à la poètique des texts narratifs», *Poétique* 1972 (10), pp. 176-198.

Otras perspectivas

EL INCA GARCILASO
EN LOS DIARIOS DE VIAJE DE ALEXANDER
VON HUMBOLDT POR EL TAWANTINSUYU[1]

Belén Castro Morales
Universidad de La Laguna

> [...] no hay más que un mundo, y aunque
> llamamos Mundo Viejo y Mundo Nuevo,
> es por haberse descubierto aquél nuevamente
> para nosotros, y no porque sean dos, sino
> todo uno.
>
> Inca Garcilaso de la Vega,
> *Comentarios reales*

> Si la economía de Europa ya necesita de
> nosotros, también acabará por necesitarnos
> la misma inteligencia de Europa
>
> Alfonso Reyes, «La inteligencia americana»

I. LA RUTA ANDINA DE HUMBOLDT: UN CORPUS TEXTUAL DISPERSO

El naturalista prusiano Alexander von Humboldt llegó a Licán, en la frontera norte del antiguo Tawantinsuyu, en junio de 1802, y abandonó el virreinato del Perú el 24 de diciembre del mismo año, rumbo a Guayaquil, Cuba y México.

[1] Este trabajo se inscribe en el Proyecto de Investigación BFF2003-09730, «Huellas de Alexander von Humboldt en la representación estética de la naturaleza y de las culturas (Canarias e Iberoamérica, siglos XIX y XX)», Plan Nacional de I+D y FEDER, 2004-2006, del que soy responsable. Este trabajo es complementario de otro anterior titulado «Humboldt y el Inca Garcilaso: un encuentro polémico en Cajamarca» (2005, en prensa).

Esta ruta andina está jalonada por encuentros con una dispersa comunidad científica, con libros, archivos y saberes locales que, sin duda —como había ocurrido antes en Venezuela y Cuba— transformaban los conocimientos del viajero. En Bogotá había compartido fructíferas investigaciones con su ilustre huésped, el botánico español José Celestino Mutis, y en Ibarra iba a producirse otro fecundo encuentro con un sabio criollo, Francisco José de Caldas. En Quito permaneció en la casa del cultivado marqués de Selva Alegre durante seis meses, tiempo que invirtió en realizar estudios fitogeográficos, geológicos y vulcanológicos que cambiarían el rumbo de estas ciencias incipientes; escaló el Pichincha, el Antisana, el Cotopaxi y realizó su gran hito de altura al escalar el Chimborazo casi hasta la cima, lo que le permitió confirmar su naturaleza volcánica.

Todo indicaba que el experto botánico Caldas, con una sólida reputación científica, iba a ser invitado a unirse a la expedición de Humboldt, pero éste optó por elegir la compañía del joven aristócrata quiteño Carlos de Montúfar y Larrea (1780-1816), el segundo hijo del marqués de Selva Alegre, cuyos méritos como naturalista se consideraban inferiores. Al parecer, en la decisión de Humboldt actuaban más bien otras afinidades electivas que Caldas, despechado, propagó en alguna carta, sugiriendo la relación íntima que unía a los dos nobles[2]. Sin embargo, en su «Breve relación del Viaje» publicada en un diario de Filadelfia en 1804, Humboldt definió a su nuevo compañero como un promotor de la ciencia americana, «que estaba poseído por un celo particular por el progreso de las ciencias y que se encargaba de reconstruir a sus expensas las pirámides de Yaruquí, puntos de referencia de la célebre base de los académicos franceses y españoles» (Humboldt 2005: 48-49).

Durante los diecisiete meses que permaneció en tierras andinas el naturalista realizó notables aportaciones a la geografía, la botánica, la biología y la oceanografía. Investigó las propiedades del árbol de la quina en Loja, exploró la cabecera del Amazonas, estableció el ecuador geomagnético cerca de Cajamarca; descubrió para Europa el estiércol que los indígenas llamaban guano; se maravilló ante la vista del Pacífico y describió científicamente por primera vez la corriente fría antártica, a la que el geógrafo Ritter puso el nombre de Humboldt. Pero la hazaña científica de la que se sintió más satisfecho fue la

---

[2] Carlos Montúfar también escribió su diario sobre el «Biaje de Quito a Lima…», publicado por primera vez en el *Boletín de la Sociedad Geográfica de Madrid*, Vol. XXV, 1889. Después de sus campañas como militar español, murió a los 36 años luchando con las tropas revolucionarias de Bolívar. Véase Hampe Martínez (2002).

observación de un raro fenómeno astronómico, el paso de Mercurio ante el disco solar, que permitió «la determinación exacta de la longitud de Lima y de la parte sudoeste del Nuevo Continente», logro que vino a compensarle la contrariedad de su desencuentro con el capitán Baudin en el Callao (Humboldt 2003: 417). A partir de sus primeras anotaciones de campo redactó valiosas aportaciones científicas sobre geografía, minería peruana, geología, flora y fauna, que en algunos casos fueron directamente editados en publicaciones especializadas[3], mientras en otros aparecen incluidos en sus libros sobre el viaje americano (Humboldt 2002: 89-191).

Pero nuestro interés se dirige sobre todo a otras aportaciones —antropología, etnografía, lingüística, arqueología o historia— que hoy se incluyen en las Humanidades, aunque en rigor no pueden separarse de la concepción geográfica multidisciplinar de Humboldt, donde el estudio de la interacción entre los pueblos y los espacios físicos que habitan, así como de sus «manifestaciones intelectuales», sostienen su descripción científica del Cosmos.

Esos textos sobre el Tawantinsuyu conforman un *corpus* particularmente fragmentario y disperso, ya que, a diferencia de la narración que Humboldt organizó sobre el resto de sus viajes americanos, no culminaron en un relato integral y acabado. En efecto, la narración de la *Rélation historique du Voyage aux régions équinoxiales du Nouveau Continent...*, publicada en París entre 1816 y 1825, se interrumpe cuando en abril de 1801 los viajeros embarcaban en el río Magdalena hacia las regiones andinas. Falta, en consecuencia, el relato correspondiente a su exploración por las zonas actualmente distribuidas entre Colombia, Ecuador, Perú, así como sobre sus estancias en México y los Estados Unidos.

Por lo tanto, manejaremos textos de naturaleza muy heterogénea repartidos entre sus «cartas americanas», una parte importante de *Sitios de las cordilleras y monumentos de los pueblos indígenas* (publicado en francés entre 1810 y 1813) y en el capítulo «La meseta de Cajamarca» (1849), incorporado por Humboldt a la tercera edición alemana de *Cuadros de la Naturaleza* cuando cumplía 80 años. También encontramos dispersas informaciones peruanas en otros capítulos del *Ensayo político sobre la Nueva España* (1808-1811) y en su gran obra-síntesis, *Cosmos* (1845-1862).

---

[3] Algunos trabajos, como los dedicados al guano y a diversos aspectos de la minería peruana fueron publicados por M. H. Klaproth en *Beiträge zur chemischen Kenntnis der Mineralkörper* en 1908.

Pero, sin perder de vista esas publicaciones, en este trabajo analizaremos sobre todo las notas privadas de sus diarios de viaje a través de la valiosa edición en varios volúmenes publicada desde 1982 por Margot Faak. Los materiales para nuestra investigación sobre el antiguo Perú se encuentran en los volúmenes 8 y 9: *Reise auf dem Río Magdalena durch die Anden und Mexico* (I, 1986 y II, 1990), y *Lateinamerika am Vorabend der Unabhängigkeitsrevolution* (1982)[4], donde su editora seleccionó las anotaciones de carácter más claramente político, desconocidas hasta entonces, y en las que se expresa sin censura el espíritu crítico y reformista de Humboldt, y donde se perfilan con claridad sus ideas republicanas, antiesclavistas y anticolonialistas en el umbral de las guerras de Independencia en América Latina[5].

Transitar por la escritura de Humboldt en ese primer estrato de su elaboración discursiva nos permitirá recorrer un doble camino: el espacial del viaje físico y el de la formación del conocimiento humboldtiano sobre ese espacio, tal como se va construyendo en un relato complejo, que registra desde sus primeras impresiones hasta páginas más desarrolladas, y donde se produce el primer encuentro entre el saber aprendido en Europa y su experiencia empírica de un mundo insospechado. En estas anotaciones ya encontramos, entre una multitud de referencias y citas que confieren un marcado carácter intertextual a los diarios, las palabras del Inca Garcilaso.

Muchos de estos apuntes y reflexiones podían haber dado lugar a un «Ensayo político sobre el Virreinato del Perú» como los que Humboldt dedicó a la Nueva España o a Cuba (Zeuske 2003), y seguramente fueron la base de un efímero tomo IV de la *Relación histórica* del viaje americano que su autor retiró de la imprenta cuando ya estaba a punto de salir a la luz[6]. Varios especialistas se han preguntado por las causas de ese vacío en la *Relación* del viaje y, en efecto,

---

[4] *Viaje por el río Magdalena, los Andes y México* (en adelante citado como *Reise*); *Latinoamérica en vísperas de la Revolución de Independencia* (citado como *Vorabend*). He trabajado directamente sobre estas ediciones, a las que remiten todas las citas. Las traducciones del alemán son de A. Sala Bellfort; las del inglés, de F. Castro Torres y mías las del francés.

[5] En lo que concierne a los diarios sobre el periplo peruano de Humboldt, he utilizado también dos ediciones en las que se ofrece la reconstrucción textual del trayecto andino y la traducción al español de sus apuntes (originalmente en francés y alemán): la de Estuardo Núñez y Georg Petersen (2002) y la de David Yudilevich (2004).

[6] En una carta, Humboldt contó a Willdenow que esa parte de la *Relación* que contenía el relato correspondiente al trayecto entre Colombia y los Estados Unidos estaba preparada en un volumen en 1810, aunque a última hora ordenó interrumpir su impresión y la destruyó, debiendo indemnizar al editor con 9.500 francos (Minguet 1969: 105).

resulta extraño pensar que el viajero se conformara con reducir la multiplicidad de sus experiencias a los escasos textos publicados, máxime cuando en la
«Ojeada general» de *Sitios de las cordilleras*... había prometido conclusiones
más definitivas. Charles Minguet sospechó que, aparte de la falta de tiempo
para rehacer ese volumen, pesaba «el incidente Caldas-Montúfar», difícil de
explicar al público lector, ya que la elección de Humboldt «no está fundada
sobre un criterio estrictamente científico» (Minguet 1969: 105). De los estudios
de Margot Faak sobre los diarios podríamos también deducir algunos problemas compositivos en la organización del relato del viaje, que exigía orquestar
la heterogeneidad temática que revelan sus anotaciones.

Pero, leyendo atentamente los materiales peruanos que Humboldt dejó
inéditos, podemos suponer que otras causas ideológicas, que analizaremos a lo
largo de este trabajo, pueden explicar la omisión del relato del Tawantinsuyu; y
entre ellas la repugnancia moral que constantemente causaban en el pensador
liberal los abusos de autoridad sobre las castas oprimidas, la hipocresía del
clero o las formas de esclavitud que embrutecían a los indígenas en las minas,
obrajes y plantaciones de quina, factores que él unía estrechamente a la inmo-
ralidad esencial que entrañaba el colonialismo. Así, por ejemplo, una anotación
correspondiente a Riobamba relata la anécdota de un cura que había perdido
su puesto por haberle hecho con sus casullas unos «faldellinos» a su amante, y
a continuación añadía: «Esto no para la imprenta» (*Reise* 212).

Sin duda, la cortesía hacia sus anfitriones y la autocensura gravitaban sobre
la conciencia del viajero a la hora de editar las experiencias y conocimientos
atesorados en sus cuadernos. Teniendo en cuenta que su viaje era una expedición privada y autofinanciada, pero autorizada por la Corona española con un
pasaporte excepcionalmente amplio, Humboldt debió cuidarse mediante una
calculada prudencia de no cargar las tintas en los aspectos más críticos contra
la política colonial española o el mal gobierno de sus territorios, que en el Perú
le pareció especialmente escandaloso y desalentador. No olvidemos que cuando
en 1799 Humboldt abandonó España por La Coruña registró en su cuaderno
un recuerdo «al infortunado Malaspina», que «gemía» preso en el castillo de
San Antón por la animadversión que suscitaron en el valido Godoy sus ideas
reformistas para las colonias americanas[7].

---

[7] La expedición científica de Alejandro Malaspina (1789-1795) le había sido encargada
por Carlos III con una finalidad reformista, acorde con la política borbónica de modernización
de la extracción de los recursos naturales y del control político de las posesiones americanas.

2. El Tawantinsuyu en el proyecto humboldtiano del Cosmos

Humboldt, hijo intelectual del siglo xviii, había partido hacia América con un variopinto equipaje en el que, junto a los instrumentos de medición más avanzados, viajaban las concepciones científicas y filosóficas de la Ilustración, los ideales de la Revolución Francesa y su caudal de experiencias en geología, minería, botánica y comercio (*Kameralistik*); pero también en dibujo, filología, arqueología e historia de América. El niño que había crecido en el castillo de Tegel leyendo los relatos de viaje de su preceptor Joachim Heinrich Campe[8], siguió fascinado los relatos de quienes anunciaban un nuevo sentimiento romántico y exotista de la Naturaleza: Rousseau, Bernardin de Saint-Pierre, Chateaubriand, Volney, y sobre todo, los de su amigo Georg Forster.

Junto a estas lecturas, Humboldt consolidó sus nociones americanistas previas al viaje en el espíritu universalista y racionalista de la *Enciclopedia* francesa (con sus contradictorias y dogmáticas disertaciones sobre el Perú y los pueblos americanos), así como en la obra de algunos viajeros científicos como La Condamine, que había escrito sobre esa región en su *Relation abregé d'un voyage fait dans l'interieur de l'Amerique meridionale* (1745). Al recorrer durante casi cinco años aquellos territorios sobre los que los *philosophes* y sus seguidores habían emitido tantas especulaciones teóricas sin haberlos conocido realmente, el viajero inició una trabajosa superación de muchos de aquellos prejuicios revestidos con la autoridad de la Razón, y así, en su «Breve relación del viaje» (1804), seguro ya de la gran modernización científica que iba a aportar con sus futuras publicaciones, escribía sobre su expedición andina: «Estudiaron la parte geológica de la cordillera de los Andes, sobre la que nadie había publicado nada en Europa, ya que, nos atreveríamos a decir, la mineralogía es más reciente que el viaje de La Condamine» (Humboldt 2005: 48).

Pero el experto profesional en Minas (oficio que le abrió las puertas de la corte española, necesitada de modernizar sus recursos de Ultramar, y le facilitó la obtención de sus pasaportes), encontró en el antiguo Imperio de los Incas

---

Cuando Malaspina regresó a España, el monarca había fallecido y Godoy controlaba el gobierno desde la Secretaría de Estado.

   [8] Campe, autor del célebre *Robinsón el joven* (1780), había publicado una *Compilación de descripciones extraordinarias de viajes* (donde relató las travesías de Byron, Wallis, Carteret y Cook), así como *El descubrimiento de América* (1781).

sobre todo un privilegiado campo de pruebas para desarrollar sus intuiciones generales sobre una «física del globo», su gran proyecto donde adquieren definitiva coherencia las variadas materias en las que indagó con profunda curiosidad durante sus viajes. En una valoración posterior Humboldt declaró que el Perú le dio la oportunidad de estudiar una de las civilizaciones más elevadas en las cordilleras, y que su arriesgado viaje por las sierras de los Andes no sólo fue un viaje de interesantes estudios particulares, sino que tuvo un «objetivo más elevado»: «el de comprender el mundo de los fenómenos y de las formas físicas en su conexión y mutua influencia» (*Cosmos* I, VII-VIII).

Esa idea ambiciosa, que según una carta temprana a Schiller, de 1794, pretendía superar el «miserable» fragmentarismo del sistema clasificatorio de Linneo para captar la viva dinámica de la Naturaleza sin traicionar su unidad, aparecía ya asociada a su viaje americano en 1799, cuando, para solicitar su pasaporte a América, presentó a Carlos IV una Memoria de gran valor documental, donde explicaba algunos propósitos fundamentales de su viaje: «estudiar [...] la Construcción del Globo, medir las capas que lo componen, y reconocer las relaciones generales que enlazan a los seres organizados» (Cit. en Puig-Samper 1999: 337).

Ese objetivo de demostrar científicamente su intuición de una «física del globo», sustentada sobre una visión global del planeta, hunde sus raíces en la idea pitagórica de un Cosmos armoniosamente ordenado, presente en Epicuro, Lucrecio, Aristóteles y Platón, en la *Historia Natural* de Plinio y en algunos autores renacentistas, como el historiador José de Acosta, cuya *Historia Natural y Moral*, fue una importante fuente documental y formativa tanto para el Inca Garcilaso como para Humboldt[9].

Esa noción «cósmica» había reaparecido en las diversas actualizaciones que ofreció el Siglo de las Luces, ya fuera en la nueva concepción del mundo como un todo interrelacionado en constante evolución, presentado bajo el signo materialista en los enciclopedistas franceses (sobre todo en Buffon y Diderot), ya fuera en su variante idealista y holística de la *Naturphilosophie* alemana, a la que Humboldt se aproximó por un tiempo, al frecuentar a Goethe y a Schiller durante su estancia en Weimar, en 1797.

Pero además, entre estas tendencias generales, varios estudiosos de la obra de Humboldt han encontrado en las lecciones de Geografía de Emmanuel Kant

---

[9] Sobre el concepto de «Historia natural y moral» en Acosta y en Humboldt, véase el trabajo de Sandra Rebok (2001).

y en las rectificaciones aportadas por su polémico alumno, Johann Gottfried
Herder, el impulso para lo que iba a ser la revolucionaria concepción humboldtiana del Cosmos. Kant, que había otorgado a la Geografía la máxima
importancia en la formación de un conocimiento universal, abogó por someter
esta ciencia incipiente al examen de la razón y de la experiencia, al tiempo que
organizaba su actividad científica en tres vertientes interrelacionadas: la Geografía Física, la Geografía Moral (sobre costumbres humanas) y la Geografía
Política (sobre la organización de estados y pueblos). Mientras las sociedades
humanas quedaban «localizadas» en sus espacios vitales, el contemplador sensible podía percibir la unidad de esas estructuras mediante fuertes impresiones
estéticas (lo pintoresco, lo sublime), a las que Kant concedió gran valor en el
umbral sensorial de la formación del conocimiento geográfico (Beck 1999;
Álvarez 2005).

Pero el universalismo ilustrado y cosmopolita de Kant implicaba una generalización cultural logocéntrica y eurocéntrica que Humboldt, transformado
por la experiencia de su viaje americano, contribuyó a modificar con una
nueva perspectiva más cercana al giro relativista que Herder había aportado
al estudio comparativo de las culturas en *Ideas acerca de la filosofía de la historia de la humanidad* (1784). Su valorización de las lenguas, leyendas y mitos
(juzgados por Kant como viejas sombras del pasado que la luz de la Razón
debía disipar), le hicieron ver a Herder, como luego a Humboldt, que no se
puede despreciar la identidad de otras culturas diferentes y menos desarrolladas, consideradas bárbaras y subordinadas respecto a las del Viejo Mundo
civilizado. Humboldt, al «descubrir» la cultura inca y la azteca, contribuyó
decisivamente a esa apertura de perspectivas, y relacionó su nueva actitud con
la «revolución» que había supuesto el hallazgo de otras grandes civilizaciones
milenarias diferentes a la griega clásica, como la egipcia o la hindú. Así lo
manifestaba en *Sitios de las cordilleras y monumentos de los pueblos indígenas*
(1810-1813), donde escribía:

> Afortunadamente, una *revolución* se ha dejado sentir en esto de considerar la
> civilización de los pueblos y las causas de sus progresos o estacionamientos, desde
> fines del último siglo. Hemos aprendido a conocer naciones cuyas costumbres,
> instituciones y artes difieren casi tanto de los Griegos y Romanos, como las formas
> originarias de las especies animales destruidas son diversas de las que describe
> la Historia natural […] mis investigaciones acerca de los indígenas de América
> aparecieron en un tiempo que no tenía por indigno de atención aquello que se

apartaba de los inimitables modelos que los Griegos nos legaron (Humboldt 1878: 6-7, cursiva nuestra)[10].

En los inicios de ese largo proceso (aún inconcluso), Humboldt empezó a constatar, entre oscilaciones conceptuales y algunas contradicciones, que el desarrollo de los pueblos es desigual, que está sometido a circunstancias geohistóricas específicas, y que sólo los que se pertrechaban en las caducas «ideas sistemáticas» podían seguir juzgando las obras de la civilización peruana o azteca en virtud del canon neoclásico de la cultura griega. Pero ¿cómo reorganizar el cuadro de la Antigüedad, asaltado por esas civilizaciones extra-europeas? Humboldt intentará abrazar las diferencias mediante el despliegue de su método comparativo, buscando analogías con otras culturas conocidas. Por eso en la citada «Introducción» a *Sitios de las cordilleras* advertía:

> No hay dificultad mayor que la de comparar naciones que siguen caminos diversos en su perfeccionamiento social; y así los Mejicanos y Peruanos no pueden juzgarse con arreglo a principios tomados de la historia de los pueblos que nuestros estudios nos recuerdan a cada paso; aléjanse de los Griegos y los Romanos, cuanto se acercan a los Tibetanos y Etruscos (Humboldt 1878: 18).

En su obra de madurez, *Cosmos*, lo expresará con este axioma: «Hay naciones con más posibilidades de culturizarse, mucho más civilizadas, más ennoblecidas por el cultivo de la mente que otras, pero ninguna entre ellas es más noble que las otras. Todas están en similar grado concebidas para la libertad» (*Cosmos* I: 357-358). Con esta nueva metodología abierta y comparatista Humboldt luchó por universalizar lo local sin anular las diferencias, intentando extraer «las grandes armonías de la Naturaleza» (Cit. en Puig-Samper 1999: 354).

Sus estudios realizados en el Tawantinsuyu nos muestran una primera escala de esa aventura científica, basada, como ha explicado Ottmar Ette, en una concepción *transdisciplinar* e *intercultural*, que asume, con todas sus implicaciones éticas, la pluralidad de las culturas y, en consecuencia, la descentralización del saber eurocéntrico en «el contexto de un concepto multipolar de la Modernidad» (Ette 2005: 40).

Por otra parte, ese interés por la dimensión humana —histórica, social y cultural— que tanto interesó a Humboldt para comprender la acción recíproca

---

[10] Las citas de *Sitios de las cordilleras…*, tomadas de la primera edición española de Bernardo Giner, se presentan aquí con la ortografía actualizada.

entre el medio físico y la psicología de los pueblos, también convierte a Humboldt en un fundador de la Antropología moderna (Minguet 1969: 347-459), al hacer concurrir otras disciplinas incipientes que el mismo sabio impulsó: la antropología física, la etnología, la arqueología, la demografía, la sociología, la economía o la ciencia política.

Como veremos a través de sus diarios, Humboldt investigó en esos campos con la convicción de que podrían aclarar sus grandes interrogantes generales sobre el origen, antigüedad y diversidad de los pueblos americanos. El mosaico de anotaciones diseminadas en sus cuadernos sobre el Tawantinsuyu empieza a cobrar sentido cuando tenemos en cuenta que los indicios recopilados pueden apuntalar, por ejemplo, su convicción de que el Nuevo Mundo no era tan nuevo y diverso como se creía en Europa, o su novedosa hipótesis sobre el origen asiático de los indígenas americanos: «Si las lenguas prueban solo de una manera imperfecta la antigua comunicación entre los dos mundos, las cosmogonías, monumentos, jeroglíficos é instituciones de los pueblos de América y Asia, revelan la comunicación de una manera indudable» (Humboldt 1878: 13).

Y, en consonancia con sus nuevas metodologías dinámicas y con su perspectiva intercultural, el viajero también amplió sus fuentes de conocimiento hacia los 'cronistas' y los testimonios orales, mientras sometía a un constante experimentalismo la representación de sus objetos de estudio mediante distintos recursos semióticos, retóricos y estilísticos.

En este sentido, el Tawantinsuyu de Humboldt aparecerá representado mediante dos estrategias descriptivas de gran interés: la de procedimiento que Ottmar Ette denomina *intermedial* de *Vues des cordilléres…*(Ette 2005: 41), con su doble discurso *visual* (con sus grabados de paisajes, ruinas, objetos arqueológicos o códices) y *verbal* (las descripciones de «sitios» y «monumentos»)[11]; y la del «cuadro de la Naturaleza», en «La meseta de Cajamarca», donde la escritura trata de transmitir al lector aquella impresión del conjunto descrito, compaginando la percepción estético-subjetiva con el análisis de los objetos investigados, de acuerdo con su inclusión de lo subjetivo y sensorial en el dominio de la ciencia.

El papel del Inca Garcilaso en esta gigantesca aventura intelectual de Humboldt es conflictivo y ambiguo, pero en las páginas que siguen podremos

---

[11] Para una amplia valoración estética y cultural de *Sitios de las cordilleras*, véase también el epílogo de Ottmar Ette y Oliver Lubrich a la edición alemana de esta obra, *Ansichten der Kordilleren und Monumente der eingeborenen Völker Amerikas* (2004).

demostrar que el historiador cuzqueño, que escribía en Montilla con el «deseo de conservación de las antiguallas de mi patria», hubiera visto cumplido en parte su deseo de salvar la memoria de su mundo materno, amenazado por «la entrada de la nueva gente y trueque de señorío y gobierno ajeno» (Garcilaso 1985 II: 100), a través de las nuevas imágenes incaicas que el viajero prusiano iba a divulgar dos siglos más tarde en Europa y en la misma América.

Pese a las profundas divergencias ideológicas y las distancias culturales que separan al sabio prusiano del también sabio pariente de Atahualpa, no podemos dejar de reconocer las afinidades entre dos fuertes individualidades que, al estudiar el Tawantinsuyu, entrecruzaron sobre el espacio andino la doble focalidad de sus miradas; una doble focalidad que en ambos es intercontinental: americana y europea. Pero también la misma concepción cósmica, de raíz neoplatónica, les permitió tender una amplia trama de analogías para comprender dentro de su red abarcadora la legitimidad de las diferencias culturales; y en ambos el procedimiento intertextual de su escritura también alió voces de la oralidad y de la erudición para concertar la elaboración de un saber poliédrico y más exacto sobre el antiguo Perú.

La lectura y sobreescritura que Humboldt hizo, entre el asombro y el espanto, de algunos pasajes de los *Comentarios reales* para documentar su trabajo sobre el Tawantinsuyu, nos permitirá también comprender y matizar lo que denominaremos, con la mayor prudencia, el «indigenismo» humboldtiano.

3. EL INCA GARCILASO Y SUS LECTORES EN EL SIGLO XVIII

Al analizar los cuadernos de viaje de Humboldt comprobamos que durante su estancia en Perú y posteriormente, en México y en Europa, leyó, tomó notas e indicó referencias de las dos partes de los *Comentarios reales*. En el proceso de redacción de sus diarios y notas complementarias el viajero se sirvió de la edición madrileña de González de Barcia (1722-1723), cuyos dos tomos le fueron regalados en Lima. Uno de esos ejemplares lleva la curiosa dedicatoria «Juan del Pino al Varon de Vmbot» y la anotación «Al. Humboldt Lima 1802[12]». Sin

---

[12] Margot Faak ha analizado estos volúmenes: Garcilaso de la Vega, el Ynca: *Historia general del Perú, trata el descubrimiento de el, y como lo ganaron los Españoles* [...] Segunda impresión, enmendada y añadida (Segunda Parte de los *Comentarios reales*), Madrid, 1722, y *Primera parte de los Comentarios reales que tratan de el origen de los Incas* [...]. Segunda impresión enmendada. Madrid, 1723 (Faak, *Reise*, 2: 353 y 394). González de Barcia también

embargo, en su texto más tardío de «La meseta de Cajamarca», de *Cuadros de la Naturaleza*, citó la edición francesa de Baudoin, publicada en Ámsterdam en 1737, con ilustraciones.

Teodoro Hampe asegura que Humboldt había conocido los *Comentarios reales* desde su estancia parisina de 1790, en la etapa de la Revolución Francesa:

> El primer contacto de Alexander von Humboldt con el Perú sucedió en Francia. Ahí, entre las asonadas de la revolución, el entonces inspector auxiliar de minas, descubrió en la última década del siglo dieciocho los escritos de Garcilaso y Cieza de León y, probablemente, quedó deslumbrado con esas historias de indios y señores (Hampe 2004: s/p).

Esa lectura supone un importante eslabón en la formación americanista de Humboldt que, antes del viaje a América, se había ido ampliando progresivamente en las bibliotecas de Ebeling, de Hamburgo, en la biblioteca del barón Karl Ehrenbert von Moll, en Salzburgo y luego en Madrid, cuando en 1799, al decidir en España el rumbo atlántico de su travesía, consultó la nutrida biblioteca y archivo de documentos inéditos del historiador y cosmógrafo mayor de Indias, Juan Bautista Muñoz, que en esa época estaba organizando el Archivo de Indias y redactando su *Historia del Nuevo Mundo*[13].

Pero su estudio más profundo de la obra del Inca Garcilaso de la Vega tuvo lugar, como el mismo Humboldt manifestó, en Lima. En aquellos dos meses se convirtió en un atento lector de las 'crónicas de Indias' (Acosta, Oviedo, Herrera, Cieza, Gómara) y de la literatura colonial (*La Araucana* de Ercilla, el *Arauco domado* de Pedro de Oña) así como de Peralta Barnuevo y Antonio León Pinelo. A esa selección, llamativa en la biblioteca de un naturalista, añadió las obras, informes y descripciones geográficas de otros viajeros que, pocos años antes, habían escrito sobre el Perú: La Condamine, Malaspina, Tadeo Haenke y Cosme Bueno; Antonio de Ulloa y Jorge Juan, así como los ejemplares del

---

había editado *La Florida del Ynca* (1722), a la que añadió su propia actualización firmada con el pseudónimo Gabriel de Cárdenas Cano. También se le debe la de *La Araucana* (1733). Juan del Pino Manrique de Lara ostentó varios cargos políticos en el Virreinato del Perú, entre ellos el de gobernador intendente de Potosí entre 1783 y 1789. Cuando Humboldt lo conoció en Lima era patrocinador de la Sociedad de Amantes del País y del *Mercurio peruano*. Fue autor de obras geográfico-descriptivas que fueron publicadas por Pedro de Angelis en 1836.

[13] Muñoz, que falleció en julio de 1799, había publicado en 1793 el Tomo I de su *Historia del Nuevo Mundo*, le descubrió a Humboldt el acervo desconocido de las crónicas, como recordaba en *Cosmos*.

Mercurio peruano, dirigido por el P. Cisneros, o la *Guía política del Virreynato del Perú* (1793) de uno de lo más destacados redactores de dicha publicación, el médico ilustrado Hipólito Unanue.

Cuando Humboldt decidió completar sus manuscritos con algunas notas tomadas del Inca Garcilaso, las obras del historiador cuzqueño no eran, ni mucho menos, documentos olvidados. Por un lado, venían disfrutando de una amplia circulación en los focos ilustrados y progresistas europeos, donde los estudios americanistas despertaban entre difusas utopías y oscuros prejuicios; y por otro lado, en el mismo Perú y las regiones vecinas, constituían una lectura subversiva que inspiraba sublevaciones indígenas e incluso proyectos emancipadores y nacionalistas con ribetes incaístas.

En ese horizonte, donde la lectura europea y americana de las obras del Inca Garcilaso constituía un fermento ideológico que suscitaba vivas adhesiones y también claros desacuerdos, resulta interesante analizar, en primer lugar, la posición de Humboldt respecto a los *Comentarios reales*; y en segundo lugar, la función que cumplieron estas obras en la elaboración del saber humboldtiano sobre América y el Virreinato del Perú, así como en la nueva imagen del mundo incaico que el viajero berlinés divulgó en Europa y América a principios del siglo XIX.

Para conocer cuál era la recepción del Inca Garcilaso y la apreciación del mundo incaico en la Europa de Humboldt antes de la edición de *Vues des cordillères*, conviene que recordemos las principales tendencias de aquella «moda incaísta» que invadía los salones ilustrados europeos, cuando las obras del historiador cuzqueño satisfacían por igual el gusto primitivista dieciochesco, la sed reformista de los primeros ilustrados, y los argumentos de la «leyenda negra» suscitada por la competitividad neocolonial europea, cuando se esgrimían las obras de Las Casas y del Inca Garcilaso para criticar los procedimientos de la conquista española y restar mérito a la colonización.

El modelo de una sociedad feliz, basada en el trabajo comunal, como la descrita por el Inca en sus *Comentarios reales*, ya había inspirado algunas utopías como *La ciudad del Sol* (1623), de Campanella y la *Nueva Atlántida* (1627), de Francis Bacon; y el carácter histórico-novelesco de sus obras, con su sesgo antioficialista, iba a seguir inspirando la narrativa utópica del siglo XVIII, cuando el descontento político europeo se expresaba a través de la ficción.

En su trabajo «El Inca Garcilaso en las utopías revolucionarias», Iris Zavala observa que los *Comentarios reales,* en su edición francesa de 1633, ofrecía el «sociograma» de una «república ideal» basada en la comunidad de bienes y en

la racionalización del trabajo, mientras satisfacía la nostalgia de la Edad de
Oro y de los mundos primitivos en la imaginación prerrevolucionaria francesa
(Zavala 1992: 222).

De ese modo el Inca Garcilaso inspiró sociedades perfectas (socialismo,
justicia, educación, deísmo sin dogmas ni supersticiones) a varios escritores de
la época, como al geógrafo protestante Denis de Vieras d'Allais (1677-1679),
autor de la novela *Histoire des Sévarambes* (1677-1679), o a Simon Tyssot de
Patot (1710) que en *Voyages et aventures de Jacques Massé*, imaginó una isla
cuyos rasgos socio-políticos iban a encontrar eco en las ideas socialistas de
Saint-Simon y de los primeros anarquistas.

Nos recuerda Zavala que esas utopías nutridas en la lectura de *Comentarios reales* no estaban lejos de su realización política en los proyectos de
algunos escritores como el abate Morelly, incluido por Marx y Engels entre
los primeros socialistas utópicos y generalmente reconocido como antecesor
del marxismo. Morelly había escrito el poema heroico *Naufrage des isles flo-
tantes, ou Basiliade du célèbre Pilpaï, poéme héroique traduit de l'indien par M.
M*** Messine* (París, 1753), luego reeditado durante la Revolución Francesa.
En esa obra imaginaba una organización socialista primitiva, basada en una
armonía con las leyes naturales, idea que posteriormente iba a desarrollar en
Code de la Nature, donde abogaba por la relación armoniosa y solidaria del
hombre con la naturaleza. Como concluye Iris Zavala, en estas lecturas de
los *Comentarios reales*

> ...el pasado se presenta como fuerza modernizadora [...] El Cuzco de los
> Incas no se elaboró como «mito de orígenes», según lo define Eliade, sino como
> crítica de propuesta racional y fundada, en una expansión del imaginario hacia
> lo incorrupto y lo ignoto. [...] La metanarrativa garcilasiana anticipa —y de ahí
> tal vez el interés que suscitó entre los pensadores franceses— la utopía revolucio-
> naria (y rusoniana) que los hombres son buenos por naturaleza y la propiedad los
> corrompe (*Ibíd.*: 226).

Por su parte, como nos recuerda Edgar Montiel, los enciclopedistas franceses, tan importantes en la formación de Humboldt, fueron los mayores
divulgadores de las obras del Inca Garcilaso, tanto de *La Florida*, que en el
siglo XVIII disfrutaba ya de unas veinte ediciones a distintas lenguas europeas[14],

---

[14] Sólo en alemán se publicaron cuatro ediciones de *La Florida*: la de 1753 (Zelle, Franck-
furt y Leipzig, basada en la traducción francesa de Richelet); la de 1758 (resumen en el tomo

como de los *Comentarios reales*, cuya edición francesa de 1744, en dos volúmenes anotados por Feuillée, Gage, La Condamine y por otros filósofos viajeros del siglo XVIII, fue leída con entusiasmo por Voltaire, Diderot y d'Alembert[15]. Lo cierto es que incluso Montesquieu, en *El espíritu de las leyes*, evocaba al Inca para explicar su tesis sobre el desarrollo desigual de los pueblos, mientras también Diderot se documentó en las obras de Garcilaso para escribir con el Abate Raynal el tomo III de la *Historia Filosófica y Moral de las Indias*.

El papel de algunos ideólogos y escritores hispanoamericanos había sido importante en la divulgación de la obra del Inca Garcilaso, y así se ha evocado el papel transmisor del ilustrado peruano Pablo de Olavide, admirador del Inca Garcilaso y amigo de Voltaire y de otros enciclopedistas; o el de los jesuitas americanos, radicados en Italia tras su expulsión (1767) e involucrados algunos de ellos en la «Polémica del Nuevo Mundo».

En los conflictos de la Revolución Francesa el Inca Garcilaso siguió vigente, con su modelo de «colectivismo agrario», a través del influjo del abate Morelly, inspirando, junto con Las Casas, la tendencia radical de los revolucionarios socialistas encabezados por Babeuf. Es significativo que dos años antes del viaje americano de Humboldt, en 1797, este jacobino muriera ejecutado por promover la «Conjuración de los Iguales» en los inicios del llamado «Terror blanco».

En el plano más ceñido del americanismo europeo, se discutió vivamente la imagen idealizada de los incas legada por el Inca Garcilaso a aquellos utopistas y revolucionarios radicales. Ese americanismo incipiente estaba intensamente coloreado por la ideología universalista de los enciclopedistas franceses, quienes, con su racionalismo sistemático y desmitificador, ofrecían unas visiones sumamente distorsionadas de un mundo sin historia, idea que todavía encontraremos en Hegel. Entonces el Inca pasó a ser visto como un historiador poco fiable,

---

16 de *Allgemeine Historie der Reisen zu Wasser und Lande* (21 Vols., Leipzig, 1748-1774); la de 1785 (Nordhausen, traducción resumida en dos volúmenes); y la de 1794 (Leipzig). Para una relación más detallada véase Carmen de Mora (2006). Agradezco a esta autora su gentileza al cederme estos datos.
[15] Voltaire, que recomendaba la lectura de los *Comentarios* a sus amistades, avivó también una fantasía creadora de inspiración incaísta, tal como se lee en las novelas de Mme. de Grafigny, de Olimpe de Gouges, ó en *Los Incas* de Marmontel, la célebre novela histórica basada en Las Casas y en el Inca Garcilaso, donde el indio, inocente y frágil, aparece como víctima de la conquista española. También la idea del colectivismo de los incas inspiró la ficción futurista *L'an deux mille quatre cent-quarante: rêve s'il en fût jamais* (1771) al escritor Louis Mercier. Véase Montiel 2005.

parcial y fantasioso, y su imperio fue crudamente juzgado como un sistema bárbaro de gobierno.

Esta desmitificación de la patria de Garcilaso se basaba, sobre todo, en la *Histoire Naturelle* (1749) de Buffon, quien había catalogado a los indígenas americanos en la escala más baja de su clasificación de las razas humanas. Ello se debía a que la humanidad, pese a avanzar siempre hacia el progreso y la civilización, tenía determinado su impulso por las condiciones ambientales donde vivía. Los indígenas americanos, al pertenecer a un mundo nuevo, de reciente formación y aún húmedo, con climas insalubres, eran, al igual que el resto de las especies inferiores que allí vivían, seres inmaduros, débiles, lampiños (y, por tanto, poco viriles e incapacitados para la procreación), apáticos e insensibles. Mientras la hostilidad del clima determinaba la escasa población del nuevo continente, así como el empequeñecimiento y atrofia de las especies trasladadas a esas zonas, la idea rousseauniana del «buen salvaje» agonizaba para dejar paso a las viejas categorías del «salvaje» y el «bárbaro», a la que pertenecían los mexicanos y peruanos, algo más avanzados que las tribus costeras.

Cornelius de Paw en sus *Recherches philosophiques sur les Américains* (Berlín, 1768-1769) y el abad François Raynal, *Histoire philosophique et politique des établissements et du commerce des Européens dans les deux Indes* (Ámsterdam, 1770) también imaginaron que los americanos, débiles y atrofiados, eran producto de una degeneración determinada por el clima. De Paw caracterizó a los indígenas como salvajes bestiales y lujuriosos, y rebatió la idealización de los incas, reduciendo su colosal arquitectura a primitivas chozas sin ventanas.

El célebre historiador escocés William Robertson, en su divulgadísima *History of America* (Londres, 1777) quiso ofrecer un estudio más realista de la mentalidad indígena que el aportado por los *philosophes* ilustrados, y añadió matices novedosos al simple determinismo climático de Buffon o a las ideas contradictorias sobre el indio tal como aparecían en Rousseau y De Paw. Después de utilizar la documentación oficial e inédita que le dejaron consultar en los archivos españoles, declaró que los testimonios de los primeros cronistas, misioneros y colonizadores, carentes de ilustración y presas de innumerables prejuicios, eran poco dignos de crédito. Por esa razón Robertson desprestigió la obra de Garcilaso de la Vega y declaró la barbarie de un pueblo que comía la carne cruda y se dejaba enterrar con sus gobernantes, mientras el clima tórrido (?) explicaba su molicie y pasividad.

La nueva lectura que Humboldt hizo de las obras históricas del Inca Garcilaso no se aparta radicalmente de algunos esquemas críticos de estos americanistas europeos como Robertson, pero su indagación del Tawantinsuyu le permitió aportar una representación más coherente y documentada, gracias a una metodología que empezaba a sacar a la luz la intrincada trama de factores contextuales y a considerar la historicidad de los fenómenos y de los pueblos.

En cuanto a la recepción de los *Comentarios reales* en el Perú, debemos tener en cuenta que unos años antes de la llegada de Humboldt, el Inca Garcilaso se había convertido en una viva presencia entre los descendientes de los incas y en algunos sectores criollos descontentos con la política absolutista y con los abusos fiscales de los corregidores. Aquella lectura que exaltaba el mundo incaico en los medios ilustrados europeos, pronto se instaló en el Perú y regiones limítrofes por la acción de los viajeros reformistas. En su documentado trabajo sobre la función que desempeñó la obra del Inca Garcilaso en la consolidación del patriotismo peruano, Jesús Díaz-Caballero demuestra que su influencia no sólo inspiró a los sectores indígenas de la población, sino que también alentó en el sentimiento de los criollos la forja de un incaísmo utópico, crítico y emancipador que, sin embargo, una vez consumada la Independencia, resultó ser en los proyectos nacionalistas más simbólico, retórico y pasatista que efectivamente integrador. Como escribe este autor, la obra del Inca Garcilaso «se recicla como fuente utópica emancipadora en el pensamiento ilustrado europeo, durante el siglo XVIII, para volver a América como recurso simbólico redentor del patriotismo criollo a principios del siglo XIX» (Díaz-Caballero 2004: 100).

La amplísima divulgación peruana de esa segunda (y muy tardía) edición española de los *Comentarios reales*, la de 1722-1723, se relaciona con el fortalecimiento de sentimientos de orgullo y nostalgia del viejo orden incaico destruido por los españoles, así como el deseo de dignificación del sector indígena, humillado y postergado por la política virreinal. El llamado «Renacimiento Inca» se manifestó en las artes plásticas, en las representaciones teatrales y en la exteriorización de los distintivos tradicionales que lucían los curacas, pues volvían a exhibir públicamente la dignidad de su linaje. Este sentimiento impregnaba una época de gran inestabilidad política y económica, a la que se sumaron algunas revueltas indígenas a favor de la restauración del Imperio Inca, como la de Juan Santos Atahualpa (1742-1756) y, sobre todo, la revolución del cacique José Gabriel Condorcanqui, que en 1780 se autoproclamó

Inca legítimo con el nombre de Tupac Amaru II, por ser directo descendiente del primer Tupac Amaru.

Las autoridades comprobaron el poder subversivo que emanaba de los *Comentarios reales*, que había regresado a la tradición oral. Por haberse convertido en la «biblia secreta de Túpac Amaru II» (Durand 1974: 39) el rey Carlos III envió al virrey Jáuregui sus reales órdenes (1781 y 1782) para la incautación de todos sus ejemplares, porque en ella «han aprendido esos naturales muchas cosas perjudiciales[16]». Se consideraba que el Inca Garcilaso, al dejar abierta la genealogía imperial incaica después del ajusticiamiento de Atahualpa y de la persecución y destierro de indígenas y mestizos ordenada por el virrey Toledo, animaba a la reconstitución del imperio.

Cuando Humboldt llegó al Perú encontró un clima político en el que aún se sentía el peso de la fuerte represión y censura que siguió a la insurrección de Tupac Amaru II, con la persecución y exilio de sus parientes, la prohibición del uso de la lengua quechua, del teatro tradicional indígena y de toda manifestación sospechosa de incaísmo político. Los *Comentarios reales* seguían informando sobre un pasado rico y monumental, pero, como advierte Díaz-Caballero, disociado del presente indígena, y acorde con un sentimiento de patriotismo criollo compatible con la lealtad a la monarquía borbónica. Ése era el patriotismo ilustrado y católico del *Mercurio peruano* (1791-1794) y de la Sociedad Académica de Amantes del País, donde sólo don Hipólito Unanue, conectaba el presente de la población andina con su pasado imperial a través del estudio de sus tradiciones culturales y de sus prácticas médicas[17].

Ante estas tendencias principales que caracterizan la recepción europea y americana de las obras del Inca Garcilaso en el siglo XVIII, Alexander von Humboldt nos propondrá una nueva lectura original y matizada (aunque no enteramente positiva) de sus obras, fruto de un análisis crítico de su escritura y, también, de sus observaciones directas sobre el Perú contemporáneo. De este modo se apartó de las corrientes dominantes en la recepción francesa del

---

[16]   Orden real recogida en Torre Revello, José, *El libro, la imprenta y el periodismo en América durante la dominación española*, Buenos Aires, Instituto de Investigaciones Históricas, 1940.

[17]   El sabio criollo Hipólito Unanue (1755-1833), médico, reformador pedagógico e ideólogo, fue un destacado representante de la Ilustración científica peruana y, en su madurez, un promotor de la Independencia. Fue editor y colaborador (con el seudónimo de «Aristo») de *El Mercurio Peruano* entre 1791 y 1794, con trabajos como «Idea General del Perú» (1791). Humboldt admiró sus trabajos sobre el efecto de las vacunas en la población indígena.

historiador peruano, tanto de las interpretaciones utópicas y jacobinas radicales, como de las dogmáticas descalificaciones de De Paw o Robertson, para atacar indirectamente, desde su posición democrática liberal, la lectura «comunista» de los *Comentarios reales*.

3. «El dédalo de los idiomas americanos»:
   Garcilaso y Humboldt, filólogos

Durante su viaje americano Humboldt empezó a tomar conciencia de la enorme variedad y riqueza de las lenguas indígenas, casi completamente desconocidas en Europa, así como de la importancia de su estudio para comprender el origen y la vida intelectual de aquellos pueblos. Mientras la Biblioteca Real de París sólo disponía de tres gramáticas amerindias, el viajero logró reunir una considerable colección de trabajos, gramáticas y manuscritos en lenguas indígenas[18].

Después de descubrir el inesperado tesoro de las lenguas de los pueblos del Orinoco, de los guaicas, chaimas y muiscas, y de haber escuchado durante su travesía por los Andes la lengua quechua, le escribió a su hermano Wilhelm una carta de gran interés desde el punto de vista etnolingüístico:

> También me he ocupado mucho del estudio de las lenguas americanas, y he comprobado cuán falso es lo que dice La Condamine respecto a su pobreza. [...] Me dedico sobre todo a la lengua Inca, se la habla comúnmente aquí en la sociedad, y es tan rica en flexiones finas y variadas, que los jóvenes, para decirle ternezas a las mujeres, comienzan a hablar en Inca cuando han agotado los recursos del castellano (Humboldt 1989: 85).

Mientras el sabio desmentía los apresurados juicios de La Condamine, que en su *Rélation* había declarado al indígena incapaz de comprender y expresar ideas abstractas, también empezaba a concebir su novedosa aproximación al acervo intangible de las lenguas, que será presentada en la «Introducción» y en la «Ojeada general» de *Sitios de las cordilleras* como una importante vertiente

---

[18] En la tercera parte de su *Rélation historique* (Libro III) él mismo hizo detallado inventario de esos materiales que iban a ser determinantes para el avance de la naciente etnolingüística. En lo referente al quechua reseñaba las obras de Diego González Holguín, *Vocabulario de la lengua general de todo el Perú, llamada lengua Quichua o del Inca, conforme a la propriedad cortesana del Cuzco* (Ciudad de los Reyes, 1608) y la *Gramática de la lengua del Inca* (Lima, 1753).

de su metodología, pues consideraba que sin su estudio toda teoría sobre el Cosmos quedaría incompleta.

En esa exposición teórica el estudio comparativo de las lenguas amerindias aparecía como un campo apenas desbrozado que, con el tiempo, podría llegar a ofrecer pruebas positivas sobre el desconocido parentesco de los pueblos indígenas con los de otros continentes. Junto a las imponentes masas pétreas de las cordilleras y a la monumentalidad de las ruinas incaicas, el lenguaje, monumento también del espíritu de los pueblos, aparecía en el mundo del naturalista como el fenómeno más resistente a la cuantificación científica, pero con un valor altamente iluminador sobre la organización de la vida humana en el planeta. No en vano la filología empezaba a ser una joven ciencia con un creciente protagonismo, tanto por su capacidad de indagación en los archivos remotos de la humanidad como por su importancia en el desciframiento y descripción del «libro de la naturaleza» (Blumenberg 2000: 173 ss.).

Las raíces comunes de las palabras recolectadas por Humboldt, comparadas con otras recogidas por misioneros, viajeros y estudiosos, parecían reforzar (aunque aún sin pruebas concluyentes) su hipótesis más recurrente sobre una migración procedente de Asia que, tras penetrar desde el Norte hacia el Sur, se dispersó por las regiones del continente, experimentando grados diversos de mestizaje o sufriendo un prolongado aislamiento tras las fronteras impuestas por la naturaleza. Estos factores habrían causado «la pasmosa variedad de las lenguas americanas» y su diversificación respecto a otras del tronco común, aunque algunos factores históricos causaban un efecto unificador, como ocurrió con la expansión imperial de los incas y la generalización del quechua:

> La mayoría de las lenguas americanas, aun aquellas que difieren entre sí como las de origen germánico, céltico y eslavo, presentan una cierta semejanza en el conjunto de su organización; ya en la complicación de las formas gramaticales, en las modificaciones que sufre el verbo según la naturaleza de su régimen y en la multiplicidad de las partículas adicionales (*affixa et suffixa*). Anuncia esta tendencia uniforme de los idiomas, sino [si no] identidad de origen, por lo menos extremada analogía en las disposiciones intelectuales de los pueblos americanos, desde la Groenlandia a las tierras magallánicas (Humboldt 1878: 11)[19].

---

[19] La atención de Humboldt a las flexiones y derivaciones, así como a las etimologías y a la situación de esos elementos léxicos en el contexto gramatical implica una consideración

Cuando aún se creía en una sola raza originaria y en una lengua común de la humanidad, previa a la bíblica confusión de las lenguas, y cuando se situaba la dispersión de Babel en una etapa muy próxima a los tiempos históricos, Humboldt avanzó algunas hipótesis novedosas. En paralelo con la antigua formación geológica de América, su población y sus lenguas también resultaban ser mucho más antiguas de lo pensado[20]. Mientras las lenguas, como las conchas marinas fosilizadas a grandes alturas en las montañas andinas o los enormes huesos fósiles de mastodontes que Humboldt envió a Cuvier, podían probar que los Andes eran tan antiguos como los Alpes, descubría que la complejidad de la lengua quechua y otras igualmente ricas y desarrolladas «bastarían para probar que la América poseyó alguna vez mucha mayor cultura que la que encontraron los españoles en 1492» (Humboldt 1989: 85). También, y en virtud de sus teorías sobre la migración de los pueblos, imaginó que en algún confín americano podrían llegar a encontrarse lenguas ya perdidas en el viejo continente.

Estas ideas de Humboldt se desarrollaban en un momento de grandes innovaciones en el estudio de las lenguas, cuando las concepciones lingüísticas del primer romanticismo experimentaban, como las ciencias naturales, un revolucionario avance hacia territorios inexplorados y hacia su propio desarrollo epistemológico. En aquellos momentos de expansión neocolonial europea, el descubrimiento del sánscrito (preservado en la India como lengua ceremonial) se había revelado como lengua madre de las antiguas lenguas persa, griega y otras europeas. William Jones, al describir en 1786 el indoeuropeo, abría el campo donde iba a desarrollarse la lingüística comparada a escala intercontinental. El redescubrimiento del antiguo Egipto por las campañas napoleónicas y el desciframiento de jeroglíficos también añadían al comparatismo otro punto de referencia extra-europeo sobre una antigua cultura «diferente» de las clásicas mediterráneas. Y, por otra parte, en sus

---

estructural de la lengua entonces revolucionaria, que su hermano compartirá en sus tratados lingüísticos.

[20] Basándose en calendarios y en algunos mitos cosmogónicos, Humboldt calculó la antigüedad de los pueblos americanos en casi 20.000 años, cuando Buffon calculaba para los antiguos peruanos sólo 300 años, y los seguidores de la Biblia atribuían a toda la humanidad sólo 6.000 años desde la creación. Humboldt calculó en unos 18.000 años la antigüedad de los aztecas descifrando sus códices y operando a partir de las eras históricas que relataban; Paul Rivet llegó a una conclusión similar sirviéndose de la prueba del carbono 14 (Minguet 1969: 392).

Ensayos sobre el origen del lenguaje (1772) ya Herder había iniciado un estudio de las lenguas y mitos americanos con una nueva inquietud comparatista y con una visión positiva de las identidades culturales que desbordaba las fronteras europeas.

Mientras Friedrich Schlegel fundaba la lingüística histórica, la lexicografía comparada moderna iniciaba su andadura con las primeras recopilaciones de P. S. Pallas, *Linguarum totius orbis vocabularia comparativa* (1786-1789), que presentó palabras en doscientas lenguas; la del jesuita Lorenzo Hervás *Catalogo Delle Lingue Conosciute* (1800-1805), basado en las encuestas y memorias sobre lenguas amerindias conocidas por los jesuitas exiliados en Italia; y, la más importante, la de J. Adelung y J. S. Vater, *Mithridates, oder allgemeine Sprachenkunde* (Berlín, 1806-1817), con sus casi quinientos Padrenuestros en otras tantas lenguas o dialectos.

Es interesante saber que, del mismo modo que Humboldt citó más de una vez en apoyo de sus indagaciones los criterios etimológicos de Adelung y Vater en su *Mithridates*, dicha enciclopedia había ido creciendo con algunos hallazgos de los hermanos Von Humboldt[21]. En efecto, mientras Alexander le envió a Vater algunas de sus gramáticas amerindias, Wilhelm le facilitaba a Adelung las dieciocho gramáticas resumidas que Hervás le había entregado en Italia en 1802[22].

Estas conexiones y redes de cooperación nos muestran la existencia de un activo intercambio de conocimientos entre estos primeros etnolingüistas, tanto entre Europa y América como entre las dos Américas. En el caso de los Estados Unidos, el contexto socio-político del país reforzaba el interés científico de varios investigadores y gobernantes de la época por el conocimiento de sus lenguas amerindias, ya que a principios del siglo XIX se iniciaba la expansión estadounidense hacia el lejano Oeste y también hacia el Sur. En 1804, después de su larga estancia de investigaciones en México, Humboldt facilitó a Thomas

---

[21] En la misma «Introducción» a *Sitios de las cordilleras* Humboldt ya hacía mención de algunos estudios etimológicos pioneros dentro del campo de la lingüística comparada, como los de Barton y Vater, realizados con un «método no conocido antes en el estudio etimológico» (Humboldt 1878: 11). B. Smith Barton, botánico y lingüista, autor de *A comparative vocabulary of Indian languages* (1798), era un prestigioso investigador de Filadelfia, y Severin Vater, profesor y bibliotecario en Königsberg, había incorporado a sus listas comparativas de vocabularios europeos y asiáticos varias lenguas africanas y americanas.

[22] Años más tarde, Lavater iba a encargar a Wilhelm publicar las *Correcciones y adiciones al Mithridates de Adelung sobre la lengua cantábrica o vasca* (1817).

Jefferson, información sobre los desconocidos territorios mexicanos adquiridos a Napoleón mediante el contrato de compra de Luisiana. Aparte de la polémica cesión de su información sobre minas, mapas y estadísticas de población, Humboldt entabló intercambio (luego seguido también por su hermano) con varios estudiosos del comparatismo lingüístico de la prestigiosa American Philosophical Society, como el citado Benjamin Smith Barton, con Peter S. De Ponceau, otro gramático comparativo autor de unos *Indian vocabularies* (1820-1844) y de una traducción de Vater; o con el mismo Jefferson, que venía recopilando y comparando vocabularios indígenas desde 1780[23].

Naturalmente, el interés filológico del científico no se puede aislar de los intereses de su hermano Wilhelm, y habría que estudiar más a fondo sus afinidades teóricas en materia lingüística, el sentido de su cooperación y la funcionalidad diferente que tuvo en cada uno el estudio (inconcluso en ambos) de las lenguas amerindias dentro de sus respectivas concepciones antropológicas. Lo que sí parece cierto es que Alexander —visto el papel trascendente que ocupaba el estudio de las lenguas en su proyecto geognósico— al estudiar *in situ* lenguas indígenas completamente desconocidas, no fue sólo un recolector de curiosidades etnolingüísticas para su hermano (a quien atrajo hacia estos intereses e invitó a cooperar en la *Rélation historique*), sino un verdadero promotor del desarrollo del comparatismo europeo y americano desde su privilegiado horizonte americano. Un documento insoslayable para esa investigación pendiente sería el ambicioso proyecto comparativo de estas lenguas expuesto por Wilhelm en su «Ensayo sobre las lenguas del Nuevo Continente», escrito hacia 1812. En sus páginas podemos leer más de una idea afín a las que Alexander empezaba a vislumbrar en 1802[24].

El cuadro comparativo que Humboldt aportó en *Sitios de las cordilleras...* (137) entre lenguas americanas (azteca, quechua, muisca y nutka) y lenguas tártaras (manchú, mongólica y oigur) nos muestra un primer estadio de sus aportaciones a este campo, y también su cautela en un terreno resbaladizo donde el naturalista ya había rebatido teorías extravagantes y carentes de «datos positivos» (Humboldt 1878: 7).

---

[23] Tal vez se deba a Barton o a De Ponceau la recolección de las copias de 61 cartas de tema lingüístico y americanista de A. v. H. a diversos destinatarios estadounidenses, que hoy se conservan en la American Philosophical Society Library. Puede consultarse el catálogo de manuscritos humboldtianos en <www.amphilsoc.org/library>.

[24] Este ensayo fue traducido al español en la edición de Miguel de Unamuno y Justo Gárate en *Cuatro Ensayos sobre España y América*, Buenos Aires, Espasa Calpe, Col. Austral, 1951.

En este contexto del primer comparatismo, cuando el viajero se debatía en el laberinto de las lenguas amerindias, resulta especialmente interesante el interés filológico que descubrió en la obra del Inca Garcilaso, «que poseía el idioma materno y gustaba de buscar etimologías» (Humboldt 2003: 396). En las notas que salpican sus textos peruanos nos encontramos con frecuentes referencias al historiador, que en sus *Comentarios reales* no sólo esgrimió su conocimiento del quechua como fundamento autentificador que avalaba la legitimidad de su relato —el indio «que escribe como indio»— (Garcilaso 1985: 1,7), sino que también explicó minuciosamente la riqueza de su lengua materna, especialmente en el libro 7º de sus *Comentarios reales*. Para Garcilaso, como también para el naturalista, las lenguas eran un importante indicio de la civilización de un pueblo, y por eso puso en boca de Atahualpa estas solemnes palabras dirigidas al padre Valverde poco antes de su apresamiento: «…porque la urbanidad y vida política de los hombres más aína se sabe y aprende por la habla que no por las propias costumbres; que aunque seáis dotado de muy grandes virtudes, si no me las declaráis por palabras, no podré por la vista y experiencias entenderlas con facilidad» (Garcilaso 1960: III, 50).

Ya en *La Florida* encontramos varios indicios de su preocupación por la exactitud de las palabras, que el Inca asociaba estrechamente a su identidad y a la de su pueblo, mientras describía una realidad babélica donde imperaba «el mal preguntar de los españoles y [d]el mal responder del indio» (Garcilaso 1988: L 6º, XV, 566), y donde las identidades de personas y objetos quedaban *alteradas* por la distorsión de sus nombres. A este respecto, basta con recordar hasta qué punto preocupó al Inca la reflexión sobre los nombres impuestos por los conquistadores a los nuevos americanos (*cholo, mestizo, mulato*), tanto en *La Florida del Inca* (Garcilaso 1988: L 2º, XIII, 180), como en los *Comentarios reales* (1985: 2, XXXI: 265-266); o su amplia explicación sobre las diferencias fonéticas que motivaron el nombre de *Perú* en el Libro I, IV-VII de la misma obra, evocadas en el diario de Humboldt (*Reise* 274).

Por su parte, Humboldt había encontrado cerca de Lambayeque territorios donde aún se hablaban distintas «lenguas bárbaras» no asimiladas a la «lengua general» del Inca, y ese hecho le hizo recordar el relato de Garcilaso sobre aquellos equívocos resultantes de la mediación del intérprete Felipe, el «indio trujamán», en el diálogo crucial entre Pizarro, el religioso Valverde y Atahualpa, en el capítulo XXIII de la *Historia general del Perú*.

Si estos ejemplos nos permiten constatar que la actividad filológica del Inca estaba profundamente entrañada en el espíritu rectificador de su proyecto histórico, donde la lengua quechua aportaba las bases para una correcta comprensión de su mundo, Humboldt, por su parte, encontró en la obra del Inca Garcilaso la vía de acceso hacia un valioso estrato que le permitiría reconstruir la cosmovisión de los incas.

Además, muchas de las informaciones léxicas del Inca Garcilaso sobre aspectos del mundo natural también le aportaron valiosas pistas en su actividad de naturalista. Por eso, en su diario anotó como la etimología más probable de «Cajamarca» la de *casa* (hielo, frío) y *marka* (tierra, provincia) ofrecida por Garcilaso (*Reise* 267); y en la primera página de «La meseta de Cajamarca», en *Cuadros de la Naturaleza*, introducirá una extensa nota sobre el Inca y su aportación etimológica sobre los *Antis* (designación del pueblo *anti*, habitante de una provincia al este del Cuzco) y sobre la descripción cuatripartita del imperio andino. Pese a sus imprecisiones, estas etimologías fueron juzgadas por Humboldt como mucho más fiables que las explicaciones ofrecidas por otros estudiosos modernos; así, la concepción espacial de los incas se actualizaba a través de esa representación humboldtiana del mundo andino.

También le interesaron al naturalista, a partir de la información de Garcilaso, las etimologías de términos zoológicos, como la de los perros *runa-allco* o «perros indígenas», adorados en Huancaya y Jauja, que le permitieron verificar la función ritual de estos *canis ingae*, presentes en las huacas descritas por el zoólogo moderno J. Tschudi. A esa información se añadían otras sobre perros autóctonos que sólo mordían a los blancos, junto a otros de México y las Antillas, que dieron lugar a su curiosa disertación sobre «Perros cimarrones o alzados», en *Cuadros de la Naturaleza* (2003: 111-113). Las citas de Garcilaso sobresalen aquí entre las menciones a autoridades europeas como Linneo o Buffon, mientras los hábitos de estos perros indígenas (su asilvestramiento o cimarronaje, su mestizaje con especies europeas o su esclavitud) dejaban esbozados sugerentes paralelismos con las sociedades humanas.

De esta manera, por la mediación de Humboldt, los conocimientos de Garcilaso sobre su lengua materna entraban a formar parte de un acervo documental donde se fraguaban los primeros estadios científicos de la Lingüística Comparada.

4. Minas, mitos y leyendas: el Inkarrí y la maldición de las huacas

El contacto con los pueblos indígenas convirtió a Humboldt en un etnógrafo interesado por los mitos y leyendas que contenían sus visiones del Cosmos.

mientras «el Rey es un señor endeudado que tiene la plata guardada en los Andes» (Humboldt 2003: 265).

Un fragmento, titulado «Hualgayoc», escrito sobre el terreno y nunca antes editado hasta que M. Faak lo incluyó en Vorabend…, concentra la indignación del viajero, testigo directo de un mundo degradado por propietarios y funcionarios corruptos. Se refería ahí a la «tiranía» de los corregidores, que impunemente vendían a los indios objetos innecesarios en unas condiciones tales de usura que los reducían a «esclavitud perpetua»: «Es el gran principio de la América española: endeudar al indio para convertirlo en esclavo» (*Ibíd.*: 206). Por otra parte, observaba que las reformas borbónicas no habían hecho otra cosa que cambiar «nombres» y «cosas» sin aportar soluciones, y, mientras en muchas zonas el «repartimiento» de indios seguía en vigor, en los lugares donde la prohibición liberaba al indígena de la usura, se perdía su mano de obra y bajaba la productividad.

En estos pasajes del diario contrasta la riqueza de una región que goza de todos los climas y recursos con el mal aprovechamiento y reparto de sus riquezas, así como con los abusos de gobernantes, clero y falsos caciques, hasta el punto de declarar que es «un país donde los indios tienen tanta razón para sublevarse» (*Ibíd.*: 216). Por eso en «Hualgayoc» justificaba la gran revolución de Tupac Amaru II como respuesta del pueblo indígena al régimen de tiranía que lo oprimía: «La revolución de Tupamaro hizo abrir los ojos a la Corte» (*Ibíd.*: 206), y dando un paso más allá, calculaba que la situación cambiaría y se multiplicaría la riqueza de esos pueblos «si los países andinos, Perú y Chile, alguna vez bajo otra constitución crecieran en cantidad de población y en bienestar» (*Ibíd.*: 261).

Pero el experto inspector y asesor de Minas del rey de Prusia no sólo se interesó por mejorar la producción minera y la dignificación de sus trabajadores, como ya había hecho en Sajonia; también interrogó a los indígenas en busca de noticias sobre los tesoros enterrados, y escuchó viejas leyendas sobre las riquezas ocultas que todavía seguían sin hallarse. En la anotación correspondiente a su paso por Licán, Humboldt empezó a percibir una actitud generalizada entre los indígenas respecto a los tesoros ocultos. La amenaza que los señores indígenas transmitieron al pueblo para que no revelaran a los conquistadores la ubicación de minas o tesoros seguía viva en el pueblo, y así anotaba la contestación de un indígena: «¿Quieres que me muere enseñandote la mina? El tesoro me traga» (*sic*, citado en español, *Ibíd.*: 215).

Humboldt sabía que los indios reservaban oculto el tesoro del Inca destronado hasta que, según sus viejas creencias, este regresara como un Mesías redentor, y con ese apunte nos ofrece un primer indicio de su conocimiento del mito del Inkarrí:

> Los indios más instruidos en sus viejas costumbres creían en ese Mesías. En Quito, por ejemplo, se cree que el Chimborazo va a echar llamas, castigar a los españoles, destruirlos y que el Inca volverá. Dicho sea esto contra los que dicen que los indios no saben de misterios sobre minas porque si ellos lo supieran se enriquecerían, serían menos pobres (Humboldt 2003: 215).

Tras haber recorrido un territorio donde esa creencia estaba tan extendida, iba a concluir:

> Toda nación oprimida espera siempre una emancipación, una vuelta al antiguo estado de cosas […] Dondequiera que ha penetrado la lengua peruana, la esperanza de la restauración de los Incas ha dejado huellas en la memoria de los indígenas que guardan algún recuerdo de su historia nacional (*Ibíd*.: 413).

Pero este rumor sobre el retorno del Inca, relacionado con la conservación de los tesoros, alcanzaba su máximo nivel de desarrollo y de intensidad en las anotaciones correspondientes a la visita de los viajeros a las ruinas del palacio de Atahualpa, en Cajamarca. Humboldt anotó detalladamente su visita a la mazmorra donde «el monstruo de Pizarro» tuvo preso al «desdichado rey» antes de su ajusticiamiento en la plaza pública; vio la marca que indicaba la altura del oro que prometió para su rescate y, con sentido desmitificador, describió la falsa mancha de su sangre en la piedra donde creían erróneamente que fue decapitado. También relató por primera vez (luego lo hará en *Cuadros de la Naturaleza*) su encuentro con la familia de Silvestre Astorpilco, que, aun siendo mestizos, descendían de Atahualpa y vivían entre los muros semiderruidos de su palacio. El viajero anotó: «¡Qué sensación produce el aspecto de estos pobres indios, viviendo sobre las ruinas de la grandeza de sus ancestros!» (*Ibíd*.: 268).

Al interrogarlos supo que «vivían en la última miseria» porque los corregidores tuvieron la «crueldad» de retirarles la renta que les correspondía como herederos del Inca; y, de nuevo, la noticia del gran tesoro oculto y del regreso del Inca volvía a manifestarse, esta vez en boca del joven Astorpilco:

tación, había convertido la misma adversidad en el estímulo para su desarrollo intelectual y material.

Sin embargo, ante «el estilo grosero y la incorrección de los contornos» de las ruinas incaicas, Humboldt exteriorizó sus mayores dudas sobre la forma de calificar aquella cultura, y en las introducciones de *Sitios* podemos percibir múltiples deslizamientos en su conceptuación de un pueblo admirable «que no debe en justicia llamarse bárbaro» (Humboldt 1878: 22 y 363), y que avanzaba, como todos, hacia el progreso, pese al freno del aislamiento.

El procedimiento comparatista también fue el método dominante en la práctica arqueológica de Humboldt. Así, por ejemplo, asociará la «calzada» pétrea de los incas con las romanas, el palacio del Inca en Chulucanas le evocará las ruinas de Herculano, y los jardines que rodeaban algunas ruinas le recordarán nada menos que los jardines ingleses de Kew, o los de Sans-Souci, en Potsdam. Así, al equiparar las obras de los dos continentes, como ya había hecho también el Inca Garcilaso, Humboldt incorporaba los objetos arqueológicos a una inteligencia constructiva universal.

Inga Chungana (juego o billar del Inca). Fuente: Alexander von Humboldt, *Ansichten der Kordilleren und Monumente der eingeborenen Völker Amerikas*, [Paris, 1810/1813]. Eichborn Verlag, Frankfurt am Main, 2004.

Pero su interés no era exactamente estético, sino «filosófico» y «psicológico»:

> Sirven al estudio filosófico de la historia las obras mas groseras y las mas raras formas; como esas masas de rocas esculpidas que solo imponen por su tamaño y época remota a que se atribuyen [...] Las investigaciones acerca de los monumentos levantados por naciones semi-bárbaras, ofrecen a[de]más un nuevo interés que pudiera llamarse psicológico; presentan a nuestra vista el cuadro de la marcha progresiva y uniforme del espíritu humano (Humboldt 1878: 20, 21).

Humboldt dejaba muy claro que esos monumentos, tan interesantes en esos aspectos, carecían de valor puramente artístico, ya que aquellas construcciones austeras obedecían a una finalidad práctica que excluía la imaginación creadora. Ya en el diario advertía: «La construcción de las casas es tan uniforme que uno se repite describiéndolas» (Humboldt 2003: 248), y la simetría de las edificaciones, repetidas sin variantes a lo largo de la sierra, le hacía pensar en un arquitecto único. Por supuesto, el viajero conocía la explicación legendaria de esta uniformidad arquitectónica, ya que el Inca Garcilaso había explicado que el modelo urbanístico («la traza») había sido dado por el primer arquitecto, Manco Cápac, al fundar el Cuzco, la ciudad-ombligo, la ciudad «madre y señora de la república» y cifra que compendiaba todo el imperio[28].

Sin embargo, prefería ofrecer una explicación basada en la psicología del pueblo inca y, sobre todo, en su forma de gobierno. De este modo se revelaba un factor más poderoso que el clima para explicar qué causas habían impedido a los incas alcanzar un grado superior de desarrollo, al tiempo que vinculaba a una cuestión ideológica o moral la insatisfacción estética que le producían sus monumentos: «Un gobierno teocrático dificultaba el desenvolvimiento de las facultades individuales entre los Peruanos, a pesar de que favorecía los adelantos de la industria, las obras públicas y cuanto revela, por decirlo así, una civilización en masa» (Humboldt 1878: 18).

Era, pues, ese gobierno teocrático, amante del orden y la funcionalidad, el que «encadenaba la libertad» impidiendo al pueblo sobresalir «en las obras de imaginación» (Humboldt 2003: 278). Y es, precisamente, en la evaluación de la teocracia incaica donde Humboldt se convirtió en un lector sumamente

---

[28] Véase la descripción del urbanismo del Tawantinsuyu en Garcilaso, Libro VII, capítulos VIII y IX de *Comentarios reales*.

crítico del Inca Garcilaso, ya que muchos méritos de la cultura materna que el historiador del Cuzco describía como pruebas del avance providencialista de los incas hacia el estado más perfecto que les llevó el catolicismo, iban a ser tomados por Humboldt como pruebas de una política hostil al desarrollo de aquella civilización.

En los diarios comprobamos que los *Comentarios reales* fueron la fuente indudable de la que obtuvo a modo de *exempla* numerosos casos que le sirvieron para criticar el fanatismo de los Incas y la crueldad de sus costumbres, o para delatar la irracionalidad del visionario Inca Viracocha, cuyo sueño dio lugar a que se recibiese a los españoles como a dioses y los llevaran en andas hasta Cajamarca. A este respecto son muy interesantes algunas de estas vehementes anotaciones del diario redactadas en México, entre 1803 y 1804, donde el viajero, citando a Garcilaso, deducía el horror de un régimen basado en la violencia autoritaria, en el fanatismo y en la subordinación del pueblo:

> El peruano era una máquina y nada más. A cada uno se le había asignado su tarea y su lugar. Se reprimía cualquier libertad de espíritu. ¡Qué policía inquisitorial! Cada dedo del pie tenía un vigilante, ese vigilante otros vigilantes, todos acusadores. Garcilaso, tomo I, página 48. Todos estaban obligados a ser virtuosos. ¿Dónde puede el espíritu humano sentir su nobleza, su dignidad si se le fuerza a adorar ciegamente a los tan numerosos dioses humanos de su alrededor? Todos los incas eran dioses humanos y todos infalibles por igual, loc. Cit., página 52. Si se lee con atención la historia de los incas, da la impresión de que los príncipes no son tan benevolentes como nos los describe Carletti. Así como el dios de los hebreos, el príncipe se venga terriblemente por las faltas más leves. La pena de muerte era una práctica común, página 48 (Humboldt 1982:329).

Como vemos, en esta anotación se apartaba de la idealización de los incas para aproximarse al criterio de Robertson, que vio en aquel imperio el abuso de unos gobernantes que se identificaban con la divinidad, sojuzgando al pueblo en nombre de sus dioses[29]. Pero, mientras el historiador escocés derivaba del

---

[29] Robertson había considerado que las causas morales y sociales eran responsables del mayor o menor desarrollo de las virtudes y potencias de un pueblo, y encontró que el pueblo inca, sometido a la voluntad de un hombre que legislaba y era a la vez el mensajero de su dios, imprimía a su política una esencia religiosa que enajenaba y sojuzgaba las voluntades del pueblo, determinando que los incas de ayer, como los del siglo XVIII, fueran serviles, débiles y cobardes.

régimen teocrático la sumisión y cobardía de sus súbditos y descendientes, Humboldt se apartaba claramente de esta opinión, pues la misma historia reciente mostraba los intentos de sublevación indígena que se sucedían en el territorio.

Pese a lo dicho, el viajero transmitirá en *Sitios de las cordilleras*... una imagen plásticamente atractiva de su recorrido por las ruinas incaicas, aunque esas impresiones estéticas no emanaban tanto de los monumentos en sí, sino más bien de la mirada del viajero, que percibía esas construcciones, reintegradas a la Naturaleza, a través de los códigos dieciochescos de la estética de las ruinas, con su efecto melancólico. Más cerca de la sensibilidad romántica que de la moralización ilustrada, Humboldt pondrá el mayor énfasis en el valor emotivo-visual de lo «grandioso» o «sublime» y de lo «pintoresco», adjetivo que enlaza las descripciones verbales con las representaciones plásticas que los grabados pretendían transmitir con mayor precisión.

Es curioso a este respecto que, ante la vista de los palacios de los Incas, en lugar de reproducir las luminosas descripciones del Inca Garcilaso en sus *Comentarios reales* sobre las casas del Inca[30], con su profusa ornamentación de metales preciosos y de jardines con árboles «contrahechos» con pájaros de oro, Humboldt haya preferido transmitir dentro de los parámetros estéticos del Romanticismo la misteriosa desnudez de las ruinas despojadas, antes que presentar una idealización de su esplendoroso pasado. La visión integral y sumamente detallada del imperio que el Inca Garcilaso conservaba viva en su memoria se convertía, en las representaciones del viajero, en un desciframiento de fragmentos removidos que no aspiraba a restaurar totalidades.

Con su invitación a los pintores a representar con fidelidad aquellos parajes, el viajero buscaba la máxima comunicabilidad de lo pintoresco y sublime kantianos desde un plano estético, aunque en el plano más privado de la escritura humboldtiana, subsistía su crítica hacia unos incas violentos que, como informaba Garcilaso, ajusticiaban a los sodomitas, e incluso «dieron al mundo el primer ejemplo terrible de guerras de religión» (Humboldt 1982: 329).

La estetización final de ese mundo, reducido a melancólica arqueología, podrá explicarse mejor a la luz de las conclusiones que Humboldt iba a extraer de su trabajo de historiador en Lima.

---

[30] Véase *Comentarios reales*, Libro IV, capítulos I y II.

6. LOS PAPELES DE TUPAC AMARU II

Como anticipaba más arriba, los viajeros encontraron en Lima un clima gris, oscurecido por la censura y por la amenaza de una nueva revolución indígena. Humboldt, portador de una carta del virrey de Nueva Granada, fue recibido solemnemente en la corte del virrey Avilés, que gobernaba el Virreinato después de haber dirigido la «pacificación» militar de la zona tras la revolución de Tupac Amaru II.

Las impresiones que suscitó en el viajero la capital del Virreinato aparecen generalmente asociadas a su carta a D. Ignacio Checa, Gobernador de la provincia de Jaén de Bracamoros, fechada en Guayaquil el 18 de enero de 1803, es decir, a las tres semanas de haber abandonado el Perú. En esa carta parecen reunirse todos los tópicos neoclásicos de la ciudad como suma de vicios, ya que Lima aparece como un lugar insalubre y patológico en lo físico, en lo económico, en lo político y en lo social. El ceremonial azaroso del juego regía la sociabilidad de unas familias arruinadas que, por lo demás, protagonizaban disensiones fomentadas por el gobierno. Lima (un «castillo de naipes») no sólo vivía de espaldas al resto del país, desentendida de los acuciantes problemas que sufría su población, sino que también, salvo escasas excepciones, carecía de «espíritu patriótico» y se consumía en un «egoísmo frío» (Humboldt 1989: 92-93). Desde la capital parecía sentir con más dolor e indignación la tragedia de la sierra.

Como le escribió al virrey de Nueva Granada, Pedro de Mendinaueta (7-XI-1802), las ciudades peruanas ostentan un «lujo vicioso» que «infesta al país y arruina las fuentes de riqueza» (en Humboldt 2002: 199). Y como anotó en su diario, la ciudad de Lima (antaño Rímac) era más dada a la palabra que a los hechos: «Se puede decir que el dios Rímac, que Garcilaso llama el Dios hablador, preside todavía todas las sociedades de Lima. Hay pocos sitios donde se hable más y se haga menos» (Humboldt 2003: 281).

Estas impresiones desagradables sobre el talante limeño se unían a aquellas otras sobre la complicidad de quienes seguían esclavizando al indígena y desatendiendo el progreso material del país. Y en ese contexto la carta al gobernador Checa, con su inusual sinceridad que tanto ofendió a los peruanos[31], expresa la excepcional confianza que suscitó en el viajero un gobernante crítico y heterodoxo que en su periférica región de Jaén de Bracamoros había

---

[31] La edición de esa carta por Ricardo Palma en *El Ateneo* (Lima, VII/ 40, 1906: 116-120) suscitó una gran indignación en el Perú.

instaurado un gobierno justo para la población y un trato respetuoso hacia los jíbaros. Como había anotado en su diario, «esta región está gobernada hoy con dulzura por Mr. Chica [*sic*]. Pero ¿cómo sanar llagas de tantos siglos sin estar socorrido por los virreyes? (Humboldt 2003: 251)[32].

Por otra parte, durante su estancia en Lima, inmerso en las bibliotecas y archivos de la ciudad, Humboldt pudo satisfacer su curiosidad sobre muchos interrogantes de tipo histórico sobre el Tawantinsuyu, suscitados a lo largo de su exploración por los Andes. Esta vocación historiográfica se tradujo en varias esclarecedoras anotaciones de sus diarios, dirigidas hacia dos direcciones: el antiguo imperio incaico y el Perú contemporáneo; dos momentos que Humboldt concibió como un continuo histórico, y cuyos acontecimientos le sirvieron para extraer un perfil psicológico de los peruanos.

Mientras el perfil político de los Incas ofrecido por Garcilaso chocaba frontalmente con la ideología liberal de Humboldt, que se negó a aceptar la idealización que el Inca hacía de su cultura materna desde su elevada posición en la nobleza andina, el Perú colonial también revelaba al viajero sus horrores[33].

Son expresivas de su crítica al pasado reciente del virreinato sus notas agrupadas en *Vorabend* bajo el título «Pérou», redactadas en Lima entre octubre y diciembre de 1802, y donde todas las castas, desde los virreyes hasta el pueblo llano, aparecen negativamente caracterizadas. Humboldt se había remontado a la época del virrey Amat para mostrar la crueldad y pérdida de poder de los virreyes, y también analizó el suceso en que el virrey Castefuerte mandó ajusticiar a unos franciscanos por interceder a favor del oidor Antequera, defensor de los jesuitas, ante la completa pasividad del pueblo. La dureza de estas anotaciones culminaba con frases como «se puede permitir todo contra este bajo pueblo del Perú», o «la nación no ha aumentado en energía 50 o 60 años después» (Humboldt 1982: 111).

Pero, sin duda alguna, las páginas más interesantes del diario limeño de Humboldt se encuentran en su extracto de unos documentos sobre la insurrección de Tupac Amaru II, algunos de los cuales se conservan junto con los

---

[32] La destitución de Checa en 1819 dio lugar a varios motines populares, que iban a desembocar en 1821 en su proclamación de independencia de la Corona.

[33] La gran divergencia de ambos autores en temas fundamentales, como el enjuiciamiento de la conquista española o de la esclavitud puede verse en los comentarios que Humboldt realizó a la importante información demográfica que aportaba el Inca Garcilaso en *La Florida del Inca* (I, cap. XII) sobre los suicidios masivos de indígenas en Cuba. *Cfr.* Humboldt 1998: 195, y *Rélation Historique* III, Libro X, Cap. XXVIII: 39.

Imperio Inca a principios del siglo xix. Esa conclusión nos ayuda a comprender por qué, tras un análisis detallado de la «cuestión indígena», aquel descendiente de Atahualpa y portavoz de la utopía mesiánica del Inkarrí en 1802, el joven Astorpilco, aparece definitivamente *estetizado* y *arqueologizado* entre las ruinas en la versión final del relato, en «La meseta de Cajamarca[34]».

7. HUMBOLDT Y LA «INTELIGENCIA AMERICANA»

En la «Breve relación» (1804) de su viaje americano, redactada en tercera persona y publicada en Filadelfia poco antes de su regreso a Europa, Humboldt se refirió escuetamente a la ciudad de Lima:

> [...] esta interesante capital del Perú, cuyos habitantes se distinguen por la vivacidad de su genio y la liberalidad de sus ideas [...] Al contrario de lo que dice su falsa reputación de apatía, quedó asombrado al encontrar a tal distancia de Europa las producciones más modernas de química, matemáticas y medicina, y observó una gran actividad intelectual entre los habitantes de este país, bajo un cielo plomizo en el que nunca llueve ni truena jamás (Humboldt 2005: 50).

Esta valoración de la minoría científica de la ciudad donde debió permanecer durante dos meses, contrasta visiblemente con los aspectos negativos que había expuesto en su carta a Ignacio Checa. Sin embargo, en esa misma carta existen algunas pocas líneas donde el viajero valoraba también la heroica labor intelectual de algunos escasos ilustrados y librepensadores que lo acogieron, como el director del Tribunal de Minería, Santiago Urquizu, poco reconocido porque «sus conciudadanos estiman poco a un hombre que no juega» (Humboldt 1989: 93); el director del *Mercurio peruano* Padre Cisneros, al que Humboldt elogiará en su *Ensayo político sobre la Nueva España* por sus estadísticas demográficas; y el barón de Nordenflicht, que también había sido alumno en la escuela de minería de Freiberg junto con los hermanos Elhúyar y Andrés del Río y que había llegado al Perú encabezando una comisión de expertos alemanes en minería. Este librepensador, que suscitó la sospecha de

---

[34] Humboldt estaba seguro del encanto literario de su relato cuando en carta de 1849 le anunció a su amigo Vernaghen von Ense la inclusión de dos nuevos relatos en su «obra predilecta»: «Posiblemente usted leerá con interés el cuadro de la agitación nocturna en el bosque [...y] también, seguramente, *los sueños dorados del joven Astorpilco*» (Humboldt 1989: 211, cursiva nuestra).

las autoridades limeñas por sus ideas progresistas y por su biblioteca de libros prohibidos, también iba a ser defendido por Humboldt ante el virrey Avilés (Núñez en Humbolt 2002: 246).

En esas escuetas líneas Humboldt presentaba a la *inteligentzia* peruana del momento que, bajo un estado de censura y frente a la hostilidad del medio, se sentía comprometida con el avance del conocimiento y con el destino del virreinato. Mientras el viajero extraía sus notas del Inca Garcilaso, conoció también la colección del *Mercurio peruano*, que le pareció admirable por los conocimientos que aportaba sobre la región, por lo que envió a Europa una colección para la Biblioteca Imperial de Berlín y otra para Goethe, e influyó también en que se tradujeran al alemán algunos artículos[35].

Esa publicación, que desde sus páginas había abominado de la insurrección de Tupac Amaru II, representaba la avanzada científica, y algunos de sus miembros, como el doctor Unanue o el también médico José Manuel Dávalos, encabezaron la reacción contra los prejuicios europeos sobre los americanos. En efecto, Unanue iba a contribuir a la Polémica del Nuevo Mundo con sus *Observaciones sobre el clima de Lima y su influencia en los seres organizados, en especial el hombre* (Lima, 1806), donde contradecía el determinismo climático de Buffon y De Paw, aduciendo (como Humboldt) la importancia de los factores morales, e introduciendo matices desconocidos sobre la «diferencia» americana.

Como ha escrito Puig-Samper al comentar la estancia de Humboldt en el Perú, «existían, al menos en Lima, los nuevos espacios de sociabilidad que anuncian la Modernidad antes de la llegada del viajero prusiano». Y no sólo se trataba del círculo del *Mercurio peruano* y del grupo de los *mercuristas*, tan importantes en «el desarrollo de una opinión pública y singularmente en la conciencia de un espacio geográfico propio» (Puig Samper 2000: 21), sino también de otros promotores de la nueva ciencia, como Francisco González Laguna o Cosme Bueno, y de investigadores botánicos como Ruiz y Pavón o sus discípulos Tafalla y Manzanilla.

Nuestro viajero atendió especialmente a los conocimientos de estos ilustrados peruanos. Celebró las investigaciones de Unanue sobre las vacunas, e insertó en sus cuadernos de viaje parte de la *Guía del Perú* donde el médico

---

[35] Véase la detallada relación del viaje al Perú y la estancia en Lima del diplomático G. Lohmann Villena «Humboldt en el Perú» (1960: 47-79), y, sobre todo, la de Estuardo Núñez «Impresiones y vivencias de Humboldt en Lima», en Humboldt 2002: 241-258.

criollo rectificaba la información del mismo Humboldt sobre la población andina (en Faak 2003: 140). Es muy probable que el alejamiento de Humboldt de los principios «sistemáticos» y racionalistas del americanismo francés de los enciclopedistas respecto al Perú guarde relación con su intercambio con estos científicos del círculo del *Mercurio peruano*, del mismo modo que los *mercuristas* y otros jóvenes científicos recibieron sus conocimientos y continuaron allí su labor.

Pero, como sabemos, el viajero no se limitó únicamente a frecuentar a estos representantes limeños de la cultura letrada, ya que su ruta andina estuvo jalonada por distintos encuentros trascendentes para la adquisición de ese saber que se enriqueció con diversas perspectivas. En el estrato de los diarios ya se encuentra en la escritura polifónica de Humboldt la inclusión de textos, voces y testimonios de otros indios, mestizos y criollos; personalidades aisladas, de gran cultura y avanzadas ideas que, sin duda, instruyeron al viajero sobre el territorio que pisaba. Así podemos recordar el retrato elogioso que trazó del citado gobernador Checa, amigo de Mutis, o del cultísimo y polifacético Bernardo Darquier, que había sido secretario del peruano Pablo de Olavide en Sierra Morena, y que por sus muchos méritos «podría brillar en Europa» (Humboldt 2003: 212).

Pero entre estas personalidades aisladas, las notas más memorables y llamativas son las que Humboldt dedicó a «Don Leandro Zepla», de Riobamba. Sobre este respetado cacique escribió con gran admiración, tanto en sus diarios como en las cartas a su hermano Wilhelm, subrayando su alto nivel de instrucción y sus «virtudes cívicas». Este descendiente del último Inca tenía una genealogía de los antiguos gobernantes del Tawantinsuyu, papeles que probaban sus derechos y un valioso documento en lengua puruay, traducido al español, que le cedió al viajero para su estudio (aparte de otros que le envió con posterioridad). Humboldt lo representó majestuoso, a caballo, vestido ricamente a la manera indígena y envuelto en un aura de poder. Pero lo que más le sorprendió fueron sus conocimientos, tanto de las ancestrales tradiciones orales de la zona, como librescos: «Cita a Solórzano, a Garcilaso, a Solís» (*Ibíd.*: 215-216).

Esta apertura del científico a los conocimientos sobre América gestados sobre el propio territorio, excepcional para su tiempo, lo condujo a revisar los falsos conocimientos americanos de los *philosophes* ilustrados, que, en gran parte, eran también los suyos antes de 1799. En las primeras páginas de *Sitios de las cordilleras* ya quedaba establecido su distanciamiento:

Escritores célebres, más impresionados de los contrastes de la naturaleza que de su pura armonía, complacíanse en pintar la América como un país pantanoso, contrario a la multiplicación de los animales, y de nuevo ocupado por hordas tan incultas como las que viven en el mar del Sud. Un escepticismo absoluto había sucedido a la sana crítica, siempre que se trataba de la historia de los Americanos; confundiéndose las declamatorias descripciones de Solís y algunos otros publicistas, que jamás abandonaron la Europa, con los relatos sencillos y verídicos de los viajeros primitivos; y aun se tenia por obligación de filósofo negar lo que los misioneros observaron (Humboldt 1878: 8).

Armado con esas lecturas despreciadas por los «filósofos sistemáticos», e incluyendo perspectivas americanas, pudo valorar el saber de aquellos «otros» (indígenas, mestizos, criollos), incorporarlos a su propio saber americanista y restituirles su parte de credibilidad. Esa inclusión comprendía también a los antiguos misioneros y cronistas, y entre ellos al Inca Garcilaso de la Vega; y como señalaba Minguet, «Es útil recordar la enorme importancia de esta especie de rehabilitación, la primera sin duda de los tiempos modernos, de los clásicos ibéricos y de América» (Minguet 1969: 325-326).

El haber transitado un mundo como el andino, en cuyas cimas y valles se experimentan de forma escalonada todos los climas del globo, destruía, por la simple experiencia de la diversidad del territorio, aquella imagen puramente especulativa de un continente nuevo, con especies y pueblos aún indiferenciados que aún latía en la ciénaga primigenia, como imaginaba Buffon.

La mente y el cuerpo no degeneraban irremisiblemente, y contra esa idea de Cornelius de Paw, Humboldt solía hacer gala de su buena salud en las regiones equinocciales, exhibiendo una sobrecarga de energía potenciada por el conocimiento y por la contemplación estética de sus paisajes. Así, en una carta al botánico español Cavanilles (México, 22 abril 1803) escribía:

Muchos europeos han exagerado la influencia de estos climas sobre el espíritu y afirmado que aquí es imposible de soportar el trabajo intelectual; pero nosotros debemos afirmar lo contrario y, de acuerdo con nuestra propia experiencia, proclamar que jamás hemos tenido más fuerzas que cuando contemplábamos las bellezas y la magnificencia que ofrece aquí la naturaleza. Su grandeza, sus producciones infinitas y nuevas, por así decirlo, nos electrizaban, nos llenaba de alegría y nos tornaban invulnerables (Humboldt 2002: 217).

BIBLIOGRAFÍA

MARIANO ÁLVAREZ GÓMEZ, «Kant, geógrafo», *Boletín de la Real Sociedad Geográfica*, Tomo CXLI. Madrid, 2005, pp. 7-28.

HANNO BECK y METER SCHOENWALDT, *"El último de los grandes" Alexander von Humboldt. Contornos de un genio*. Bonn, Internationes, 1999.

HANS BLUMENBERG, *La legibilidad del mundo*, Trad. de Pedro Madrigal. Barcelona, Paidós, 2000.

BELÉN CASTRO MORALES, «Humboldt y el Inca Garcilaso: un encuentro polémico en Cajamarca», *Actas del Coloquio Internacional «Alexander von Humboldt. La estancia en España y su viaje americano*, Joaquín Bosque, (ed.). Madrid, Boletín de la Real Sociedad Geográfica/CSIC, 2005.

JESÚS DÍAZ CABALLERO, «Nación y patria: Las lecturas de los *Comentarios reales* y el patriotismo criollo emancipador», *Revista de Crítica Literaria Latinoamericana*, año XXX, nº 59, 2004, pp. 81-107.

JOSÉ DURAND, «El influjo de Garcilaso Inca en Tupac Amaru», *Realidad Nacional*, sel. y notas de Julio Ortega. Lima, Retablo de Papel, 1974, pp. 208-215.

OTTMAR ETTE, «Alexander von Humboldt. The American Hemisfere and TransArea Studies», *Iberoamericana*, nº 20, año V diciembre, nueva época, 2005, pp. 85-108.

—, «Ciencia, paciencia y conciencia en Alejandro de Humboldt: un pionero fascinante de la Edad de la Red», *Alejandro de Humboldt, una nueva visión del mundo*, Frank Holl, (ed.). Madrid, Lunwerg Editores, 2005, pp. 37-43.

MARGOT FAAK, «Estructura y contenido de los diarios americanos de Alexander von Humboldt», *Cuadernos Americanos*, nº 100, 2003, pp. 126-142.

GARCILASO DE LA VEGA, Inca, *Historia general del Perú, Obras completas del Inca Garcilaso de la Vega*, edición y estudio de Carmelo Sáenz de Santa María. Madrid, Ed. Atlas, BAE, 1960.

—, *Comentarios reales de los Incas* (2 tomos), prólogo, edición y cronología de Aurelio Miró Quesada. Caracas, Biblioteca Ayacucho (2ª ed.), 1985.

—, *La Florida del Inca*, edición de Carmen de Mora. Madrid, Alianza Universidad, 1988.

ANTONELLO GERBI, *La disputa del Nuevo Mundo. Historia de una polémica, 1750-1900*, Trad. Antonio Alatorrre. México, FCE, 1982, 2a. ed.

TEODORO HAMPE MARTÍNEZ, *El virreinato del Perú en los ojos de Humboldt (1802): una visión crítica de la realidad social*. México, UNAM. Separata de Cuadernos Americanos. Nueva época, nº 78, Vol. 6, 1999.

—, «Carlos Montúfar y Larrea (1780-1816), el quiteño compañero de Humboldt», *Revista de Indias*, Vol. 62, nº 226, 2002, pp. 711-720.

—, «El retorno de Humboldt, dos siglos después», «El Dominical» de *El Comercio*,

Lima, 26 septiembre 2004; reprod. en <www.librosperuanos.com/html/articulo el-retorno-de-Humbot.htm> (consulta 12/IX/ 2005).

ALEXANDER VON HUMBOLDT, *Ensayo político sobre el Reino de la Nueva España*, ed. de Juan A. Ortega Medina, 3ª ed. México, Porrúa, 1978.

—, *Lateinamerika am Vorabend der Unabhängigkeitsreitsrevolution. Eine Anthologie von Impressionen und Urteilen aus den Reisetagebüchern.* Margot Faak (ed.). Berlin, AkademieVerlag, 1982.

—, *Cartas americanas.* Ed. de Charles Minguet, trad. de Marta Traba. Caracas, Ayacucho, 1989.

—, *Cosmos. A sketch of a Physical Description of the Universe* (Vols. I y II), Trad. de E. C. Otté, introd. de Nicolas A. Rupke (Vol. I) y Michael Dettelbach (Vol. II). Baltimore/London, The John Hopkins University Press, 1997.

—, *Alexander von Humboldt en el Perú: diario de viaje y otros escritos*, ed. de Estuardo Núñez y Georg Petersen. Lima, Banco Central de Reserva del Perú-Goethe Institut, 2002.

—, *Reise auf dem Río Magdalena durch die Anden und Mexico* (Tomo I, 1986: Textos) ed. de Margot Faak, Berlín, Akademie Verlag, 2003 (2ª ed.) (Tomo II, 1990: Traducción, notas e índices), edición y traducción de Margot Faak. Berlin, Akademie Verlag, 2003, 2ª ed.

—, *Mi viaje por el Camino del Inca (1801-1802)*, ed. de David Yudilevich L. Santiago de Chile, Editorial Universitaria, 2004.

—, «Breve relación del viaje», *Alejandro de Humboldt, una nueva visión del mundo*, Frank Holl (ed.). Madrid, Lunwerg Editores, 2005.

GUILLERMO LOHMANN VILLENA, «Humboldt en el Perú», *Conferencias leídas en la Academia en los días 19 y 22 de octubre de 1959, con motivo del Centenario del fallecimiento de Alejandro de Humboldt.* Madrid, Real Academia de Ciencias Exactas, Físicas y Naturales, Madrid, 1960, pp. 47-79.

CHARLES MIGUET, *Alexandre de Humboldt. Historien et géographe de l'Amérique Espagnole (1799-1804).* Paris, François Maspero, 1969.

EDGAR MONTIEL, «América en las utopías políticas de la modernidad», *Cuadernos Hispanoamericanos* nº 658, AECI, Madrid, abril, 2005, pp. 49-64.

CARMEN de MORA (ed.), «En torno a las ediciones de La Florida del Inca», *Franqueando fronteras. Garcilaso de la Vega y La Florida del Inca.* Edición, introducción y cronología de Raquel-Chang Rodríguez. Lima, Pontificia Universidad Católica del Perú, 2006, pp. 213-233. [El mismo artículo apareció traducido al inglés: «*La Florida del Inca*: A Publication History», *Beyond Books and Borders. Garcilaso de la Vega and La Florida del Inca.* Edited with an Introduction and Chronology, by Raquel Chang Rodríguez. Lewisburg Bucknell University Press, 2006, pp. 154-168.]

MIGUEL Ángel PUIG-SAMPER, «Humboldt, un prusiano en la Corte del Rey Carlos IV», *Revista de Indias* LIX, nº 126, Madrid, mayo-agosto 1999, pp. 329-355.

—, «Alejandro de Humboldt en el mundo hispánico: las polémicas abiertas», *Debate y perspectivas* n° 1, Madrid, diciembre 2000, pp. 7-27.

SANDRA REBOK, «Alexander von Humboldt y el modelo de la *Historia natural y moral*», *Humboldt in Netz*, II, 3, 2001, <http://www.uni-potsdam.de/u/romanistik/humboldt/hin/rebok. htm>, (consulta: 16/09/05).

ALFONSO REYES, «Notas sobre la inteligencia americana», *Última Tule, Obras completas* 11. México, 1955, pp. 83-90.

IRIS ZAVALA, «El Inca Garcilaso en las utopías revolucionarias», *Crítica y descolonización: el sujeto colonial en la cultura latinoamericana*. Beatriz González Stephan y Lúcia Helena Costigan (coords.). Caracas, Ed. Equinoccio/The Ohio State University, 1992, pp. 219-228.

MICHAEL ZEUSKE, «¿Humboldteanización del mundo occidental? La importancia del viaje de Humboldt para Europa y América Latina», *Humboldt in Netz*, IV, 6, 2003, <http://www.uni-pstdam.de/u/romanistik/humboldt/hin/hin6>, (consulta: 26/07/05).

Desconfianzas de aquí y de allá: leyes españolas y sentimientos americanos en la obra del Inca Garcilaso

Virginia Gil Amate
Universidad de Oviedo

Es casi un lugar común señalar que no hay hecho que pueda compararse y tenerse como ejemplo de la conciencia de novedad y de la disposición permanente a asimilar lo nuevo y darle nuevas respuestas, que la conquista y colonización de América (Maravall 1999). A partir de esta concepción positiva de lo capaz de romper con la costumbre y sacar, tanto al individuo como a la sociedad, del saber aprendido, como intrínseca al espíritu del humanismo, podría apreciarse el continuo esfuerzo legislativo de España, durante el proceso de conquista y colonización, como una dinámica renacentista que mueve al Estado a intentar hacer frente a la organización política de las Indias con nuevas disposiciones, nuevas cédulas y nuevas leyes. Si de facto estas ordenanzas fueron a veces contradictorias o inconvenientes y en numerosas ocasiones revocadas, habrá que estudiar el fenómeno, también desde el ámbito de la historia de la literatura, en su dimensión sincrónica, es decir, intentando saber qué significado tenían los hechos en su momento histórico. De este modo se evitaría desdibujar la historia de América con juicios que convierten, desde los albores de la Independencia, en chistes el esfuerzo legislativo y provocan burla de lo que en su día fue una formidable disposición a desarrollar las técnicas de gobierno, el arte (no en sentido figurado sino en el técnico que tenía dicho término en el xvi) de regir sociedades.

Tampoco son muy útiles, para tener una visión del pasado que se ajuste a lo que los testimonios de la época dejaron asentado, las interpretaciones contemporáneas que atienden más al análisis discursivo que al marco histórico del que da cuenta la escritura. Estamos entonces inmersos en un tipo de crítica que no duda en desvincularse de los hechos y, lo que es más grave desde el ámbito de la historia de la literatura, de las obras, cuando aquéllos y éstas se obstinan en negar la veracidad, la mera «sindéresis» dirían los renacentistas, de sus planteamientos. En tamaña empresa están todos aquellos que visualizan el crecimiento de los archivos hispanos como una especie de macro cementerios de la letra escrita, haciendo hincapié en el volumen de papel acumulado para convertirlo en prueba de cargo de una organización virreinal atrasada y culpable de los males de América, sin apenas preguntarse quiénes y porqué detenían la mayor parte de la ejecución de esas disposiciones o lo que es lo mismo, dónde estaban localizadas las fuerzas retardatarias del desarrollo de esa sociedad incipiente.

«En ningún lugar como en esta segunda parte, póstuma, de los *Comentarios reales*, se expresa tan de manifiesto el desengaño del mundo de Garcilaso. Y no es cosa inconsciente. Es algo que adrede nos quiere comunicar y que motiva expresamente la estructura de su obra», señalaba José Durand (1988: 16) y añadía una caracterización de la percepción de la historia en el Inca basada en la creencia en vez de en el razonamiento; abandonada al sentimiento y la intuición, más que a las fuerzas positivas y empíricas de los espíritus renovadores del renacimiento: «el Inca descubre [dice al comentar el capítulo donde se narra la muerte de Tupac Amaru[1]] la oculta trama de su obra para que no quede lugar a dudas de que su deseo es expresar el destino trágico, el *fatum* inmisericorde de su pueblo (Durand 1988: 16)». Bien, esto es justo si el punto de vista se centra en el sentido que la historia adquiere para Garcilaso y si se concede que su preocupación principal, y por tanto el tema de su reflexión, gravita sobre lo indígena, pero otra sería la conclusión si a través de su frase «por que en todo sea tragedia (Garcilaso de la Vega 1944: 251)[2]» el Inca, lejos de hacer el recuento del pasado, estuviera caracterizando el nacimiento del Nuevo Mundo y por tanto más que un lamento por el Incario hubiera una feroz sentencia del futuro. En cuanto al juego de significado y significante del estilo del Inca no habría mayor tensión en admitir esta interpretación: ya sabemos que también declara que no viene a contradecir a los autores españoles,

---

[1] La versión del Inca ha sido contestada en el siglo XX por diversos historiadores, *vid.* Carmelo Sáenz de Santamaría 1965 (principalmente págs. LVII-LIX).

[2] En las siguientes citas del texto consignaré entre paréntesis la localización de las mismas.

pero es incesante su réplica y su impugnación; que no pretende enseñar nada que no se sepa, pero da continuas lecciones; que quiere restituir e instaurar la verdad nunca dicha, pero él también inventa o niega según su conveniencia y cualquier lector del Inca sabe que debe estar atento a la disposición del relato porque puede insertar una frase, o una simple palabra, que cambie el sentido de la narración[3].

Hay en esta amarga visión del Nuevo Mundo un germen de comprensión del proceso colonizador como asunto español y no como un hecho histórico en el que tuviera su cuota de responsabilidad y protagonismo la población de Indias.

Si seguimos el relato del Inca sobre lo que ocasionaron las Leyes Nuevas en el Perú descubriremos a un autor reacio a los cambios que desvirtúan la tradición, en este caso la emanada de la conquista (aunque apenas llevara cincuenta años de andadura y, para el caso del Perú, ni una década). También veremos cómo se tambalean algunos tópicos de nuestra época y, sobre todo, podremos observar, si analizamos los textos y no nos desentendemos del contexto, las desconfianzas peninsulares hacia la protosociedad del Nuevo Mundo y las recíprocas americanas.

Las Leyes Nuevas o Leyes de Indias (1542-1443) vienen a culminar un siglo de andadura de la colonización de América durante el cual cobró relevancia una corriente indigenista[4] que alcanzó fuerte influencia en el reinado de Carlos V. El nuevo código, distribuido en 33 ítem en la Real Provisión fechada en Barcelona el 20 de noviembre de 1542, a los que se añadieron siete disposiciones más por Real Provisión de Valladolid de 4 de junio de 1543, venía a modificar las bases sobre las que se había estructurado la colonización y a proporcionar un código legislativo que ordenara de manera general la sociedad de Indias. El rechazo a la novedad que las Leyes introducían fue una reacción común dentro de los sectores privilegiados de la sociedad, que cruzó los dos virreinatos de ultramar y todas y cada una de sus gobernaciones. Sirva como ejemplo, para el caso concreto del Perú, la abundancia y minuciosidad de las referencias a la obligación de hacer cumplir las Leyes Nuevas, detalladas en las instrucciones

---

[3] Un ejemplo notable lo da la semblanza amable que inicia del virrey Toledo (*Historia general...*, Vol. III) al que acabará, sin colocarle adjetivo peyorativo alguno, defenestrando hasta nuestros días.

[4] *Vid* entre otros Hanke 1988, Friede 1953, Lohman-Villena 1983 y Alcina Franch 1985 y 1987.

Repartió el governador los indios que havía vacos en los más beneméritos
españoles que sirvieron a Su Majestad en aquella guerra. Mejoró otros muchos
de los que tenían indios, dándoles otros mejores, mudándolos de unas ciudades
a otras, como ellos querían. Entonces se passaron muchos vezinos de los Charcas
al Cozco y uno dellos fue Garcilasso de la Vega, mi señor... (*Historia general...*,
Libro tercero, Cap. XIX, Vol. I: 299).

Quiere esto decir, como mínimo, que el Inca maneja un concepto de ley,
guiado, como han destacado tantos de sus estudiosos, por la idea de «buen
gobierno» que, en su obra, se ejemplifica con la labor de los monarcas Incas
pero que no encuentra obstáculo para atisbar algún momento plausible en la
acción española, claro que esta última siempre debe estar ajustada a los intereses particulares de Garcilaso y a los generales de su mentalidad estamental:
el orden natural para nuestro autor es aquel que no atenta contra la estructura
piramidal de la sociedad y las leyes buenas son las que perpetúan este orden
establecido y no abren resquicios a modificación alguna. Así, mientras sean
«señores» de linaje o «vezinos» principales, da igual que el amo sea el antiguo
señor inca o el recién llegado español; en cuanto al siervo no extraña que sea,
en el contexto de los *Comentarios reales*, el indígena, puesto que la caracterización del grupo de españoles en esta obra corresponde a la idea de conquistador,
parte consustancial del principal estamento, junto con sus descendientes, de
la sociedad del Nuevo Mundo, mientras el bajo pueblo sólo se concibe como
compuesto por indígenas.

Este Perú feliz, y por tanto en paz, del primer período se contrapone al ema-
nado de las Leyes Nuevas. El preámbulo del Inca para presentar las ordenanzas
alcanza los tintes menos equilibrados de su narración, colocando al «Demonio»
como aquel que dirige y ordena la convulsión de una sociedad que antes vivía
«en la prosperidad de paz, quietud y bienes espirituales y temporales que los
indios y españoles del Perú gozavan» (*Historia general...*, Libro tercero, Cap.
XIX, Vol. I: 301).

Por supuesto, no me extraño de la alusión demoníaca puesto que ésta era
habitual en la historiografía española del humanismo y lo seguirá siendo con
la llegada del Barroco; ni encuentro contradicción alguna en la presencia del
maligno en un historiador de tendencia tan moralizante y cristiana como el
Inca, lo que me llama la atención es que las alusiones escatológicas sirvan para
construir una imagen hiperbólica, casi apocalíptica, del mal que promueve la
redacción del nuevo código legislativo y que anuncie y argumente más tarde

sobre la directa relación entre la imperfecta evangelización de los indios y las Leyes Nuevas:

> ...ordenó el Demonio, enemigo del género humano, cómo estas buenas andanças se perturbassen y trocasen en contra. Para lo cual despertó sus ministros, que son Ambición, Embidia, Cudicia, Avaricia, Ira, Sobervia, Discordia y Tiranía, que haziendo cada una su oficio por su parte, estorvassen la predicación del Santo Evangelio y la conversión de aquellos gentiles a la Fe Católica, que era lo que más le afligía, porque perdía la ganancia que en aquella gentilidad tenía (*Historia general...*, Libro tercero, Cap. XIX, Vol. I: 301).

Casi nada queda, en la mentalidad del Inca, de aquello que inspiraba al autor de *La Florida* y lo ligaba a la corriente de interpretación de los hechos históricos y del arte político desde una óptica realista, ajustada a la naturaleza de las cosas en sí mismas sino que ya, definitivamente, abrazaba la otra tendencia, menos moderna, suspendida en el universo platónico de la forma eterna y sus reflejos, e impedía, en su sueño de esencialidad inmutable, el cambio hacia algo nuevo.

Además de eso hay otro asunto interesante a destacar: el Inca utiliza los tonos tétricos para dar entrada al nombre de Bartolomé de Las Casas, considerándolo instigador del ambiente que propició que la Corona decretara las Leyes Nuevas para el caso especial de las Indias. Curiosamente, la escritura de Garcilaso se torna tan apasionada en la visión de la realidad y tan grandilocuente en el estilo, como el discurso que caracterizó al dominico. Bartolomé de Las Casas personificará a toda aquella corriente de opinión que consiguió convencer al monarca, frente a las tesis de Ginés de Sepúlveda y los testimonios y protestas de los procuradores y representantes que la población española de los virreinatos enviaba a la corte, sobre la necesidad de legislar en Indias en materia de protección del indígena, de ordenación de las expediciones de conquista y de regulación económica del territorio. Bien, el Inca destaca como elemento central de su crítica, y antes de analizar las disposiciones, el carácter imprudente de todo lo que viene a cambiar la costumbre instituida desde el primer momento de la conquista. Esta resistencia (y reticencia) a la novedad política viene a ser uno de los clamores comunes a los textos americanos[13].

---

[13] Entendemos este término en función de las crónicas, historias, cartas o memoriales escritos por los radicados en Indias o vinculados a la tierra, sean conquistadores o primeros

Para el caso del Inca, sus críticas son un eco de las reclamaciones y protestas de los sectores principales de la sociedad indiana, por eso el Cap. IV del Libro cuarto de la Segunda parte de los *Comentarios reales* toma la forma de la expresión del testimonio con la repetición anafórica del término «Dezían» para, a continuación, describir la desobediencia inicial frente a las Leyes:

> Dezían los agraviados por ella: «Nosotros ganamos este Imperio a nuestra costa y riesgo, y aumentamos la corona de Castilla con tan grandes reinos y señoríos como hoy tiene. En pago de estos servicios nos dieron los indios que poseemos, y nos los dieron por dos vidas, haviendo de ser perpetuos, como los señoríos de España. La causa por que nos los quitan ahora es porque nos eligieron para oficiales de la hazienda real, para ministros de la justicia y regidores de los pueblos, Si los tales oficios administramos bien, y no hizimos agravio a nadie, ¿qué razón hay que por haver sido elegidos por hombres de bien nos quiten nuestros indios y manden que nos quedemos con los oficios, que es achaque para quitarnos otro día los que ganáremos adelante? [...]
>
> Dezían también maldades y blasfemias contra los que havían hecho las ordenanças y persuadido y forçado a Su Majestad que las firmasse y mandasse executar con todo rigor [...]
>
> Dezían que si ellos se huvieran hallado en la conquista del Perú, y passaran los trabajos que passaron los ganadores, no hizieran las leyes, antes fueran contra ellas [...]
>
> Tratavan generalmente de no recebir al Visorrey ni obedecer las ordenanças, porque dezían que el día que el Visorrey entrasse en los Reyes y se pregonassen las ordenanças, no tenían indios ni otra hazienda alguna; porque sin la declaración de quitarse los indios, dezían que las ordenaças llevavan tanta diversida de cosas y mandatos, que por ninguna vía podían escusar que no les confiscassen todos los bienes... (*Historia general...*, L. IV, Cap. IV, Vol. II: 17-18).

La narración que el Inca realiza de la instauración de las Leyes Nuevas alcanza una modulación singular y establece una abierta contradicción con los mitos o confusiones que pueblan cierto discurso crítico de nuestros días. Por entrar en uno de los pilares que sostienen estas revisiones, se habla de una «historia oficial» y con el término no se está aludiendo en exclusiva a los cronistas

pobladores, descendientes de ambos grupos, evangelizadores, señores indígenas o mestizos principales que mostraban siempre sus temores a aquello que venía de España. Es cierto que el Inca no escribió desde Indias ninguna de sus obras pero su mentalidad es la del que no pertenece del todo a España, del que contempla y analiza los hechos con la distancia de no ser parte, de no estar en el centro del que emanan las leyes.

oficiales de Indias, ni tan sólo a la nómina de autores que escriben por encargo de virreyes o conquistadores principales, no tiene el membrete tanto que ver con los autores y sus mecenas como con una idea prefigurada de la exaltación de la obra de España en Indias, quedan fuera de esta catalogación algunos nombres a los que se considera contestatarios, disidentes y vinculados a algo que tiene que ver con lo americano. Las obras y los autores colocados en uno u otro bando son los que suelen disentir de dicha clasificación, aunque no parece que sea razón suficiente para romper con esta estereotipada visión puesto que el tópico sigue campando por sus fueros. Por ejemplo, esta tendencia apuntala la idea de que hay una manera española de enfocar el hecho americano, cuando escritores, textos y hasta actores protagonistas remiten a una pluralidad de puntos de vista y de corrientes ideológicas diferentes y, a veces, enfrentadas[14]. Un modelo claro de lo apuntado lo ofrece la confrontación entre Sepúlveda y Las Casas, cuyas posturas son tan oficiales que se representan delante del príncipe Felipe. No dejemos, tampoco, de lado que la particular defensa indígena de Las Casas es parte del ambiente «oficial» que generarán las muy oficiales Leyes Nuevas y que en el caso que nos ocupa, indudablemente, es el Inca el contrario a esa tendencia al alzar la voz contra las ordenanzas porque, si bien pretendían, no se le escapa a Garcilaso este flanco, la protección del indígena, causaban (y de esto es de lo que alertan los radicados en Indias) males mayores por ser «leyes tan rigurosas» (*Historia general…*, Libro III, Cap. XIX, Vol. I: 302) que venían, según el Inca, a perjudicar también a los indígenas:

> Y fué que algunas personas, mostrándose muy zelosas del bien común de los indios, sin mirar los incovinientes que en mal y daño de los mismos que pretendían remediar causavan con su mal consejo y poca prudencia, propusieron en el Consejo Real de las Indias que convenía hazerse nuevas leyes y ordenanças para el buen govierno de los imperios de México y Perú. Y el que más insistió en esto fué un fraile llamado Fray Bartolomé de las Casas (*Historia general…*, Libro III, Cap. XIX, Vol. I: 301).

Aunque sólo fuera por esto, no deja de sorprender que el nombre del Inca aparezca unido al de Las Casas como el de aquellos que se oponen a unas supuestas líneas de acción gubernativa en Ultramar, en algunas de estas nóminas modernas. Pero por lo visto esto no es sólo algo reciente, puesto que Julio Ortega aporta el dato de que «en su ejemplar de los *Tratados* del padre De

---

[14] Quizá Mignolo con su «homogeneidad» ideológica.

Las Casas, su amigo Diego de Córdoba anotó reveladoramente: "de ordinario decía [Garcilaso] que no le lucía su hacienda, por haberse traído de las Indias y habérsele quitado a aquellas gentes contra derecho, y a este propósito citaba este libro" (Ortega 1972: 18)», el testimonio, sin embargo, es contrario a la propia actuación del Inca reivindicando activamente las mercedes que consideraba se le debían o lamentando la ingratitud del Estado una vez que ha renunciado a la demanda, no por parecerle injusta sino por sentirse derrotado en tal batalla, como demuestra lo anotado, muchos años después de sucedido, en el conocido Cap. XXIII del Libro quinto de la Segunda parte de los *Comentarios* sobre su paso por el Consejo de Indias nada más llegar a la península para pedir lo que por vía materna y paterna creía corresponderle:

> Y con todo esto, puedieron los disfavores passados tanto, que no osé resucitar las pretensiones y esperanças antiguas ni las modernas. También lo cuasó escapar yo de la guerra tan desbalijado y adeudado, que no me fue possible bolver a la corte, sino acogerme a los rincones de la soledad y pobreza donde (como lo dixe en el proemio de nuestra historia de la Florida) passo una vida quieta y pacífica, como hombre desengañado y despedido de este mundo y de sus mudanças, sin pretender cosa dél, porque ya no hay para qué, que lo más de la vida es passado, y para lo que queda proveerá el Señor del Universo, como lo ha hecho hasta aquí (*Historia general...*, L. V, Cap. XXIII, Vol. II: 216).

Además, en toda su obra historiográfica el Inca demuestra que los bienes obtenidos por conquista no ocasionan, ni durante el Incario ni a partir del tiempo hispano, ninguna contradicción de principios o escrupulosidad moral.

Finalmente, el testimonio de otro no puede anular la voz del propio Garcilaso, que en la Segunda parte de los *Comentarios reales* se explayó sobre Las Casas —quizá de forma un tanto gratuita, puesto que el dominico nunca necesitó de la ayuda de nadie para acabar con su crédito— con el estilo que le es característico: destacando su nombre en medio de planteamientos generales sobre los hechos que quiere denunciar; introduciendo voces difusas contrarias al fraile de la mano del recuerdo de lo que se decía en el Perú[15], o haciendo que

---

[15] «Dezían también maldades y blasfemias contra los que habían hecho las ordenanças y persuadido y forçado a Su Majestad que las firmasse y mandasse executar con todo rigor diziéndole que assí convenía a su servicio y Corona Real» (*Historia general...*, Cap. IV, Libro IV, Vol. II: 17).

sean otros cronistas, en este caso Gómara, Zárate y el Palentino, los portavoces de la crítica por «ser yo enemigo de hazerme autor de cosas odiosas como lo son muchas de las que forçosamente, para la verdad y corriente de la historia, se deven dezir» (*Historia general...*, Cap. XIX, Libro III, Vol. I: 302). Por supuesto (casi siempre que el Inca alega que no dirá algo, lo dice), remata el capítulo dedicado a copiar juicios negativos sobre Las Casas con una anécdota personal, aparentemente inofensiva e insustancial, con la que no alude al pasado del dominico antes de su conversión a defensor del indígena que, como versión del pasado podría ser negada, matizada o explicada; o a sus ideas y obras, que podrían ser susceptibles de ser valoradas según la tendencia del receptor, sino que Garcilaso, lacónicamente, muestra un rasgo del talante de Las Casas, nada importante, apenas lo justo para mostrar al dominico poco simpático, no muy experto en las cosas del Perú y menos solidario con los indígenas, no en vano Garcilaso se reivindica como indio, de lo esperable para tal «apóstol»:

> A fray Bartolomé de las Casas eligió el Emperador por Obispo de Chiapa (como lo dize Diego Fernández), que es en el reino de México, mas él no osó passar allá, por lo que en Indias havía causado. Yo lo alcancé en Madrid año de quinientos y sensenta y dos, y porque supo que yo era de Indias me dió sus manos para que se las besasse, pero cuando entendió que era del Perú y no de México, tuvo poco que hablarme (*Historia general...*, Libro IV, Cap. IV, Vol. II: 16).

La primera de las críticas que el Inca realiza de las Leyes Nuevas es una queja bien extendida, para este tema y para otros, en los textos virreinales: las ordenanzas han sido redactadas sin tener en cuenta la opinión de los conocedores de las Indias, son por ello refractarias a la realidad americana y resultan una injerencia negativa en la sociedad del Nuevo Mundo y una acción nefasta para el caso concreto del Perú:

> Es de saber que el año de mil y quinientos y treinta y nueve vino de la Nueva España Fray Bartolomé de las Casas y llegó a Madrid donde entonces estava la corte, y en sus sermones y pláticas familiares se mostrava muy zeloso del bien común de los indios y gran defensor dellos. Proponía y sustentava cosas que, aunque parecían santas y buenas, por otra parte se mostravan muy rigurosas y dificultosas para ponerlas en efecto. Propúsolas en el Supremo Consejo de las Indias, donde no fueron bien recibidas, porque las repudió la prudencia del buen cardenal de Sevilla Don García de Loaisa, que entonces residía en aquel Consejo y había governado muchos años las Indias y tenía mejor noticia dellas y de lo que les

GUILLERMO LOHMAN-VILLENA, «Exponentes del movimiento criticista en el Perú en la época de la conquista», *Revista Española de Antropología Americana*, Vol. XIII, 1983, pp. 143-153.

JOSÉ ANTONIO MARAVALL, *Carlos V y el pensamiento político del Renacimiento*. Madrid, Boletín Oficial del Estado y Centro de Estudios Políticos y Constitucionales, 1999. [Reedición de la 1ª ed. 1960.]

LUIS MILLONES, *Historia y poder en los Andes centrales (desde los orígenes al siglo XVII)*. Madrid, Alianza, 1987.

ANTONIO MURO OREJÓN (trascripción y notas), «Las Leyes Nuevas 1542-1543. Reproducción de los ejemplares existentes en la sección de patronato del Archivo General de Indias», *Anuario de Estudios Americanos*, Vol. II, 1945, p. 823.

JULIO ORTEGA, «Prólogo» a Inca Garcilaso de la Vega, *La utopía incaica*. Estella, Salvat, 1972.

BENITO SÁNCHEZ ALONSO, *Historia de la historiografía española*. Madrid, CSIC, 1947.

CARMELO SÁENZ DE SANTAMARÍA, «Estudio preliminar» a Inca Garcilaso de la Vega, *Obras completas*. Vol. I. Madrid, Atlas, 1965.

MARIO VARGAS LLOSA, *La utopía arcaica. José María Arguedas y las ficciones del indigenismo*. México, FCE, 1996.

La búsqueda de la fuente de la juventud en la Florida: versiones cronísticas

José Carlos González Boixo
Universidad de León

Las resignadas coplas de Jorge Manrique sobre la fugacidad de la vida nos avisan de que la muerte nos acecha y que no podemos evitar tan funesto encuentro. No es extraño que el hombre haya tratado de evadirse de esa triste realidad aspirando a conseguir lo imposible: la inmortalidad. La fuente de la juventud es una de las variantes de ese mito universal, presentado a veces desde una perspectiva totalizadora (quien bebe de sus aguas se convierte en inmortal) y, en otras ocasiones, con limitaciones (prolongar la vida, manteniéndose joven) que no eran obstáculo como para que se desdeñase su mágico efecto. Menciones a estas fuentes las encontramos en las más diversas culturas. Algunas referencias nos permitirán apreciar la extensión del mito. Gil (1989: 264-65) recoge los siguientes casos: Herodoto menciona que los etíopes, a los que situaba en el extremo del mundo, alcanzaban la edad de 120 años gracias a los baños en una determinada fuente; los iranios creían en la existencia de una fuente de la vida, Adnisur; entre los mesopotamios, Siduri habitaba en una isla y tenía el don de conceder la inmortalidad; algo similar se refleja en la *Odisea* con la ninfa Calipso; por último, según Valerio Máximo, en la isla de Latmios existió un rey que llegó a los 800 años. También Antonio Ballesteros (1947: 119) menciona un caso que entronca con este tema: según Claudio Bliano (siglo II), la *Terra incognita* existía y en ella un río llamado Voluptuosidad; quien comía de los frutos de los árboles que a sus orillas crecían «paulatinamente se rejuvenecía, pasando de la ancianidad a la edad viril, de ésta a la juventud, y luego a la adolescencia y la niñez, hasta reducirse a la nada». Tales maravillas, como se puede apreciar, ocurrían siempre en lugares recónditos, dentro de ese espacio de lejanía que los mitos necesitan para crecer. Uno de esos lugares mágicos por excelencia fue el Oriente, para los autores de la Antigüedad clásica y, sobre todo, para los medievales. Por eso, entre otras maravillas, un viajero como Jourdain de Séverac, recorriendo hacia 1320 el Oriente, señala que en la India hay «una laguna y en medio de ella un árbol. Todo objeto metálico que cae en ella se transforma en oro; toda llaga tocada con una hoja de ese árbol, queda inmediatamente sanada» (Kappler 1986: 198). Como se puede apreciar, nuevamente, aparece aquí una variante de la fuente de la juventud (aguas con poderes mágicos), la del árbol que por estar en sus orillas adquiere sus cualidades. Recordemos que en la tradición indígena americana también ciertos árboles de las márgenes del Orinoco tenían el poder de rejuvenecer, como «la palmera moriche», o virtudes curativas, como «el palo santo» o «el xagua» (*cfr.* Gandía 1929: 49-50).

Refiriéndonos a la fuente de la juventud es obligado citar a Juan de Mandevila. Sus *Maravillas del mundo* habían aparecido en 1356 y, por muchos años, junto con el libro de Marco Polo, sirvieron de fuente de información fundamental a los europeos en el tema del Oriente, siempre visto desde la perspectiva de lo maravilloso (prueba de su vigencia es que en una fecha tan tardía como la de 1521 se traduce el libro al castellano). El pseudo-viajero llega a afirmar que ha bebido en la fuente de la juventud:

> Y al pie desta montaña [Plumbe] está una fuente que ha olor y sabor de todas las especias, y en cada hora muda su olor y su sabor; y si alguno bebe de aquella agua tres vegadas en ayuno, sana de cualquier enfermedad que haya. Y los que allí moran beben muchas veces de aquesta agua, por lo cual ellos no tienen alguna enfermedad. E yo he bebido tres o cuatro vegadas de aquella agua, y parésceme que yo valgo más por aquello agora. E dicen que aquella fuente viene del paraíso, y que por tanto es tan virtuoso. E por tanto éstos que cada día beben della, paresce que sean mozos. Por donde algunos dicen que la llaman la fuente de la mocedad, por lo que suso es dicho» (Lib. II, Cap. XLIII, Mandevila 1984: 112)

Para un europeo del siglo XVI la asociación con la fuente del Paraíso, que daba origen a los cuatro grandes ríos de la Tierra, era una vinculación natural por razones religiosas. Colón, aunque no menciona entre sus objetivos míticos la fuente de la juventud, sí afirma haber encontrado el Paraíso Terrenal, por lo que la idea expresada por Mandevila en cuanto a la interconexión entre una palpable fuente de la juventud y una inalcanzable, para el ser humano, fuente del Paraíso tal vez pasó por su cabeza[1]. Los referentes clásicos no podían ser tomados en consideración ya que sólo Dios podía conceder la inmortalidad o el rejuvenecimiento. Por eso, cualquier historia que pudiese relacionarse con estos temas en el horizonte de las divinidades grecolatinas quedaba enmarcada en la mitología, mundo propicio para la creación artística pero sin contacto con la realidad. Es muy importante tener en cuenta esta vertiente religiosa del mito de la fuente de la juventud ya que estaba condicionado por su adecuación al cristianismo. Paradójicamente, si el mito existía era en gran medida porque mitos de las mismas características se habían desarrollado en culturas paganas y se había establecido una tradición que fructificó en el ámbito cristiano. Aceptar la bella e imaginativa historia de Platón sobre la Atlántida era factible porque era un tema que no afectaba a las creencias cristianas. En cambio, en el mito de la fuente de la juventud el condicionamiento religioso era patente: un cristiano no podía aceptar que Calipso tuviese el poder de conceder la inmortalidad. Sólo a Dios le estaba reservado este poder que podía manifestar a su discreción a través de la Naturaleza. De hecho, las múltiples maravillas que la Naturaleza ofrecía, cuando no se podían interpretar de una manera racional, se supeditaban a la voluntad divina.

No es extraño, en consecuencia, que el mito concreto de la fuente de la juventud, más allá de sus concomitancias con mitos similares en otras culturas antiguas, no tenga su origen en la época clásica sino en la medieval. La fuente de Juvencio o *Fons Juventutis* aparece por primera vez citada en una carta fechada hacia 1165 «atribuida al Preste Juan», tal como indica Weckmann (1984: 56). Como se puede apreciar hay una clara vinculación religiosa al considerar que la fuente se halla en ese mágico y evasivo reino cristiano del Preste Juan, a veces situado en Etiopía y, otras, en algún incierto lugar de Asia o India.

Del mismo modo, tampoco es extraño que cuando Mandevila habla de la fuente la relacione con el Paraíso Terrenal, o que uno de los ríos de la Florida reciba el nombre de «Río Jordán», posible alusión al río bíblico que simboliza el bautismo, tal como recuerda Gil (1989: 278). La vertiente religiosa del mito se

---

[1] En relación con el contexto paradisíaco que Colón describe resultan interesantes las observaciones que Gil (1989: 265-267) hace al reparar en la frase de Colón «Ninguno vide de edad de más de XXX años», referida a los primeros indígenas que se encuentra. En mi opinión, es probable que la frase refleje la realidad de lo que en ese momento ve, pero también es posible, a la vista de los acontecimientos posteriores, que en su subconsciente esté actuando la idea del Paraíso.

puede observar asimismo si lo relacionamos con dos leyendas muy difundidas, las de las islas de San Barandán y de las Siete Ciudades: paraísos que Dios ha concedido a unos pocos, imposibles de encontrar si no es por deseo divino, y donde el tiempo no transcurre. Mitos totalmente cristianos tal como reflejan las siguientes palabras de Kappler (1986: 115): «Cuando San Barandán, tras siete años de navegación, encuentra por fin la 'tierra de promisión de los santos', descubre que se trata de una isla iluminada por la luz eterna: "lux enim illius Christus est"».

¿Cómo se inscribe en este panorama la presencia de la fuente de la juventud en América?

Las noticias que sobre el tema han llegado hasta nosotros proceden de los cronistas —tal como es usual en este tipo de leyendas, fuera de unas pocas informaciones en documentos—. No sabemos con exactitud las ideas concretas que los expedicionarios que buscaron la fuente tenían, ni tampoco es fácil concretar cuál era el estado de opinión al respecto en la sociedad de la época. Enseguida veremos los textos cronísticos que aluden a la fuente, a través de los cuales podrá comprobarse que el mito aparece desprendido de referencias concretas que lo relacionen con la *Fons Juventutis* medieval; es decir, se ha conservado sólo el elemento esencial del prodigio. Más que de *la* fuente de la juventud se trata de *una* fuente de la juventud, ya que la posibilidad de que se encontrase en América no hacía viable que se tratase de la misma fuente que se situaba en los reinos del Preste Juan, o fluyendo del Paraíso, tal como recogía Mandevila.

Si la fuente americana no era la que la tradición cristiana relacionaba con el binomio Oriente/Paraíso, ¿cómo encontrar un nexo de unión con esa tradición? De manera indirecta, la respuesta nos la da Pedro Mártir: es Dios quien puede obrar un milagro a través de la Naturaleza. ¿Y porqué en América? Pedro Mártir no se hace esta pregunta, pero de haber tenido que responder a ella es probable que hubiera estado de acuerdo con Acosta cuando trataba de explicar la razón de la abundancia de oro en América: Dios había dispuesto que la Naturaleza fuese pródiga en dicho metal para así propiciar el interés de los españoles en aquellas tierras, casi como un cebo para que la cristianización de los indígenas quedase garantizada. De la misma manera, la fuente se sumaba al conjunto de maravillas que se encontraban en América, y en ello podía verse una especie de «recompensa» divina para con el pueblo elegido para cristianizar el continente nuevo. Esta perspectiva religiosa ha de completarse, necesariamente, con otra perspectiva laica: la fuente como una «maravilla» más que podía encontrarse en

América. De hecho, la aparición de este mito en América está muy distanciado de los modelos originales: los cronistas no hacen la más mínima referencia ni a la Antigüedad ni a la vinculación medieval de la fuente con el Paraíso; sin embargo, es evidente que, al mencionar la fuente, la referencia mítica está en sus mentes.

JUAN PONCE DE LEÓN Y SU BÚSQUEDA DE LA FUENTE EN BÍMINI

En 1512 se otorgaba a Ponce de León una capitulación «sobre el descubrimiento de la isla de Bímini» (reproducida en Vas Mingo 1986: 162-165) y un año más tarde emprendía el Adelantado su viaje por las islas antillanas que concluirían con la llegada al continente. Se iniciaba así la exploración de la Florida y de la zona sur de EE. UU. que, a lo largo de los años, estuvo marcada por los desastres que sufrirían las distintas expediciones, más que en cualquier otra parte de América[2]. Si nos atenemos a lo que nos cuentan los cronistas el interés fundamental de Ponce de León en su expedición de 1513 fue el de encontrar una fuente de la juventud cuya información parece ser que estaba muy divulgada entre los indígenas de algunas islas del Caribe. Sin embargo, no tenemos constancia de que Juan Ponce de León buscase dicha fuente y uno de sus biógrafos, V. Murga (1959), llega a afirmar que se trata de una atribución falsa[3]. Ante la falta de testimonios directos del propio Ponce y de otra documentación aclaratoria sobre el tema, resulta imposible saber si creía o no en la existencia de dicha fuente. Su capitulación de 1512 no difiere de las habituales y esperar que mencionase este objetivo legendario hubiera supuesto romper con el esquema legalista y administrativo que las caracteriza. Sin embargo, indirectamente, el hecho de que se destaque como centro de la expedición la isla de Bímini es en sí mismo significativo. Es más, Ponce de León, a su regreso a España, sería nombrado Adelantado de Bímini

---

[2] Ninguna expedición tuvo suerte hasta la de Pedro Menéndez de Avilés en 1565-1566. Juan Ponce de León, que volvió a la Florida en 1521, moriría a consecuencia de las heridas recibidas en sus combates con los indígenas. Francisco de Garay apenas pudo acercarse a sus costas en 1523. No más de 150 hombres se salvaron en la expedición que realizó Vázquez de Aillón en 1526, habiendo perdido unos 600 hombres. Conocido es el descalabro del intento de Pánfilo de Narváez en 1528. Tampoco Hernando de Soto tuvo mucha suerte (él mismo moriría) en el año 1538. La hostilidad indígena fue manifiesta en todo momento.

[3] Véase también para la biografía de Ponce el sencillo y sugerente libro de Manuel Ballesteros (1987).

y de la Florida. ¿Por qué este interés en el descubrimiento de Bímini? Los cronistas afirman que los españoles se basaron en las informaciones indígenas que aseguraban que en ella estaba la famosa fuente. Se puede comprobar fácilmente que la mayoría de las expediciones de descubrimiento se originan en informaciones indígenas que aseguran que existen reinos llenos de riqueza o que ofrecen la posibilidad de alcanzar objetivos míticos y legendarios. La disposición de los conquistadores a aceptar estas informaciones muestra su credulidad en la materia que podemos denominar «mítica», pero no hay que olvidar dos impulsos fundamentales: el deseo de descubrir novedades que podían ser «maravillas», algo muy renacentista, y que aquellas informaciones fuesen ciertas, es decir, una actitud pragmática. En el caso de Bímini no hay referencias en las informaciones indígenas a tesoros o riquezas, sólo a la mencionada fuente. Es muy probable, por lo tanto, que Ponce de León, al organizar su expedición en 1513, desease conocer lo que de cierto había al respecto. La importancia histórica de este viaje radica en su descubrimiento de la Florida; sin embargo, el nombre de Juan Ponce de León quedó asociado para siempre a la supuesta obsesión por encontrar la fuente de la juventud en Bímini. Los cronistas, con sus textos, fueron los causantes directos de esta especie de tergiversación histórica que acentuó lo que, sin duda, fue un episodio anecdótico en la vida de Ponce y, en cambio, dejó en la sombra el resto de su larga actividad colonizadora en las Antillas. La visión imaginativa, literaria, se impuso a la histórica.

Paradójicamente, Juan Ponce de León ni siquiera llegó a pisar la isla de Bímini. En su búsqueda, los expedicionarios fueron visitando diversas islas durante los meses finales de 1512 y primeros de 1513. De la trayectoria del viaje nos dejó constancia el cronista Herrera, poseedor de una documentación hoy perdida[4]. El día 2 de abril de 1513 llegaron a una tierra, que pensaron era isla, y que denominaron Florida. El inca Garcilaso describe así ese momento: «con tormenta, dio en la costa al septentrión de la isla de Cuba, la cual costa, por ser día de Pascua de Resurrección cuando la vio, la llamó Florida y fue el año de mil y quinientos treze, que según los computistas se celebró aquel año a los veinte y siete de março» (Garcilaso 1988: 108).

En septiembre J. Ponce regresa con el grueso de la expedición a Puerto Rico y encomienda a Alaminos y Ortubia que sigan buscando la famosa isla. A su regreso, en febrero de 1514, dijeron que la habían encontrado, pero no

---

[4] Gil (1989: 255-56) ofrece una resumida pero suficiente información del viaje.

así la famosa fuente («después de haber hallado Bímini, aunque no la fuente», *Década* I, libro IX, Cap. XI, Herrera 1991: 581)[5]. No hay ninguna indicación añadida que nos permita pensar que Ponce volviese a pensar en dicho prodigio. Su vuelta a la Florida en 1521 al mando de otra expedición no contempla dicho objetivo mítico, ya que los cronistas no hacen ninguna mención al respecto. Esta segunda expedición terminó tan mal que el Inca Garcilaso no duda en señalar que «parece que dejó su desdicha en esencia a los que después acá le han sucedido en la misma demanda» (Garcilaso 1988: 109).

El episodio de Bímini no contribuyó a la fama de Ponce de León, ya que por su causa fue objeto de burla entre los cronistas, de lo que puede deducirse que igual opinión se tendría en los ambientes cultos, aunque las clases sociales más populares tal vez fuesen más crédulas.

Uno de los primeros cronistas que se refieren a la búsqueda de la fuente fue Mártir de Anglería:

> a la distancia de trescientas veinticinco leguas de la Española, cuentan que hay una isla, los que la exploraron en lo interior, que se llama Boyuca o Ananeo, la cual tiene una fuente tan notable que, bebiendo de su agua, rejuvenecen los viejos. Y no piense Vuestra Beatitud que esto lo dicen de broma o con ligereza: tan formalmente se han atrevido a extender esto por toda la corte, que todo el pueblo y no pocos de los que la virtud o la fortuna distingue del pueblo, lo tienen por verdad.
>
> Pues si Vuestra Santidad me pregunta mi parecer, responderé que yo no concedo tanto poder a la naturaleza madre de las cosas, y entiendo que Dios se ha reservado esta prerrogativa cual no menos peculiar que es escudriñar los corazones de los hombres o sacar las cosas de la nada, como no vayamos a creer la fábula de Medea acerca del rejuvenecimiento de Esón o la de la Sibila de Eritrea, convertida en hojas (*Década* II, Cap. X, Mártir de Anglería 1964: 159)

A pesar de su brevedad, el texto de Anglería contiene datos de gran interés. Para apreciarlos en su verdadera dimensión es necesario tener presente que sus *Décadas* registran la actualidad americana con toda la inmediatez, guardando la distancia, con que lo haría un periodista de nuestros días. Anglería, escribiendo desde España y con muy buena información, es el primer comentarista de lo que

---

[5] Como curiosidad, transcribo la descripción que hace Alcedo (1967) de la isla en su *Diccionario geográfico* (1786): «Bímini: Isla pequeña de la mar N., una de las Lacayas, situada enfrente de la costa de la Florida y de las que forman la embocadura del canal de Bahama; tiene cinco leguas de largo, está cubierta de hermosas arboledas y habitada de indios salvajes; sus costas son muy peligrosas para las embarcaciones a causa de las peñas que la rodean».

va aconteciendo en América. Su papel como «informador», fundamental en su época, hoy no es tan relevante porque disponemos de muchos textos cronísticos que en su momento gozaron de menor difusión al no ser editados. En cambio, los comentarios a las noticias que le van llegando de América complementan los relatos de los cronistas que escriben desde América, ofreciéndonos un testimonio único —la reacción de un humanista europeo en el mismo momento en que es conocida la noticia americana— de cómo se vivía en España o en Europa la evolución de la aventura americana. Conocer hasta qué punto la información de Anglería sobre la difusión de la noticia de la fuente y la credulidad en la misma es exacta es imposible ya que no podemos contrastarla con otras crónicas; de todas formas no parece arriesgado asumirla.

También puede comprobarse que Anglería reacciona ante la noticia con incredulidad, enunciando lo que más adelante, en la *Década* VII, desarrollará en extenso: los prodigios de la Naturaleza como manifestación divina. Sin embargo, en esta *Década* II, Anglería aún no ha llegado a esa síntesis, de manera que su exposición se plasma en tres ideas: 1) la naturaleza no puede por sí misma obrar tales prodigios; 2) sólo Dios puede hacerlos; 3) los prodigios similares de la Antigüedad son fábulas que no pueden creerse.

Como puede observarse no hay en Pedro Mártir una referencia expresa a la «fuente de la juventud» en cuanto mito cristiano, aunque al mencionar que algo tan milagroso sólo puede provenir de Dios, deja abierta la posibilidad que en la *Década* VII desarrollará. Su alusión a la fuente la realiza en el mismo contexto en que presenta otros fenómenos que considera «maravillosos», eliminando las referencias concretas de su búsqueda por Ponce de León, y perdiendo, así, fuerza desde un punto de vista literario.

Otros cronistas se refirieron a la búsqueda de Ponce de León. Las Casas lo hace brevemente y sorprende que si tanta difusión llegó a tener el tema de la fuente, él ni siquiera lo mencione; de hecho, su información es muy confusa ya que llega a identificar a Bímini con la Florida: «Esta misma tierra llamó el mismo Juan Ponce Bimine; no supe de dónde o por qué causa tal nombre le puso o de dónde le vino o si la llamaron así los indios» (Lib. III, Cap. XX, T. II; Casas 1981: 504). En cambio, Fernández de Oviedo sí que lo recuerda y, sin duda, su manera de satirizar el episodio fue el origen de que el resto de los cronistas siguiesen esa perspectiva burlesca. Oviedo no hace tampoco ninguna referencia al mito cristiano de la fuente de Juvencio o de la juventud, no porque no lo conociese —él, que era un erudito— sino porque no debió encontrar en el episodio de Ponce de León ningún elemento que lo relacionase con el mismo. Como en otras ocasiones, considera que los indígenas inventan estas historias, pero lo que provoca su sátira es que los españoles les den crédito. Las tres ocasiones en que Oviedo se refirió a este episodio nos permiten apreciar las variantes burlescas que fue introduciendo:

> y entonces se divulgó aquella fábula de la fuente que hacía rejovenescer o tornar mancebos los hombres viejos; esto fue el año de mill e quinientos y doce. E fue esto tan divulgado e certificado por indios de aquellas partes, que anduvieron el capitán Joan Ponce y su gente y carabelas perdidos y con mucho trabajo más de seis meses, por entre aquellas islas, a buscar esta fuente. Lo cual fue muy gran burla decirlo los indios, y mayor desvarío creerlo los cristianos e gastar tiempo en buscar tal fuente (Lib. XVI, Cap. XI, Vol. II; Fernández de Oviedo 1959: 102).

> e cómo anduvo en busca de aquella fabulosa fuente de Bimini, que publicaron los indios que tornaba a los viejos mozos. Y esto yo lo he visto (sin la fuente), no en el subjeto e mejoramiento de las fuerzas, pero en el enflaquecimiento del seso, e tornarse, en sus hechos, mozos y de poco entender, y déstos fue uno el mismo Joan Ponce, en tanto que le turó aquella vanidad de dar crédito a los indios en tal disparate, e a tanta costa suya de armadar de navíos y gentes (Lib. XVI, Cap. XIII, Vol. II; Fernández de Oviedo 1959: 105).

> después que descubrió a Bimini e le dio el Rey título de adelantado por lo que había gastado e servido en sus armadas e buscando aquella fuente de Bimini, que los indios habían dado a entender que hacía renovar e retoñecer e refrescar la edad e fuerzas del que bebía o se lavaba en aquella fuente, como todo aquello paró en la vanidad que debía de parar una cosa tan fabulosa e mendace, e vido que había seído burlado e mal informado, no cansado por gastos ni trabajos, volvió a armar con más acuerdo y expensas» (Lib. XXXVI, Cap. I, Vol. IV; Fernández de Oviedo 1959: 320).

También Gómara se refiere brevemente en su *Historia de las Indias* a la expedición de Ponce de León, inspirándose, como puede comprobarse fácilmente, en Oviedo:

> Quitó el Almirante del gobierno del Boriquen a Juan Ponce de León, y viéndose sin cargo y rico, armó dos carabelas y fue a buscar la isla Boyuca, donde decían los indios estar la fuente que tornaba mozos a los viejos. Anduvo perdido y hambriento seis meses por entre muchas islas sin hallar rastro de tal fuente (López de Gómara 1946: 180-181).

Por su parte, el inca Garcilaso menciona que sigue a López de Gómara, y lo hace de manera casi literal:

[...] armó dos carabelas y fue en demanda de una isla que llamaban Bimini y según otros Buyoca, donde los indios fabulosamente decían había una fuente que remozaba a los viejos, en demanda de la cual anduvo muchos días perdido, sin la hallar (Garcilaso 1988: 108).

Ni Gómara ni el Inca aportan novedades a la leyenda, limitándose a recordar su existencia, ya que, en realidad, careciendo de datos concretos que permitiesen elaborar un relato de la misma, poco más podían hacer. Es también lo que podemos apreciar en la crónica de Herrera que, escribiendo a principios del XVII, tuvo a su alcance informaciones sobre el viaje de Ponce de León que luego desaparecieron. De hecho, es Herrera quien relata minuciosamente el viaje de Ponce (*Década* I, Lib. IX, Cap. X-XII), confirmando el objetivo de encontrar la fuente:

Es cosa cierta que demás del principal propósito de Juan Ponce de León para la navegación que hizo, que se ha referido en el capítulo precedente, que fue descubrir nuevas tierras, que era en lo que más entendían los castellanos en aquellos primeros tiempos, fue a buscar la fuente de Bímini, y en la Florida un río, dando en esto crédito a los indios de Cuba y a otros de la Española, que decían que bañándose en él o en la fuente los hombres viejos se volvían mozos; y fue verdad que muchos indios de Cuba, teniendo por cierto que había este río, pasaron no muchos años antes que los castellanos descubriesen aquella isla a las tierras de la Florida en busca de él (…) y no quedó río ni arroyo en toda la Florida, hasta las lagunas y pantanos, adonde no se bañasen; y hasta hoy porfían algunos en buscar este misterio (Cap. XII; Herrera 1991: 582).

No tenemos constancia a través de otros cronistas de que Ponce de León buscase ningún río rejuvenecedor en la Florida; más bien parece que mezcla aquí Herrera aspectos de la expedición de Vázquez de Aillón. Tampoco hay ninguna razón para pensar que en la segunda expedición de Ponce a la Florida en 1521 se siguiese buscando fuentes o ríos de estas características. Lo que sí está demostrado es que Ponce de León tenía un interés principal por llegar a Bímini debido las informaciones indígenas sobre la fuente, aunque, como ya se ha señalado, desconocemos si era tan ingenuo como lo presentó Oviedo. Por lo demás, el texto de Herrera amplía la información sobre el mito de la fuente siguiendo la línea irónica marcada por Oviedo y con indudables aciertos literarios.

No muy diferente, en cuanto a la información, es la versión que del tema nos ofrece Juan de Castellanos, coincidente también con la de Oviedo. Al escribir una obra convencionalmente «literaria» tiene una libertad imaginativa que no podían desarrollar el resto de los cronistas. De esta manera, a fines del xvi, la leyenda de la fuente de Bímini encontraba su lugar más adecuado en el marco de la literatura. Reproduzco tres de las seis estrofas que dedicó a la leyenda:

> Entre los mas antiguos desta gente
> había muchos indios que decían
> de la Bimini, isla prepotente,
> donde varias naciones acudían,
> por las virtudes grandes de su fuente,
> do viejos en mancebos se volvían,
> y donde las mujeres más ancianas
> deshacían las rugas y las canas.

> Decían admirables influencias
> de sus floridos campos y florestas;
> no se vían aún las apariencias
> de las cosas que suelen ser molestas,
> ni sabían que son litispendencias,
> sino gozos, placeres, grandes fiestas:
> al fin nos la pintaban de manera
> que cobraban allí la edad primera.

> La fama pues del agua se vertía
> por los destos cabildos y concejos,
> y con imaginar que ya se vía
> en mozos se tornaron muchos viejos:
> prosiguiendo tan loca fantasía
> sin querer ser capaces de consejos;
> y ansí tomaron muchos el camino
> de tan desatinado desatino.
> (Elegía VI, canto VII, estrofas 22,24
> y 27; Castellanos 1944: 69).

No es extraño que el nombre de Ponce de León quedase ligado a la fuente de la juventud, ni que los cronistas no olvidasen mencionar el episodio. Y no lo es porque si existe un mito evocador y atractivo es el que estamos tratando.

El río Jordán y el relato de Andrés Barbudo

En 1526 Vázquez de Aillón emprendía la que sería su última expedición. La que se presumía iba a ser una gran conquista en tierras de la Florida acabó muy pronto en medio del desastre. No creo que sea exagerado decir que el único recuerdo de tal expedición fue el acierto de Aillón al denominar un río de la zona con el término «Jordán», ya que de este modo pervivió la idea de la fuente de la juventud asociada a aquellas latitudes americanas. Diversos cronistas atribuyen a Aillón la denominación del río, aunque el Inca Garcilaso ofrece otra información: «[…] el río llamado Jordán, a contemplación de que el marinero que primero lo vio se llamaba así» (Garcilaso 1988: 110). Además, sitúa este episodio en una expedición anterior de Aillón. Juan Gil (1989: 279) sí relaciona el nombre del río con el mito: «en esta jornada de Aillón se están barajando otra vez las mismas ideas que habían espoleado a los hombres de Juan Ponce, sólo que la fuente de Bímini recibe el nombre cristiano que le corresponde», es decir, que dicha expedición tenía entre sus objetivos la mítica fuente, algo que no se constata en los cronistas aunque, al mismo tiempo, sí tenemos constancia de que el tema de la fuente era conocido y hasta es posible que Aillón creyese en su existencia. A través de los cronistas, sobre todo de Pedro Mártir, podemos obtener la información necesaria para aclarar estas cuestiones.

El licenciado Aillón era juez de apelación en La Española y, según Oviedo, «por virtuoso caballero e persona de buen entendimiento era tenido» (Lib. XXXVII, proemio, T. IV; Fernández de Oviedo 1959: 323). Sin embargo, aunque pasase por tal no era, ciertamente, tan virtuoso ya que, como señala Gil (1989: 269-277), en el juicio de residencia que en 1517 se le hace queda patente su actividad esclavista por las islas de los lucayos. A finales de 1521 regresa a España con el propósito de conseguir la capitulación de la expedición que realizaría en 1526 y, en efecto, le es concedida en 1523. En todo este proceso hay un personaje fundamental que ya es el momento de presentar: se trata de un esclavo suyo llamado Francisco de Chicora (o Chicorano) que trae a España y cuyas informaciones son las que determinan a Aillón a preparar la expedición. De este personaje nos hablan Pedro Mártir y Oviedo. El primero comenta lo siguiente:

> De los chicoranos sacados de ellas [se refiere a las tierras de la Florida] se trajo uno para que le sirviera; y bautizado se llama Francisco, y el apellido lo toma de su patria Chicora. Mientras se detenía atendiendo a los negocios, los tuve alguna vez convidados al amo Ayllón y a Francisco Chicorano, su sirviente. No es tonto este Chicorano, ni deja de saber bien, y ha aprendido con bastante facilidad el idioma español. Así, pues, voy a contar las cosas, ciertamente admirables, que me manifestó el propio licenciado Ayllón, que las tenía escritas según la relación de sus compañeros y las que de palabra declaró Chicorano. Cada uno, según su entender, dé crédito o niéguelo a las cosas que voy a referir (*Década* VII, Cap. II; Mártir de Anglería 1964: 427-28).

Destaca Pedro Mártir la inteligencia del indígena y las cosas admirables que cuenta de su tierra, siendo la más significativa la estatura gigante de sus reyes, episodio al que se refiere a continuación. En todo caso es muy significativo que Anglería manifieste su prevención ante lo que el indígena cuenta. Por su parte, Oviedo relata también su encuentro con Aillón y el Chicorano de la forma siguiente:

> El año de mill e quinientos e veinte y tres yo fui a España (...) donde hallé al licenciado Ayllón que venía para esta su empresa (...) E díjome la confianza grande que tenía de aquel esclavo, e que le había fecho cristiano, e que era muy buena persona e de muy gentil juicio [se refiere Oviedo a continuación a que el indígena decía que en su tierra había perlas gigantescas] e creí que aquel indio mentía en cuanto le había dicho, e que el deseo de volver a su patria, le hacía decir todo aquello (...) me le loó tanto, que conocí que le creía como si fuera evangelista (Lib. XXXVII, proemio, T. IV; Fernández de Oviedo 1959: 323-324).

El episodio del Chicorano es interesante por dos motivos: es un ejemplo muy claro —pero entre otros muchos— de las falsas informaciones con que los indios engañaban a los españoles y que hacían creer a éstos que tenían casi entre sus manos fabulosos tesoros. Como en tantas ocasiones, también Francisco huyó nada más pisar la Florida. En segundo lugar, más interesante en lo que respecta a nuestro tema es que queda patente que el objetivo del viaje de Aillón está en relación con estas informaciones; es decir, como en la mayoría de las expediciones se espera conseguir encontrar territorios llenos de riquezas, sin que se haga la más mínima mención a que entre esos objetivos esté el de encontrar fuente o río de la juventud. Nuevamente, el testimonio de Oviedo y Pedro Mártir dejan muy clara la motivación de la expedición:

> E dice la licencia real que le da facultad para que pueda ir el dicho licenciado, o enviar a proseguir el descubrimiento de la tierra e provincias e islas de Duahe, Chicora, Ita, Taucac [se añaden otros 17 nombres] (…) que en cada nombre de éstos pensó el licenciado que llevaba un tesoro (…). Así que, éste fue el recabdo que este caballero sacó de la confianza de su indio Francisco de Chicota (*Ibíd.*, Cap. I; Fernández de Oviedo 1959: 325).

> Al propio licenciado, el senador Ayllón, le hemos concedido lo que deseaba. Ha sido despachado por nosotros y por la Majestad Cesárea a consulta nuestra. Van a construir en la Española una armada nueva para pasar con ella a aquellas regiones y levantar una colonia; y no les faltará quien le siga, porque toda esta nación española es tan amante de cosas nuevas, que a cualquier parte que, sólo por señas o con un silbido se la llame para algo que ocurra, de seguida se dispone a ir volando; deja lo seguro por esperanza de más altos grados, para ir en pos de lo incierto (*Década* VII, Cap. IV: Mártir de Anglería 1964: 437).

Sin embargo, hay un hecho que no puede dejar de mencionarse ya que es altamente significativo. ¿Por qué Aillón dio el nombre de Jordán a un río de la Florida? Cuando los cronistas mencionan este dato no se hace la más mínima referencia a que Aillón pensase que había encontrado el río de las aguas rejuvenecedoras; más bien hay que deducir que Aillón le dio este nombre lo mismo que podría haberle dado otro cualquiera. Ahora bien, no puede ser casualidad que justamente fuese ése el nombre que se le ocurrió a Aillón tratándose de una tierra en la que los indígenas situaban fuentes rejuvenecedoras. Es más, tenemos el testimonio de Mártir de Anglería de que Aillón estaba al tanto de tales informaciones. Deducir, sin embargo, que Aillón identifica su río Jordán con un río de aguas rejuvenecedoras es un error, por la sencilla razón de que no poseemos ningún tipo de documentación o escrito cronístico que pueda hacernos pensar en ello. Lo lógico sería deducir que Aillón, al poner el nombre al río, tiene, desde luego, en mente las informaciones indígenas al mismo tiempo que el simbolismo cristiano del río Jordán (el río del bautismo), pero nada nos permite opinar que, más allá del nombre, el río tuviese para Aillón algún mérito en sus aguas. Si resulta claro, por falta de menciones, que Aillón no buscaba fuente o río de la juventud alguno (por lo menos de manera declarada) en su expedición de 1526, también es evidente que el tema de las aguas rejuvenecedoras permanecía asociado a las tierras de la Florida. Es, por ejemplo, significativo que Gómara al escribir en su *Historia de las Indias* sobre la expedición de Aillón titule el episodio «Río Jordán en tierra de Chicora» (López de Gómara 1946: 179) cuando, en realidad, sólo menciona en cinco líneas la influencia que sobre el licenciado ejerció Francisco Chicora. También recordarán el río Jordán como algo buscado por los españoles los expedicionarios franceses que en torno a 1562-1564 intentaban asentarse en tierras de la Florida (*cfr.* Weckmann 1984: 58). Pero el dato más significativo de la permanencia de la leyenda está ligado a un náufrago, Hernando de Escalante Fontaneda, que habiendo llegado a las costas de la Florida en 1551, buscó durante los17 años que estuvo cautivo de los indios, según testimonia en una relación que escribió en 1574, el río Jordán, con la convicción de que sus aguas le rejuvenecerían. De su relato podemos deducir que aún permanecía el recuerdo de la expedición a Bímini de Ponce de León, ya que alude a que Ponce buscó el río Jordán, mezclando las expediciones de Ponce y de Aillón (referencias a la búsqueda de Escalante en Weckmann, 1984: 57-58, y en Gil 1989: 280).

A través de éstos testimonios tardíos sabemos que fueron las informaciones indígenas las que fomentaron entre los españoles la creencia en la existencia de una fuente de juventud. Un testimonio fundamental lo ofrece Pedro Mártir, cuando menciona las tertulias que en su casa celebraban tres personajes junto con él. En efecto, en el año 1523 se reunían Mártir, Aillón, el licenciado Figueroa y Álvaro de Castro, deán de La Española. Según relata Mártir:

> Los tres declaran unánimes que han oído lo de la fuente que restaura el vigor, y creído en parte a los que lo contaban. Dicen que ellos no lo vieron ni lo comprobaron en ningún experimento, porque los habitantes de aquella tierra de la Florida tenían las uñas muy afiladas, y eran acérrimos defensores de sus derechos (…). De esto puso el deán un ejemplo.
>
> Tienen de criado a un yucayo que se llama Andrés Barbudo, porque entre sus coterráneos imberbes, él salió con barbas. Se dice que éste nació de padre ya muy anciano. Desde su isla natal, cercana de la región de la Florida, atraído por la fama de aquella fuente y por el anhelo de alargar la vida, preparando lo necesario para el viaje al modo que los nuestros por recobrar la salud van de Roma o de Nápoles a los baños de Puteoli, marchó a tomar la deseada agua de aquella fuente; fue, se detuvo allí, bañándose y bebiendo el agua muchos días con los remedios establecidos por los bañeros, y se cuenta que se fue a su casa con fuerzas viriles, e hizo todos los oficios de varón, y que se casó otra vez y tuvo hijos; este hijo

Vemos que se producen efectos varios por las propiedades de las aguas que corren por varias hendiduras de la tierra, y de allí sacan varios colores, olores, sabores, cualidades y también pesos; y no menos manifiesto es que a cada paso se curan varias enfermedades con varias raíces, troncos, hojas, flores y frutos de árboles; y cuando falta, o diré más propiamente, cuando está exuberante la pituita, se reproduce la suprimida bilis, y, por el contrario, cuando se echa a perder la sangre buena, se encuentra modo de purificarla disminuyéndola con jugo de flores o hierbas, o comiéndolas, o con baños y medicinas a propósito, y así al que está enfermo por depresión de humores se le da la salud con sacudidas.

Si, pues, en esto suceden tales cosas, como es manifiesto, ¿por qué hemos de maravillarnos de que la próvida madre naturaleza, para comprimir aquella parte terrestre, cualquiera que sea el humor radical, fomente algo, de modo que, restituyendo los vapores acuoso y aéreo, se renueve en la sangre el entorpecido calor natural, con cuya renovación se temple también la torpeza y pesadez, y con la restauración de todo esto la vieja casa se restaure con ayuda de tales adminículos? Así, pues, yo no me maravillaría de que las aguas de esta fuente tuvieran alguna virtud aérea y acuosa, desconocida para nosotros, de templar el entristecimiento aquel restaurando las fuerzas (Mártir de Anglería 1964: 455)

A esar de admitir esa posibilidad, no se muestra Mártir de Anglería muy tentado de descubrir dichas aguas. Su exposición termina con consideraciones morales de tono estoico, indicandoque la vida no es tan placentera como para querer alargarla más allá de lo que la propia naturaleza humana otorga y, a fin de cuentas, ese rejuvenecimiento «deberá creerse que lo han logrado pocos, y esos pocos no con tanta ventaja, que puedan hacerse inmortales, o se les permita disfrutar tan insólita prerrogativa por mucho tiempo» (Mártir de Anglería 1964: 456).

La tercera fase del mito podríamos denominarla «tardía». Me refiero al episodio de Escalante y a las menciones de los expedicionarios franceses a que antes se ha aludido. Nuevamente el mito renace a mediados del siglo XVI como tal, desvinculado de todo planteamiento racionalista y asociado a una búsqueda individual. Sin embargo, la ausencia de referencias en los cronistas es un indicio suficiente de que la búsqueda de la fuente de la juventud había finalizado. De hecho, las referencias cronísticas se limitan sólo al caso de Ponce de León.

Bibliografía

Antonio de Alcedo, *Diccionario geográfico de las Indias Occidentales o América*. Madrid, BAE, 1967.

A. Ballesteros Bereta, *Génesis del Descubrimiento* (tomo III). Barcelona, 1947.

Manuel Ballesteros, *Juan Ponce de León*. Madrid, Historia 16/Quórum, 1987.

Fray Bartolomé de Las Casas, *Historia de las Indias* (tomo II). México, FCE, 1981.

Juan de Castellanos, *Elegía de varones ilustres de Indias*. Madrid, BAE, 1944.

Gonzalo Fernández de Oviedo, *Historia general y natural de las Indias*. Madrid, BAE, 1959.

Enrique de Gandía, *Historia crítica de los mitos de la conquista americana*. Madrid, S.G.E.L, 1929.

Garcilaso de la Vega, Inca, *La Florida del Inca* (edición de Carmen de Mora). Madrid, Alianza, 1988.

Juan Gil, *Mitos y utopías del Descubrimiento. 1. Colón y su tiempo*. Madrid, Alianza Universidad, 1989.

Antonio de Herrera Tordesillas, *Décadas* (edición de M. Cuesta Domingo). Madrid, Universidad Complutense, 1991.

Claude Kappler, *Monstruos, demonios y maravillas a fines de la edad media*. Madrid, Akal, 1986.

Francisco López de Gómara, *Historia de las Indias*. Madrid, BAE, 1946.

Juan de Mandevila, *Libro de las maravillas del mundo* (edición de Gonzalo Santonja). Madrid, Visor, 1984.

Pedro Mártir de Anglería, *Décadas del Nuevo Mundo*. México, 1964.

V. Murga Sanz, *Juan Ponce de León, fundador y primer gobernador del pueblo puertorriqueño, descubridor de la Florida y del Estrecho de las Bahamas*. Madrid, 1959.

Milagros del Vas Mingo, *Las capitulaciones de Indias en el siglo XVI*. Madrid, ICI, 1986.

Luis Weckmann, *La herencia medieval de México* (tomo I). México, El Colegio de México, 1984.

Epílogo

Escondiendo la muerte: Atahualpa y Hernando de Soto en la pluma de Garcilaso

Luis Millones
Universidad Mayor de San Marcos

En Cajamarca no sólo se encontraron dos imperios, se encontraron también dos universos de fe, que estando articulados de muchas maneras, podían ser distintos y al mismo tiempo coincidir en más de un recodo del pensamiento.

Compararlos en el estado actual de las investigaciones, resulta casi imposible, nos podemos acercar a partir de objetivos más modestos, pensando en algunos de los protagonistas, de quienes tenemos mayor información, y limitando al mismo tiempo los temas que pueden ser comunes entre europeos y americanos.

Dos de ellos, Soto y Atahualpa cruzaron sus vidas por algún tiempo durante el cautiverio del Inca, y son además personajes centrales de las crónicas americanas. Coincidieron también en lo penoso de sus muertes y en el destino sorprendente de sus cuerpos, ambos perdidos, uno quizá en algún escondrijo en los Andes, el otro arrastrado por las aguas del Mississippi. Los nueve años que separan a don Hernando de la muerte del Inca, no borraron de la mente del conquistador la magnitud del tesoro acumulado tras el asalto de las tropas de Pizarro. Esa obsesión lo llevó a la tumba.

Garcilaso de la Vega escribió sobre ambos muchas páginas, en especial las consagradas a Soto, a quien dedicó *La Florida del Inca*, pero también dejó noticia sobre Atahualpa, que protagonizó los primeros capítulos de su *Segunda parte de los Comentarios reales de los Incas*. A continuación usaremos a este autor como marco referencial de las circunstancias de la muerte de nuestros personajes, pero no será la única fuente, dado el propósito de este ensayo, otras crónicas y estudios críticos cubrirán las omisiones y equivocaciones históricas del escritor mestizo.

1. Atahualpa

En abril de 1535 los europeos vieron la única ceremonia incaica de la que hasta ahora tenemos noticia directa. Dice el cronista (Molina, el almagrista 1968: 82), que a la salida del sol, en las afueras del Cuzco, se realizaba el espectáculo que alcanzó a ver y que estaba dedicado al dios Sol por la cosecha pasada.

A tiro de herrón se armaban «tolderías», una frente a otra, en la primera estaban los «bultos» [cuerpos momificados de los nobles e incas muertos] cada uno de ellos tenía allí gran servicio de hombres que todo el día les estaban mosqueando [espantando las moscas] con unos aventadores de plumas de cisnes de espejuelos y sus mamaconas, que son como beatas; en cada toldo había como doce o quince (*Ibíd.*: 82).

En realidad se trata de tiendas o adoratorios que podían armarse a campo abierto, Soto se llevó uno similar a éstos, muy lujoso (también tomado de los incas), a su expedición en Norteamérica para su uso personal, que duró muy poco (Duncan 1997: 270).

Las que viera nuestro cronista en el Cuzco, «eran de pluma, muy ricos y bien obrados, que parecían muy bien», los cuales albergaban a las momias con sus servidores y mamaconas. No todos tenían ese privilegio, el almagrista notó que sólo «los de más autoridad ponían debajo de toldos» (*Ibíd.*: 82). La ceremonia duró hasta el ocaso y la fiesta un total de ocho días, y lo más interesante es que cada toldería, la de los incas vivos y la de los incas muertos, tenía un coro que cantaba siguiendo la voz que daba el Inca gobernante, que por supuesto, estaba con los nobles, frente a las momias de sus antecesores. La idea de este intercambio de voces resulta muy significativa de la religión de los incas y de la participación de los muertos en el universo ceremonial. Al responder con las voces de su coro, los *malquis* (tal es el nombre de las momias de los incas muertos) dan cuenta de su vitalidad y de su voluntad de seguir presentes como parte de la clase dirigente.

En realidad lo que vio nuestro informante fue una situación irrepetible por los avatares de la Conquista y de las guerras civiles entre los conquistadores. Se trataba de las *panacas* reales, es decir, conjuntos familiares que se formaban a la muerte de cada Inca, y que se agrupaban en torno al cuerpo momificado del difunto para constituir un grupo de poder. A partir de ese conjunto de nobles, poseedores de edificios suntuosos, tierras y servidores de distinto calibre, el Inca muerto seguía siendo influyente. Su familia, que se comunicaba con él a través de un servidor especializado, decía recoger las opiniones y mandatos del *malqui* (palabra que también alude a la semilla) y compartía con las otras familias la capacidad de conversar con quien ejercía el gobierno, o Sapa Inca, para tomar las decisiones sobre la multitud de súbditos y aliados en los extensos límites del Tahuantinsuyu. Ser un *malqui*, o momia reverenciada era el destino de todo inca. Una vez difunto, su cuerpo seguiría siendo objeto de cuidado, hablaría por boca de otros y en cierta forma derrotaría a la muerte. Eso es lo que esperaba que sucediese con su cuerpo. El hijo de Huayna Capac acababa de derrotar a su medio hermano Huascar y no se detendría hasta llegar al Cuzco. Quienes se habían opuesto estaban recibiendo su castigo; el peor de ellos era arrastrar la momia a la que servían y destrozarla o quemarla para que no quedase memoria de su existencia. Más tarde, al hacer la *capaccuna* o relación de incas, sus nombres habrían sido borrados, sus propiedades demolidas o redistribuidas y sus familiares masacrados todos, en una orgía de sangre, para evitar herederos y recuerdos molestos (Santillán 1968: 112, Millones 1982: 245, Andrien 2001: 28).

La idea de relacionar el cuerpo momificado con la semilla, no es incaica, tiene cientos o quizá miles de años de antigüedad en el área andina. Se expresa también en la iconografía. Un ejemplo claro aparece en la cerámica de Nazca, donde se ve brotar plantas de las cabezas-trofeo. Los miembros de una *panaca* se comportaban como los nuevos brotes del *malqui* o semilla. A su vez el cuerpo yerto de la momia recibía vida del comportamiento de su gente, y de la aceptación tácita del resto de *panacas*. Pero si el juego de alianzas y tradiciones que demanda el ejercicio del poder hacía que el *malqui* cayese en desgracia, se corría el riesgo de que la *panaca* entera fuese exterminada.

Es posible que este culto a los ancestros, que era común a la mayoría de las etnias del área andina, haya desarrollado también las estrategias de preservación de los *malquis*, en caso de persecución. Eso explicaría la capacidad de esconder las momias (de sus líderes regionales), y el número de ellas que descubrieron tardíamente los evangelizadores, e incluso las que todavía sobreviven a la búsqueda ilegal de los huaqueros o saqueadores de tumbas. Si esto es así, la muerte de Huascar narrada por Garcilaso resulta creíble por el interés de Atahualpa en desaparecer su cuerpo: «Matáronle crudelísimamente haciéndole cuartos y tasajos, y no se sabe donde lo echaron: créese entre los indios que se los comieron de rabia. El Padre Acosta dice que lo quemaron» (Garcilaso 1960: 63). Otros relatos, más escuetos, no dejan de mencionar su dolorosa muerte «por orden del dicho Atahualpa Inca, los mató a Huascar Inca en Antamarca, y así mismo a su hijo, mujer y madre, con gran crueldad» (Santa Cruz Pachacuti 1968: 318). En todo caso, sea que arrojaron sus restos al río, como dicen otras fuentes o se lo devoraron como supone Garcilaso de la Vega, el cuerpo de Huascar no existía y por tanto no era posible ninguna forma de reverencia.

La participación en los asuntos de estado de las momias y su entorno había sido constante en los años anteriores a Pizarro, y probablemente mucho tiempo atrás. Fue así como Huayna Capac tuvo que renunciar a una mujer que pretendía porque el *malqui* de su padre Tupac Yupanqui le negó la autorización de hacerlo (Santa Cruz Pachacuti 1968: 308). A su vez, su propio *malqui* se casó con Mama Rawa Ocllo (madre de Huascar), acción que ha sido interpretada como un intento de legitimar las ambiciones de Huascar al gobierno del Tahuantinsuyu (Santa Cruz Pachacuti 1968: 311).

2. La muerte del Inca

No es éste el lugar para repetir la jornada de Cajamarca. El sábado 16 de noviembre de 1532 el Tahuantinsuyu se quedó sin gobierno, luego de varios años de guerra que dejaron a un Inca preso y luego ejecutado, y al otro en camino de seguir sus pasos, sin siquiera haber llegado a la capital de lo que podría haber sido su imperio. El desconcierto de la población, situada en cualquiera de los dos bandos, ha debido ser total. Capturados y ejecutados ambos, el poder pasaba de la indecisión a la vacancia absoluta. A lo que se sumaba la invasión de seres extraños, cuyas acciones eran incomprensibles, salvo el terror que infundía su maquinaria militar: caballos, perros de guerra, armaduras y armas de fuego, todo ello hacía difícil pasar del pasmo a la defensa.

Los ocho meses y días que sobrevivió cautivo, Atahualpa se esforzó en entender a sus enemigos y en conseguir su libertad. Pero era una ilusión imposible. Pizarro y sus hombres empezaron a descubrir la magnitud de la empresa felizmente lograda y la importancia de su rehén. Mientras sucesivas expediciones al Cuzco y Pachacamac les daban una idea de las proporciones del imperio y de la contienda entre los hijos de Huayna Capac, Atahualpa tenía el valor de rey cautivo. Pero cuando la información básica necesaria fue lograda y su presencia podía atraer potenciales intentos de rescate, su presencia en la hueste aumentaba el riesgo de los europeos. Por unas semanas funcionó el argumento de las piezas de oro y plata ofrecidas a cambio de su libertad, pero es difícil de creer que en algún momento esta promesa tuviera alguna validez.

Garcilaso describe con la prestancia de su pluma la serie de intrigas que rodearon su prisión, dando la imagen de que existían personas a favor del Inca (como Hernando Pizarro) y quienes estaban en contra de él (como Diego de Almagro); lo más probable es que si las disputas existieron, hayan tenido como primer motivo el reparto del tesoro conseguido, la validez de los acuerdos anteriores y la posibilidad de adquirir mayor riqueza. En este juego de ambiciones, la vida del Inca era una pieza menor. «El cual estaba con gran temor de su muerte viendo el descontento y desabrimiento que los españoles traían unos con otros y las muchas porfías que a gritos y voces por horas y momentos entre ellos había» (Garcilaso 1960: 64). A esto se sumaron los agüeros: «supo de sus indios que de noche corrían muchas estrellas grandes y chicas, en las cuales y en otras cosas menores aquella gentilidad en tiempos menos calamitosos miraba muy mucho para decir sus supersticiones... A lo último, para su total desesperación le dijeron que entre otras señales que el cielo mostraba, era una gran cometa verdinegra poco menos gruesa que el cuerpo de un hombre y más larga que una pica, que de noche parecía, como la vieron poco antes de la muerte de su padre Huayna Capac... como la hubiese visto y notado, se puso muy triste y no habló ni conversó más con nadie como solía» (*Ibíd.*: 64-65). Incluso, el escritor añade una nota dramática al poner en la boca de Atahualpa un réplica a Pizarro, que estaba indagando acerca de su silencio: «Apu (que es capitán general), yo estoy certificado que mi muerte será muy presto sin haber gozado de mis reinos estoy triste; porque estas señales no se muestran sino para anunciar grandes calamidades, muertes de reyes, destrucción de imperios. Todo lo cual sospechaba yo antes viéndome en cadenas de hierro, mas ahora me lo ha certificado de veras la cometa. Habías entendido la causa de mi tristeza y la razón que tengo de tenerla» (*Ibíd.*: 65).

El 26 o 29 de julio de 1533, fecha que tiene versiones contradictorias, Atahualpa fue ejecutado. Se le dio garrote (es decir se le asfixió con una soga atada a su cuello, a manera de torniquete) luego de que se le bautizó y encomendó sus hijos al propio Pizarro. Había sido sentenciado a la hoguera, pero dado que murió cristianizado se le conmutó la sentencia. De todas maneras, para cumplir la ley «se le arrimó al fuego de modo que se le quemara parte de la ropa y de la carne» (Hemming 1982: 85). El mismo autor recoge la información de Pedro Cataño que registra la pregunta de Atahualpa sobre el destino y lugar de entierro de los cristianos y el de los indígenas. La respuesta, si tal diálogo existió, pudo ser un factor en la decisión de bautizarse. Lo que en realidad nos dice que ser quemado en esta vida o en el fuego infernal era inaceptable, pensando en el destino de su *malqui* (*Ibíd.*: 85).

Las escenas de dolor, sobre todo la de sus esposas, fueron interpretadas por los cronistas como la tradición de ser enterradas con el mandatario muerto, de lo que no hay certeza en el caso incaico. La situación ha sido una práctica muy bien documentada en los señores de la costa norteña. El cuerpo de Atahualpa quedó expuesto hasta el día siguiente, que se le enterró en la improvisada iglesia de Cajamarca. No duró mucho allí, «luego que los españoles salieron de aquella provincia para irse al Cuzco, desenterraron los indios el cuerpo de su rey, porque les pareció que a la majestad de su Inca era indecente y contra su costumbre de sus pasados quedar enterrado en una pobre sepultura debajo de tierra. También lo hicieron por cumplir su mandado, que como se ha dicho, mandó enterrarse en Quito, donde lo llevaron los suyos con es poca solemnidad y pompa que como gente ya rendida a otro imperio pudieron hacer» (Garcilaso 1960: 83).

Según nuestro escritor, en Quito, uno de sus generales, Rumiñahui, preparó un funeral abreviado de quince días, lo que según él, debió durar un año. En realidad, la pista del cuerpo se pierde luego de su desentierro, no hay otro cronista que nos hable de las exequias de Atahualpa. Resulta lógico pensar que la comitiva que portaba al Inca muerto se dirigiese a Quito ya que fue allí donde residió antes de iniciar su guerra con Huascar, y era donde mantenía su mejor audiencia, pensando además, que los españoles habían partido hacia el Cuzco.

Cualquiera que haya sido el destino del ahora Francisco Atahualpa, no sería el que avizorara el cronista testigo de la fiesta incaica al honor al Sol. Como la de Huascar, por diferentes razones, la *panaca* de Atahualpa había quedado sin conformarse, sus esposas y sus hijos serían dispersos en manos de los invasores.

No habría, pues, canciones, ni toldos, ni mamaconas, ni muerto ni vivo había podido llegar al Coricancha.

3. En busca de Cibola

Bajo los estatutos promulgados en Bolonia en 1422, los cadáveres que podían ser usados para los estudios de anatomía tenían que provenir de una distancia inferior a treinta millas. Similares prohibiciones se establecieron en Génova, Perugia, Pisa, Florencia y Padua, lo más probable es que se tratase de evitar el tráfico de cadáveres, muy necesitados en los centros universitarios. La antigüedad de estos reglamentos puede ser mayor en Europa Occidental, así como las disposiciones, referentes al origen de estos cuerpos, que en su mayoría provenían de los delincuentes ejecutados, tras los juicios correspondientes. En Inglaterra, se legisló mucho más tarde sobre lo que ya era una creencia popular muy extendida en el continente: la pena de muerte se consideraba más dura si además del castigo, se disponía que el cuerpo del difunto, en lugar de ser enterrado, pasase a las manos de un disector o anatomista para su uso correspondiente. En 1505 el gremio de cirujanos y barberos de Edimburgo recibió el permiso para disponer del cuerpo de un delincuente ejecutado una vez al año; en 1540 fueron cuatro los cadáveres los que podía usar el gremio de Londres, mientras que en la Universidad de Oxford, desde 1549, los estudiantes de medicina tenían que haber observado al menos dos disecciones a lo largo de sus cursos (Sawday 1996: 54-55).

Las instituciones mencionadas no eran las únicas en disputarse el cadáver recién salido del cadalso. Un clandestino pero muy importante factor estaba presente en estas luctuosas ceremonias: la brujería. Las propiedades de las diversas partes del patíbulo (en especial la soga, si se trataba de la horca) y también las partes del cuerpo del ajusticiado, habían sido codificadas en el sistema de creencias de la Edad Media y eran usadas como medicinas, amuletos, talismanes o para producir o defenderse de los maleficios.

En España y América colonial, la Inquisición era el poder del Estado encargado de velar contra dichas prácticas, lo que nos dice de la vigencia de las mismas. Ellas eran parte de la estrategia diabólica que pretendía el cuerpo y alma de los condenados. El cuidado que se requería en los momentos finales de la vida, no sólo hacia de las disposiciones de la Iglesia católica, se asentaba también en la sólida convicción de que la falta de esmero o distracción de parientes o allegados, podría entregar un fácil botín al Enemigo. Si tal sucedía en el cadalso, era explicable porque el delincuente era, en cierta forma, un pecador público, pero sería humillante que el cuerpo o las prendas preparadas para el entierro fueran objeto de profanación. Más tarde, el complejo de creencias sobre la muerte y el más allá se enriquecería con el caudal de las Américas.

Hernando de Soto murió el 21 de mayo de 1542 en Guachoya (hoy Lake City) en el estado de Arkansas, «a tiro de arco» del río Mississipi. El lugar está al pie de una laguna, formado por lo que fuera el meandro del río, no muy lejos de su desembocadura. La región estaba poblada por indígenas de la cultura caddo, que con las de mississipi y plaquemine dominaban la cuenca del río. A los 42 años, el conquistador había vivido y recorrido muchos mundos, incluso más que la mayoría de los que como él, llegaron al Nuevo Mundo en busca de gloria y fortuna. A mediados de mayo de 1539 había firmado su testamento, dando poder notarial a su esposa Isabel de Bobadilla, debió ser antes del día 18 de mayo, día en que partió a la que sería su última aventura.

En el documento especificaba cuidadosamente la forma en que sería enterrado: debían gastar dos mil ducados en construir una lujosa capilla donde se ubicaría su sepulcro, en la capilla de la Concepción de la parroquia de San Miguel, en Jerez de los Caballeros, pueblo situado al noroeste de Sevilla, que en esa época tendría unos ocho mil habitantes.

Como otros conquistadores, Soto eligió el pueblo de su infancia, probablemente donde nació, aunque el Inca Garcilaso haya supuesto que fue natural de Villanueva de la Bancarrota. Volviendo al testamento, don Hernando dispone que su cuerpo debía reposar dentro de una tumba muy decorada, con los restos de sus padres a cada lado. Al conquistador se le colocaría en el centro de la capilla, de tal forma que los pies del sepulcro coincidan con la piedra ubicada el pie del altar. También ordenó que se coloque sobre su tumba cierto paño fino, en medio del cual debiera lucirse la cruz roja de la Orden de los Caballeros de Santiago, que sería usada durante los días de semana y otro paño mortuorio de terciopelo negro, con la misma cruz roja en el medio de cuatro escudos de armas de brocado (tela entretejida en oro). Estos escudos de armas deberían además, decorar la capilla en el panel que se coloca detrás y encima del altar, también en la baranda y en la sabanilla (cubierta exterior del lienzo con que se cubre al altar) de tal manera que el patrón (o sea, Soto) y sus albaceas aparezcan de manera más conveniente (Duncan 1997: 7).

Semejante despliegue de poder era difícil de esperar de quien llegó al Nuevo Mundo, a los diecisiete o dieciocho años, sin un solo maravedí. Correspondía en cambio a quien, como don Hernando, había sido gobernador de Cuba, caballero de Santiago, con méritos y fortuna forjados en la compañía de Vasco Núñez de Balboa en Panamá, de Francisco Pizarro y Diego de Almagro en Perú, siendo además yerno del inacabable Pedro Arias de Ávila, y dueño de una fortuna calculada entre 120.000 y 200.000 pesos de oro (castellanos), lo que —salvando las distancias— podría ser hoy entre ocho y medio y trece millones de dólares. Garcilaso de la Vega lo dice de mejor manera:

> y aunque con esta cantidad de tesoro (que entonces , por no haber venido tanto de Indias, como después de acá se ha traído, valía más que ahora), pudiera comprar en su tierra... mucha más hacienda que al presenta se puede comprar porque entonces no estaban las posesiones en la estima y valor que hoy tienen [*La Florida* fue escrita entre 1592 y 1594], no quiso comprarla, antes levantando los pensamientos y el ánimo con la recordación de las cosas que por él habían pasado en el Perú, no contento con lo ya trabajado y ganado mas deseando emprender otras hazañas iguales o mayores, si mayores se podían, se fue a Valladolid, donde entonces tenía su Corte el emperador Carlos Quinto, rey de España, y le suplicó le hiciese la merced de la conquista del reino de la Florida (llamada así por haberse descubierto la costa día de Pascua Florida), que la quería hacer a su costa y riesgo, gastando en ella su hacienda y vida, por servir a Su Magestad y aumentar la corona de España (Garcilaso 2002: 66).

Gran parte del dinero de Soto provenía del rescate de Atahualpa, que de acuerdo con el mismo Garcilaso alcanzó a 4.605.670 ducados (1960: 72).

> De esta cantidad, y de las ventajas como a tan principal capitán se le hicieron, y con lo que en el Cuzco le presentaron cuando él y Pedro del Barco solos fueron a ver a aquella ciudad, y con las dádivas que el mismo rey Atahuallpa le dio (ca fue su aficionado por haber sido el primer español que vio y habló), hubo este caballero más de cien mil ducados de parte (Garcilaso 2002:66).

Lo cual ya constituye una fortuna, dado que un ducado a 375 maravedíes y un peso de oro eran 1,2 ducados, algo así como 55,61 dólares de nuestros días.

La nueva aventura de Soto, en la que comprometía gran parte de su fortuna era la gobernación que combinaba las concesiones hechas anteriormente a Pánfilo Narváez y Lucas Vázquez de Ayllón y en teoría abarcaba todo lo que quedaba al Norte del virreinato de México. En realidad, por la precariedad de los mapas, nadie sabía los espacios a ser conocidos por la hueste española. Tanto es así que desde la propia capital mexicana el virrey Antonio de Mendoza, el mismo año de la partida de Soto, recibía *La relación del descubrimiento de las siete ciudades*, producto de las exploraciones de fray Marcos de Niza, lo que le animaría a apoyar la expedición de Francisco Vázquez de Coronado en lo que ahora es el SO de Estados Unidos.

No dejó de enterarse don Hernando de los planes del virrey y

> no sabiendo... que parte la enviaba y temiendo no se encontrase y estorbase los unos a los otros y hubiese discordia entre ellos, como la hubo en México entre el marqués del Valle, Hernando Cortés y Pánfilo Narváez, que en nombre del gobernador Diego Velazquez había ido a tomarle cuenta de la gente armada que le había entregado, y como la hubo en el Perú entre los adelantados don Diego de Almagro y don Pedro de Alvarado a los principios de la conquista de aquel reino. Por lo cual y por excusar la infamia del vender y comprar la gente, como dijeron de aquellos capitales, le pareció a Hernando de Soto sería bien dar aviso al visorrey de las provisiones y conduta de que Su Magestad le había hecho merced para que lo supiese, y juntamente suplicarle con ellas (Garcilaso 2002: 97-98).

Mendoza era muy hábil en este juego de ambiciones y esperanzas y le contestó que la Florida era «tan larga y ancha que había sitio para todos» (Garcilaso 2002: 98), respuesta con la que Soto tuvo que contentarse. Lo curioso de este diálogo es que el azar hizo que Vázquez de Coronado y Soto estuviesen a punto de encontrarse, descansando ambos en Kansas (Vázquez en Tabás y Soto en Coligua); en ese punto el protegido de Mendoza decidió regresar aceptando su fracaso, mientras que Soto prosiguió su marcha enloquecida hacia Arkansas, donde lo detendría la muerte.

Pocas expediciones empezaron tan bien pertrechadas como la que nos ocupa: de Cuba salieron por lo menos cinco barcos grandes, tres carabelas y varios bergantines; la expedición, a su vez, contaba con 620 hombres y 223 caballos, según asegura uno de los pocos cronistas que acompañaron al conquistador (Hernández de Biedma 1993: 225). Con ellos desembarcaron en Baya Honda, en lo que hoy podría ser Tampa Bay, dando inicio a su periplo un 25 de mayo de 1539, que concluiría el 10 de septiembre de 1543, cuando 311 sobrevivientes regresaron a Pánuco (México), asombrando a los vecinos por su aspecto miserable y lo rústico de sus improvisadas embarcaciones, cuando todos ya los daban por muertos. Luis de Moscoso, a quien Soto confió el mando poco antes de morir, conducía este triste regreso. La búsqueda de un nuevo Tenochtitlan o un nuevo Cuzco había concluido un año antes para don Hernando.

El relato del Inca Garcilaso de la Vega le da un sesgo épico a la «entrada» de Soto. Cualquiera que hayan sido las versiones de Gonzalo Silvestre, su principal informante y los textos de los soldados Alonso de Carmona y Juan Coles («testigos de vista» los llama el Inca), es evidente que la Florida nace de la pluma del peruano. El relato es la epopeya de Soto, cuya persona aparece glorificada como la esencia de las virtudes del conquistador-caballero. Otros cronistas de las aventuras de la Florida ha dejado versiones discordantes, no tanto el Caballero de Elvas (1932), anónimo portugués que intentó un relato con diálogos y discursos construidos muchos años después del evento, sino más bien los otros dos compañeros de Soto: Rodrigo Rangel, cuyo texto hay que entresacarlo de la crónica de Gonzalo Fernández de Oviedo (1851) y Luis Hernández de Biedma (1993), factor real, ambos con una mirada un tanto crítica de las obsesiones y de los pillajes ordenados por el jefe de la expedición.

Es interesante anotar que el larguísimo recorrido de la hueste en pos de su propio Dorado, pudo haberse detenido en más de un lugar propicio como para fundar un establecimiento o colonia duradero. Más adelante hubiese servido para ampliar el radio de las acciones y organizar la explotación de tierras feraces, que cruzaron en más de una ocasión, sin amainar el paso en que caminaban. Incluso, la propia gente de Soto se lo pidió y hasta hubo amagos de motín, aunque sin llegar a cuestionar la autoridad. Pero don Hernando fue inflexible, corrió e hizo correr a su gente detrás de sucesivas metas, en las que pensaba descubrir otro Tahuantinsuyu: Ocale, Apalache, Cofitachequi, Coosa, Tascalusa, Chicasa y Tula son los nombres, que con algunas variantes mínimas, nos entregan los cronistas, refiriéndose a cada uno de los muchos lugares en que Soto creía volver a encontrar nuevamente, el tesoro de Atahualpa.

La fascinación del conquistador es explicada de manera benigna por Garcilaso:

> Esto hizo Hernando de Soto movido de generosa envidia y celo magnánimo de las hazañas nuevamente hechas en México por el Marqués del Valle don Hernando Cortés y en el Perú por el Marqués don Diego de Almagro, las cuales él vio y ayudó a hacer. Empero, como en su ánimo libre y generoso no cupiese súbdito, ni fuese inferior a los ya nombrados en valor y esfuerzo para la guerra ni en prudencia y discreción para la paz, dejó aquellas hazañas aunque tan grandes, y emprendió estotras para él mayores, pues en ellas perdía la vida y la hacienda que en las otras había ganado (2002: 66-67).

«Generosa envidia y celo magnánimo», califica el Inca al pillaje y masacres de indígenas de la hueste española: sus integrantes asaltaron, robaron y esclavizaron a cuanto grupo de nativos se les cruzó en el camino. El avance de Soto en busca de su Cibola fue despiadado y obsesivo y no se diferencia de otros intentos como el de Narváez y Coronado, salvo que el volumen de la tropa hacía que necesitase todas las reservas del poblado al que llegaban, tomando a las mujeres como sirvientes y a los hombres como cargadores. Toda resistencia a esta invasión era aniquilada sin vacilar.

Esta tozuda búsqueda no sólo se alimentaba de las experiencias exitosas de Cortés y Pizarro, tenían raíces más profundas en la cultura española del XVI. Un siglo más tarde todavía los escritores americanos, con tintes barrocos, defendían la presencia del Paraíso bíblico en la selva peruana, cuya descripción venía imaginándose desde que Colón llegó a América. Y que incluso había sido divisado desde lo alto de una montaña, aunque el R. P. Marcos de Niza parodiando a Moisés, no había podido llegar a él. Pero alcanzó a verlo y su relato encendió otras muchas ambiciones. Ya había tenido descripciones de los enviados de Estebanico, el negro esclavo que acompañó a Álvar Núñez Cabeza de Vaca en su extensa jornada por Norteamérica, y que ahora dirigía al grupo de vanguardia de Niza. Pero como lo ha sugerido Ahern,

> lo que pudo contemplar al fin: la etérea visión de la ciudad en la llanura más allá de su alcance [donde] jornada mito y discurso se funden»: [lo que siguen son palabras de Niza] «seguí mi camino hasta la vista de Cibola, la cual estaba asentada en el llano, a la falda de un cerro redondo. Tiene muy hermoso parescer de pueblo, el mejor de estas partes yo he visto; son las casas por la manera que los indios me dixeron, todas de piedra con sus sobrados y azuteas, á lo que me paresció desde un cerro donde me puse a vella. La población es mayor que la cibdad de México; algunas veces fuí tentado de irme á ella, porque sabía que no aventuraba sino la vida, y esta ofrescí á Dios el día que comencé la jornada… (Ahern 1989: 303-313).

4. EL FIN DEL CAMINO

Días antes de cumplir tres años en su expedición, Soto descubrió que tampoco él llegaría a Cibola, incluso es probable que finalmente estuviese pensando en regresar a Cuba, aunque fuera sólo para reorganizar su empresa. Pero su tiempo había concluido. Poco tiempo atrás, en lo que Garcilaso llama batalla de Mavila, a la que dedica cuatro capítulos (del XXVII al XXXI), don Hernando había sido herido con un flechazo en la nalga izquierda «que con la prisa de pelear no tuvo lugar de quitarse la flecha, peleó con ella todo lo que la batalla duró, que fueron casi cinco horas, sin poder asentarse en la silla» (Garcilaso 2002: 345). Si la herida tuvo consecuencias, no lo sabemos, y no hay noticias de golpes o lesiones posteriores de mayor gravedad. Lo cierto es que, si seguimos el relato de Silvestre, redactado por Garcilaso, no fue en mayo de 1542 sino un mes después, cuando el gobernador «sintió una calenturilla que el primer día se mostró lenta y el tercero rigurosísima... viendo el excesivo crecimiento de ella y, como católico cristiano, ordenó casi en cifra su testamento por no haber recaudo bastante de papel y, con dolor y arrepentimiento de haber ofendido a Dios, confesó sus pecados» (2002: 447).

La agonía de Soto, versión Garcilaso, es una muestra del peso de las normas establecidas sobre la realidad. No sólo nombra a Moscoso como sucesor, si no que tiene tiempo de despedirse de los jefes subalternos «de dos en dos y de tres en tres» y luego de la tropa « de veinte en veinte y de treinta en treinta... En estas cosas gastó cinco días que duró la calentura recia, la cual fue siempre en crecimiento hasta el día seteno, que lo privó de esta presente vida (2002: 448).

El entierro del cadáver no era fácil, por encima de la total imposibilidad de protocolo en las condiciones en que estaban los sobrevivientes de esta aventura. Luego de tres años de marchas y contramarchas tras el fantasma de un Dorado que se esfumaba, el gobernador de Cuba los dejaba, además en medio de un conflicto. Las etnias que Garcilaso llama guachoyas y anilcos estaban enfrentadas antes y después de que Soto tratara de aliarse con unas y con otras, pero al final el único enemigo que parecían ver los indígenas era los propios españoles. Durante el conflicto que alcanzaron a participar, habían reparado en el maltrato de los restos humanos que daban los guerreros de uno y otro bando. Tal situación debió sacar a luz todos los temores que arrastraba la cultura de los españoles. Para empezar estaban rodeados de paganos hostiles, cuyas ceremonias u objetos de culto, apenas observados, eran considerados demoníacos, pero más que eso, el maltrato postmortem era una señal de su condición pecaminosa, como aquellos, que siendo arrancados del patíbulo, iban a ser objeto de una disección o terminaban desmembrados para el uso de la brujería.

Había, pues, que evitar a toda costa la profanación del cuerpo de Soto.

Por lo cual acordaron enterrarlo de noche, con centinelas puestas, para que los indios no los viesen ni supiesen dónde quedaba. Eligieron para sepultura una de muchos hoyos grandes y anchos que cerca del pueblo había en un llano, de donde los indios, para sus edificios habían sacado tierra, y en una de ellas enterraron al famoso adelantado Hernando de Soto con muchas lágrimas de los sacerdotes que a sus tristes obsequias se hallaron (Garcilaso 2002: 450).

Preocupados por evitar que se esparciese la noticia de su muerte, la gente de Soto hizo lo posible por no mostrar su dolor, o peor aun, fingir alegría. Si creemos a Garcilaso, hicieron correr a sus caballos sobre su sepultura, e incluso la anegaron para evitar que la encontrase. Pero es probable que todos estos actos no hicieran si no reafirmar la sospecha de lo que realmente había sucedido, de todas maneras don Hernando estaba ausente y era imposible que los indios aliados cautivos o servidores de la hueste, hubiesen guardado el secreto. Fue así que «pasando por el llano y por las hoyas, se iban deteniendo y con mucha atención miraban a todas partes y hablaban unos con otros y señalaban con la barba y guiñaban los ojos hacia el puesto donde el cuerpo estaba».

En desesperación, los principales de la hueste decidieron desenterrar los restos y arrojarlos al río Mississippi, que la propia expedición había «descubierto» (la desembocadura ya había sido avistaba antes, varias veces) el 8 de mayo de 1541, bautizándole como Espíritu Santo, aunque Garcilaso prefiere llamarlo río Grande. Una vez medida la profundidad del trecho elegido y simulando estar de pesca, cinco de sus allegados, de acuerdo con Moscoso y los otros jefes

determinaron sepultar en el [río] al gobernador, y, porque en toda aquella comarca no había piedra que echar con el cuerpo para que lo llevase a fondo, cortaron una muy gruesa encina y, a medida del altor de un hombre, la socavaron por un lado donde pudiesen meter el cuerpo. Y la noche siguiente, con todo el silencio posible, lo desenterraron y [lo] pusieron en el trozo de la encina, con tablas clavadas que abrazaron el cuerpo por el otro lado, y así quedó como en una arca, y, con muchas lágrimas y dolor de los sacerdotes y caballeros que se hallaron en este segundo entierro, lo pusieron en medio de la corriente del río encomendando su ánima a Dios, y le vieron irse luego a fondo (2002: 451).

5. Conclusiones

No debe sorprendernos que las sociedades que creen en el más allá tengan especial cuidado con los cuerpos de esta efímera existencia. Hace miles de años, en las bandas de cazadores y recolectores, los cuerpos de los difuntos pintados con ocre (o algún otro pigmento mineral) evocaban el deseo de que la sangre volviese a fluir, para ser el motor de una vida diferente a la nuestra. Para que esto suceda, los parientes, amigos o servidores del muerto tenían que sepultar el cadáver, para esconderlo de los animales carroñeros o de los odios de otros seres humanos. Más adelante, no bastó con esconder el cadáver luego de decorarlo, se pudo esperar a que desapareciesen las partes blandas para practicar un segundo entierro, lo que suponía sociedades algo más complejas, con cierto sentido de continuidad, por lo menos genealógica.

Con el transcurrir del tiempo, estos entierros simples se convirtieron en ceremoniales cada vez más complicados, sobre todo si al desarrollarse las elites, reclamaron para ellas la capacidad de ser inmortales. Hubo, pues, que preparar los cuerpos para tamaña aventura. Para ello, algunas sociedades cultivaron técnicas para preservar los restos físicos del muerto, otras se esmeraron en que las tumbas fueran monumentos exquisitos, o bien usaron ambos caminos para que los restos o sus envolturas, acompañen —al menos por un tiempo— la pretensión de la nobleza y de los gobernantes.

Incas y europeos se encontraron cuando ambas civilizaciones ya tenían una larga historia. En el proceso de construir su desarrollo, habían sintetizado el saber de quienes les precedieron y las sociedades que derrotaron. Además, en la tarea de construir un imperio, ambos tuvieron que organizar un sistema de valores y creencias que siendo propio, pudiese también ser aprendido y respetado por la enorme variedad de sus súbditos.

Para Hernando de Soto la captura de Cajamarca marcó su vida de manera irremediable. Más tarde, en España, buscando la entrevista con el emperador Carlos, pudo apreciar los beneficios cosechados por Hernán Cortés, la otra cara del aventurero afortunado. Preso de estas dos experiencias, construyó la ilusión de su propio destino. De un lado, la oportunidad dichosa que amparó a Pizarro al llegar al Perú en medio de una guerra civil, que le puso el Tahuantinsuyu al alcance de sus ambiciones; de otro lado, la transición de conquistador a Marqués del Valle, rico y poderoso, que logró el de México.

Pareciera que la enorme porción del rescate de Atahualpa nunca le sugirió la posibilidad de un retiro feliz en su tierra natal, más bien espoleó su ansiedad por una Cibola que le perteneciese. Capturado por su sueño, que era el de muchos otros, no dio señales de aceptar otra cosa que no fuesen las noticias de la proximidad de su Cuzco o Tenochtitlan. Al final, sólo la muerte pudo interrumpir la carrera sin fin en la que estaba empeñado.

Es difícil conseguir que los pocos cronistas nos digan si Soto llegó a comprender su fracaso, su doble entierro tiene la ironía de quien termina muy lejos de los deseos expresos en su testamento, devorado por sus inútiles descubrimientos.

Para Atahualpa, si creemos a Garcilaso, Soto fue una de las pocas caras amables que vio en los meses de su cautiverio. Tratando de manejar una situación perdida, al Inca no le era posible entender el juego de pasiones que había desatado su captura. Nada podía satisfacer a los españoles, que lo querían todo, y él era un estorbo en su camino, que iban a remover con o sin rescate.

La comprensión de su muerte como episodio inevitable le debió llegar sin que el juicio y la sentencia tuvieran sentido para él. Lo que le resultaba claro —como a todo gobernante cautivo— es que había perdido y es entonces cuando sobran los razonamientos. Pizarro y Valverde le dieron la opción de la manera en que sería ejecutado, entonces apostó por su condición de noble. Convertido en *malqui* o momia, sus parientes podían hacerlo vivir de nuevo y rendirle homenaje, como lo había visto hacer a las *panacas* de su padre y de sus abuelos.

Su cuerpo puede haber tenido la suerte que le faltó a Soto, desenterrado del novísimo camposanto cristiano, quizá haya recibido el tratamiento al que aspiraba. Pero no acudirá a reunirse con otros *malquis* en el Cuzco, porque con él feneció también el imperio. Al menos, los familiares que raptaron su cuerpo lo deben haber colocado en algún recinto no descubierto, quizá en la cima de una montaña. Desde allí, conservado por el frío de las alturas, podrá vivir su propia eternidad.

Bibliografía

Maureen Ahern, «The Certification of Cibola: Discursive Strategies in Fray Marcos de Niza's Descubrimiento de las siete ciudades», *Dispositio: American Journal of Semiotics and Culture* Vol. XIV, #36-38, 1989, pp. 303-313.

Kenneth J. Andrien, *Andean Worls. Indegenous History, Culture and Consciusness under Spanish Rule 1532-1825*. Albuquerque, University of New Mexico Press, 2001.

DAVID SWING DUNCAN, *Hernando de Soto. A Savage Quest in the Ameritas*. Norman, University of Oklahoma Press, 1997.

GENTELMAN OF ELVAS, *True Relation of the Hardships Suffered by Governor Don Hernando de Soto...*, *The Soto Chronicles*, Volume I. Edited by Lawrence A. Clayton, Vernon James Knight, Jr and Edward C. Moore. Tuscaloosa/London, The University of Alabama Press, 1993 [1557].

GONZALO FERNÁNDEZ DE OVIEDO, *La historia general y natural de las Indias*, BAE Vol. 117-121. Madrid, Ediciones Atlas, 1959 [1547].

GARCILASO DE LA VEGA, Inca, *La Florida del Inca*, Madrid, Dastin, 2002 [1605].

—, *Historia General del Perú*. Segunda parte de los *Comentarios reales de los Incas*, BAE. Vol. 134. Madrid, Ediciones Atlas, 1960 [1617].

JOHN HEMMING, *La conquista de los Incas*. México, Fondo de Cultura Económica, 1982.

LUIS HERNÁNDEZ DE BIEDMA, *Relation of the island of Florida presented by...*, *The Soto Chronicles*. Volume I. Edited by Lawrence A. Clayton, Vernon James Knight, Jr. and Edward C. Moore. Tuscaloosa/London: The University of Alabama Press, 1993 [1544].

LUIS MILLONES, «Brujerías de la costa / Brujerías de la sierra: Estudio comparativo de dos complejos religiosos en el área andina», *El hombre y su ambiente en los andes centrales*, Luis Millones y Hiroyasu Tomoeda (eds.). Osaka, Museo Nacional de Etnología, 1982.

CRISTÓBAL de MOLINA (el Almagrista), *Relación de muchas cosas acaescidas en el Perú*, *Crónicas peruanas de interés indígena*, BAE. Vol. 209. Madrid, Ediciones Atlas, 1968 [¿1552?].

MARCOS de NIZA, *Relación del descubrimiento de las siete ciudades*, *Colección de documentos inéditos relativos al descubrimiento, conquista y colonización de las posesiones españolas en América y Oceanía*, Vol. 3. Madrid, Imprenta de Manuel Quiróz, 1865 [1539].

JUAN SANTA CRUZ PACHACUTI, *Relación de antigüedades de este reino del Perú*, BAE Vol. 209. Madrid, Ediciones Atlas, 1968 [1613].

HERNANDO de SANTILLÁN, *Relación del origen, descendencia, política y gobierno de los Incas*, BAE. Vol. 209. Madrid, Ediciones Atlas, 1968 [ca 1563].

JONATHAN SAWDAY, *The Body Emblazoned. Dissection and the Human Body in Renaissance Culture*. London/New York, Routledge, 1996.